国家出版基金项目
NATIONAL PUBLICATION FOUNDATION

第四卷
学界诸魂

王富仁学术文集

王富仁 ◎ 著
李怡 宫立 ◎ 编

山西出版传媒集团
北岳文艺出版社
·太原

图书在版编目（CIP）数据

王富仁学术文集.4，学界诸魂/王富仁著；李怡，宫立编.—太原：北岳文艺出版社，2021.5
ISBN 978-7-5378-6354-4

Ⅰ.①王… Ⅱ.①王…②李…③宫… Ⅲ.①王富仁—文集②中国文学—现代文学—文学研究—文集③中国文学—当代文学—文学研究—文集 Ⅳ.①C52 ②I206.6-53

中国版本图书馆CIP数据核字（2021）第004289号

王富仁学术文集.4·学界诸魂
王富仁 著
李怡 宫立 编

策划	出版发行：山西出版传媒集团·北岳文艺出版社
续小强	地址：山西省太原市并州南路57号 邮编：030012
王朝军	电话：0351-5628696（发行部） 0351-5628688（总编室）
	传真：0351-5628680
项目负责人	经销商：新华书店
王朝军	印刷装订：山西人民印刷有限责任公司
高海霞	
	开本：787mm×1092mm 1/16
责任编辑	总字数：3557千字
王朝军	总印张：238.75
	版次：2021年5月第1版
书籍设计	印次：2021年5月山西第1次印刷
张永文	书号：ISBN 978-7-5378-6354-4
	总定价486.00元（全12册）
印装监制	
郭 勇	本书版权为本社独家所有，未经本社同意不得转载、摘编或复制

目　录

中国现代学术文化的几大分化 …………………………… 001
胡适与学衡派 ………………………………………………… 010
胡适与五四新文化 …………………………………………… 037
胡适与"胡适派" ……………………………………………… 070
"谔谔之士"傅斯年
　——《谔谔之士：名人笔下的傅斯年、傅斯年笔下的名人》序… 123
单演义先生与中国现代文学研究学科的建立与发展 …… 129
他擎着民族精神的火把
　——纪念李何林先生一百周年诞辰 ……………………… 144
学科魂
　——《樊骏论》之第一章 …………………………………… 152
中国现代文学：它的存在就是它的意义
　——樊骏先生的中国现代文学史观 ……………………… 164
中国现代文学研究的当代性
　——《樊骏论》之一章 ……………………………………… 176

我在人生歧路上徘徊的时候,他伸出了一双温暖的手……
　　——沉痛悼念恩师薛绥之先生 …………………… 192
怀念单演义先生 …………………………………………… 197
文界老魂—苍凉
　　——悼王瑶先生 ………………………………………… 203
我爱我师
　　——悼李何林先生 ……………………………………… 208
欲哭无泪
　　——悼杨占升先生 ……………………………………… 212

中国现代学术文化的几大分化

中国的学术文化同整个中国的文化一样，是有着悠久的历史的，但到五四新文化运动，其性质发生了一个根本的变化。我们现在的学术文化，都已经是中国现代学术文化的一个组成部分，也是中国新文化的一部分。

如果说中国古代学术文化反映的主要是中国古代知识分子自身的需要和与之有直接联系的国家政权的需要，那么，中国现代学术文化反映的则是整个社会的需要了。它自觉地担当起了社会各个阶层认识世界、认识社会和认识人类自己的各种不同的任务，它的系科也就在这些不同的社会要求中不断丰富、不断完善起来。外国文化的影响在启发我们认识世界、认识社会和认识人类自己的过程中无疑也是起了极大的推动作用的。外国高等教育的规模和组织方式、外国学术文化的系科分类促进了中国现代学术文化系统的建立和迅速完善，而它的科学性则极大地保证了它工作的有效性和社会传播渠道的畅通性。到了20世纪20年代初，中国学术文化的整体格局就已经初步形成，它是通过自身的分化完成的。正像一棵大树，刚开始冒出来的是一个主干，然后分了枝，枝又分枝，枝上又生了叶，才有了风采，有了生机，有了自己的完整性。粗略说来，从五四新文化运动到20世纪20年代末，中国的文化发生了下列几次大的分化：

一、新文化与旧文化的分化

这个分化同时也是学术文化的分化,自这时起,几乎在各个大的学术文化领域里,都有了"新学"与"旧学"的区分,它不是实际地消灭了旧学,而是通过新学的产生把新学和旧学同时组织在一个全新的文化系统里。"新"和"旧"只是当时人的感受和说法。"儒学"当时是旧学,但"新儒学"就不那么旧了。如何理解当时新学与旧学的分化和联系,我们最好通过蔡元培这个人物来理解。在当时,他体现的是"干",而新学、旧学则是在这个干上生出的两个大枝,不论是陈独秀、李大钊还是黄侃、刘师培,不论是胡适、钱玄同还是辜鸿铭、梁漱溟,都是从蔡元培这个现代高等教育的总干上分化出来的,他把他们连成了一个中国学术文化的整体。

二、学院派文化与政治文化的分化

我把"问题与主义"之争看作是现代政治文化与学院派文化开始分化的标志。陈独秀、李大钊和胡适都曾是五四新文化运动的主将,但从"问题与主义"之争开始,彼此各向不同的方向发展了。陈独秀、李大钊的思想作为中国现代社会一种新的政治思想在马列主义的旗帜下发展起来,并从学院派文化中分化了出去,开始与现代的政治革命和政治权力相结合;胡适则继续留在学院派文化的内部,并在这里逐渐把自己的影响扩大到整个社会上去。这个分化,不但使中国产生了马列主义文化学派,而且从根本上改变了中国学术文化的整体结构。陈独秀、李大钊体现的马列主义文化在社会政治的领域同孙中山的三民主义文化构成了中国现代两种主要的政治文化传统,并且与现实政治制度相结合,成了体现现实政治意识形态的文化。在中国古代,儒学是作为一种政治的意识形态而受到社会的重视的,历代的皇帝都把儒家文化改造成了自己的意识形态。而到了这时,政治集团都有了属于自己的意识形态,儒家文化就成了一个文化弃儿,不论政治集团对中国古代的儒家文化传统抱有怎

中国现代学术文化的几大分化

样的好感,它也不会像保卫自己的意识形态那样毫无保留地保卫儒家文化传统了。这对中国古代的儒家文化传统难说不是一种拯救的方式。正像一个久被众家丁呵护而常常欺侮其他同龄儿童的富家子弟突然被孤零零地抛到了这些同伴中,开始受到同伴们的集体围攻,不得不自己设法保卫自己并因而变得聪明起来和强壮起来一样,儒家文化也在中国现代文化史上经历了自己的风风雨雨,非常艰难地生存了下来,并在中国现代学术文化系统中找到了自己的一席之地。但是,它的独尊地位到底已经丧失了,这不但使五四新文化运动之后产生的新的学术文化部门存在并发展起来,而且使在中国古代受到它的直接或间接压抑的道家文化传统、法家文化传统、墨家文化传统、道教文化传统、佛家文化传统重新以平等的地位进入了中国现代学术文化的系统。尽管直至现在新儒家学派的代表人物仍然把中国传统文化仅仅理解为儒家文化,但这已经只是他们的一个美好的回忆,一个温暖的梦幻,它不但不被各种新的文化学科所承认,同时也遇到了中国古代各兄弟学科的反抗。我们现在所说的中国传统文化,已经不仅仅包括儒家文化传统,同时也包括上述各种不同的文化传统,甚至也包括在中国古代并没有崇高地位,只有在五四新文化运动以后才受到了重视的中国古代小说、戏剧这样的古代文化遗产。也就是说,连中国传统文化这个基本的概念也在文化的变迁中发生了根本性质的变化。在过去,我们把围绕"问题与主义"展开的这场论争只看作资产阶级思想和无产阶级思想的斗争,但若从它的实际发生根源上,我们就会看到,它们反映的恰恰是政治文化和学院派文化的不同要求。政治文化是对社会结构的整体改造和调整,它需要一种统一的模式、统一的原则,因而它也需要一种统一的"主义"。李大钊强调"主义"的重要性恰恰因为他着眼于对中国社会的整体改造,着眼于政治的文化,而到了学院派学术文化的内部,我们就会感到,仅仅"主义"是不可能解决任何问题的。这里重要的是"问题",而不是"主义","主义"也是为解决具体"问题"而存在的。所以,这个论争在整体上区分了中国现代政治文化和学院派学术文化的不同,且划分开了两个文化的领域。直到现在,在政治意识形态中的马克思主义和学院派文化对各不同学科中的各类具体问题的研究,还是区分政治文化和学院派文化的一个基本标志。

三、学院派文化与社会文化的分化

在五四时期，胡适和鲁迅是同属于"新文化"这个枝干的，到了胡适提出"整理国故"的口号，两个人的分歧开始明显化了，此后两个人就走上了两条不同的文化道路。在这里，重要的问题不是"整理国故"对不对的问题，而是胡适为什么提出"整理国故"的主张而鲁迅为什么反对它的问题。显而易见，胡适是在大学里当教授的，他面对的是正在读书的学生。在学院派的内部，什么是文化？文化就是书本，文化研究就是研究各种各样的书本。特别是在社会科学的领域就更是如此。在当时像胡适这样的外国留学生，是学了外国的书本的，但中国也有许多的书本子，我们还没有像外国人那样整理研究过它们，对于有了新的思想和方法的现代青年知识分子而言，整理研究中国古代社会留下来的书本子无疑是一项浩大的工程，是发挥他们智慧和才能的广阔的文化空间。但是，到了鲁迅这里，情况就不同了。鲁迅在自己的社会经历中感到了苦闷，感到了中国社会的沉滞和落后，感到中国社会思想的传统应当改造，中国的国民性应当改造。这种国民性不仅仅是书本子上写的，更主要的是在现实社会当中表现出来的。在这种情况下，他不希望觉醒起来的青年再一头扎在中国古代的书本子里去，而是用自己的知识和文化思考现实的矛盾，解决现实的问题。这二者当然不是截然分开的，但它们之间的差别又是显而易见的。它们的根本分界在于知识分子应当重视研究什么样的"问题"，是研究在中外文化典籍中提出的"问题"呢，还是研究中国现实社会提出的系列"问题"呢？它区分了两个文化领域。直至现在，学院派文化还是离不开各种各样的书本子的。但与此同时，我们也有大量在现实生活中直接面对的问题，例如当前文学创作中的思想艺术倾向、当前社会各阶层的文化心理和思想情绪、当前世界经济发展的动向等等问题，对这些问题，活跃在社会各个部门的编辑、记者、文艺评论家、专业作家、艺术家、律师、工程师、经济师等等，是比学院派文人更加熟悉和关切的。在当时，以鲁迅所体现的社会文化开始从学

中国现代学术文化的几大分化

院派文化中分离出来，形成了学院派文化与一般社会文化既相联系又相区别的更复杂的文化格局。

中国现代的学术文化通过这三次大的分化，就构成了一个相对完整的学术文化系统。政治文化、社会文化、学院派文化成了中国现代学术文化的三个大的子系统，而在各个子系统内部又有偏重于发掘中国固有文化的潜力和偏重于吸收外来文化的成果的两种倾向，并发展出了各种不同的系科，它们彼此渗透，但又彼此独立，决定着整个中国学术文化的发展及其发展趋向。

中国现代学术文化是在不断的分化中实现自己的繁荣发展的，同时它也因这分化而埋藏着自己的危机。我们上面把中国现代学术文化比喻为一棵大树，但这个比喻并不是完全贴切的。因为树的每一个部分是没有自己的独立意识的，它意识不到自己与整体的差别，也没有彼此之间的相互斗争，而学术文化的各个组成部分，都是由具有独立性的人组成的，他们如何意识自己与其他部分的联系与区别是有关键性的意义的。一般说来，在一个学术文化系统由干向枝发生分化的时候，特别是新生系统的成员，还是同时具有两种明确的意识的，其一是整体意识，其二是独立意识。不论他们受到旧传统何等严重的压迫，他们也不会把为争取自己独立性所做的斗争作为独霸中国文化的手段，这是一个文化意识问题，而不是一个人的道德品质问题。他们是在旧文化中孕育而成的，因而他们在意识到自己的独立性的时候也不会从根本上否认旧文化传统在社会上存在的根据，文化总是由新、旧两个面组成的，它是一个演变过程，而不是一个简单代替一个的过程。我们说蔡元培就体现着中国现代学术文化的主干。而在他这里，中国现代的学术文化是完全统一的，不论是新学、旧学、中学、西学，在他那里都是"学"，它们之间有斗争，但这种斗争却是促进彼此发展的手段，而不是简单的一个消灭一个的方式。陈独秀和李大钊、胡适、鲁迅所体现的三种文化倾向彼此是独立的，因而也有相互的斗争，但与此同时，他们之间也一直保持着相互的理解，他们始终在"五四"这个新文化的总根子上紧密地联系着。但到了中国学术文化的第四次大分化，中国现代学术文化就开始埋伏下了自己的危机，这种分化同时意味着中国现代学术文化的分裂倾向。

四、中年文化与青年文化的分化

中国现代学术文化的第四次大分化是中年文化与青年文化的分化。1919年以后，特别是在1921年以后，一批现代青年知识分子加入了中国现代文化界。他们是在五四新文化系统基本建立之后进入中国文化界的，他们的历史作用是充实了中国现代的文化系统，并以自己的青春热情给中国现代文化注入了活泼的生机，但他们不同于五四新文化的先驱者们，他们不是从中国文化的总干上发展起来而后才各自分离，走上不同文化道路的，他们一开始就加入中国现代文化的各个旁枝上，当他们用青春的热情和知识分子的自尊把自己的一枝夸张性地视为唯一正确的文化方向的时候，就自觉不自觉地走向了绝对排斥其他文化倾向的道路。我们必须看到，鲁迅对胡适的态度是不同于郭沫若对胡适的态度的，与此同时，梁实秋对鲁迅的态度也根本不同于胡适对鲁迅的态度，而在同一个文化子系统中，对五四新文化运动本身的否定趋势都相应地加强了。鲁迅对胡适白话文主张的捍卫和白话诗创作的评价远远超过徐志摩、梁实秋这些胡适的新月派同人，而胡适对鲁迅小说的感受则远比郭沫若、成仿吾这些鲁迅的同一战壕里的战友来得深刻和具体。由此可以看出，在这里起作用的并不仅仅是个人与个人间的情义关系，而是一种文化观念和学术观念。文化和学术再一次主要作为个人才能和道德的表现而被理解着，这在不同的文化倾向和学术倾向间就埋伏下了绝对排斥的种子。这种排斥由于后来政治文化的分裂而达到了新高度。

五、左翼文化与右翼文化的分化

中国现代学术文化的第五次大分化就是从20世纪20年代末期开始至30年代初期完成的左翼文化与右翼文化的分化。这个分化是由国民党和共产党在政治上的分裂引起的，它同时也导致了整个中国文化、整个中国学术文化的分裂。1927年国共合作推翻了旧的军阀政府之后，国共两党就发生了严重的分裂，国民党政府用武力镇压的手段非法驱逐了中国

中国现代学术文化的几大分化

共产党，建立了自己一党专政的政治统治。但在学术文化上，原本是可以不如此的。但这时中国学术文化中的分化却因政治文化的分裂而走向了分裂，右翼文化不承认左翼文化存在的合法权利，除少部分同情和支持左翼文化人士的民主主义者之外，多数右翼知识分子对左翼知识分子受到的压迫和迫害抱着冷眼旁观乃至幸灾乐祸的态度，致使左翼知识分子在争取自己的合法权利的同时也必须反对右翼文人的诬蔑和攻击，增强了部分左翼知识分子原本存在的对右翼文化的绝对排斥态度，并把他们当作国民党政治统治的附庸进行排斥，中国学术文化正式分裂成了两个势不两立的阵营，它不是以学术观点的区别和联系意识彼此的关系的，而是以政治态度的区别进行你死我活的斗争的。甚至在一个文化派别的内部由于把政治标准广泛地运用于学术研究，其分化也具有了彻底分裂的潜能。1949年以后中国学术文化的悲剧性分裂就是在这一基础上发展起来的。

分裂了的文化追求自己的统一性，但这种分裂却不是由于学术文化自身的原因，而是由于政治的原因，所以在中国文化重新走向统一的过程中就采取了政治兼并的方式。1949年中国共产党领导的政治革命的胜利，实际是中国共产党人反对国民党专制统治的胜利，但在文化分裂了的中国，它又被视为左翼文化对右翼文化斗争的胜利。这样，以胡适体现着的学院派文化就被整个地当作资产阶级文化而受到了根本的否定，对俞平伯《〈红楼梦〉研究》的批判和继之而来的对胡适思想的批判由于采取了政治批判的形式而模糊了其中学术文化的性质。不论当时的动机如何，它实际成了马列主义政治文化对中国现代学院派文化的大兼并，从此所有学院派文化应当实际解决的学术"问题"，都被纳入马列主义与反马列主义的"主义"的分歧当中来看待，来处理，这些"问题"也就不好解决了。马寅初的"人口论"并不属于马列主义，但它提出了现代中国社会不能不注意解决的问题。在"主义"的旗帜下人们不再愿意切实地理解它的意义和作用。所以，"问题"和"主义"是不能混为一谈的。中国文化的第二次大兼并是围绕批判"胡风反革命集团"而展开的，胡风在中国现代文化史上属于社会文化派，他对胡适所代表的中国学院派文化也是持反对态度的，但他在马列主义文化阵营中继承了鲁迅的社会文化传统，重视的是文艺创作的特性，重视的是中国社会思想的改造，因而他的学术思想不是在政治斗争中形成的，与毛泽东文艺思想有着并不完全相同的性质。从学术文化的角度来讲，这种不同是可以允许的，但由于政治标准自身就是绝对排他性的，于是在中国左翼文化史上占有重要地位的胡风也受到了致命的打击。它的实际意义是马列主义政治文化对中国现代社会文化的大兼并。政治文化是不同于社会文化的，政治文化解决的是社会组织形式的问题，是各项政治措施赖以制定的原则，而社会文化是面临社会现实存在的具体问题而提出的，是必须根据现实条件加以解决的。中国的国民性是在中国文化的长期发展中具体地形成的，不是随着社会制度的变化而立即可以变化的因素，它即使与一种政治文化学说有着内在的联系，这些联系也不是在当时立即可以意识到的。所以，社会文化机制的被破坏，给中国文化乃至中国社会的发展都带来了不可弥补的损失。从此之后，即使那些马克思主义者，也不能独立地面对现实社会，提出并研究现实社会存在的问题了。中国学术文化的生机受到了严重的破坏。这个破坏到了反右派斗争之后达到了顶峰。中国现代学院派文化和中国现代社会文化的名存实亡，使社会的矛盾直接转移到了政治文化内部，转移到了执政党的内部，当这种排斥以"马列主义与修正主义斗争"的形式在执政党的内部展开的时候，就有了"文化大革命"。这个"文化大革命"之所以标志着中国文化的暂时窒息，就是因为文化的矛盾采取了非文化的解决方式，文化这种社会交流手段已经根本不存在了，因而文化也就窒息了。中国新时期的文化是在否定"文化大革命"的旗帜下重新复苏的，在开始阶段是马克思主义文化的复苏，"实践是检验真理的唯一标准"的讨论标志着中国马克思主义者重新开始独立地面对社会现实问题而从事自己的文化活动。其次是中国现代社会文化的复苏，鲁迅研究在这一过程中起到了它理应起到的作用；再次是中国现代学院派文化的复苏，它不仅复活了像胡适这样的"新学"派的文化传统，同时也复活了像辜鸿铭、梁漱溟这样的"新儒家"学派的文化传统。中国现代学术文化一时又呈现出了令人眼花缭乱的繁荣景象。

除了一些具体的学术成果之外，中国新时期学术文化获得的最突出的成就是恢复并完善了中国现代学术文化的整体格局,这个格局还会在学术文化的不断发展中进行随时的调整,但这种调整已经可以在各种不同部门的发展中自然地得到解决。它所面临的最大危机是在表面繁荣的发展中重新走向整体的分裂并由这分裂而导致自我的毁灭。在这里,加强中国学术文化的整体意识并在此基础上建立明确的学术规范意识是异常必要的。学术文化,同整个人类文化一样,是充满内部的矛盾和斗争的,但这种矛盾和斗争不能导致人类文化的整体毁灭,这里就有一个基本的学术规范问题。用文化的手段进行文化的斗争,用学术的手段解决学术的矛盾,这是学术文化能在整体统一的基础上谋取自己的发展和壮大的最最重要的前提,也是学术文化的最最基本的规范。学术的事业不是哪一个人的事业,也不仅仅是知识分子的事业,而是整个人类的事业,整个民族的事业,它关系到人类的进步和民族的发展,自觉地遵守这个学术规范是每一个知识分子乃至每一个公民的不可推卸的责任和义务。在中国的学术文化遭到了长期破坏之后就更应该重视对这个规范的理解和运用。

原载《开放时代》1998年第5期

胡适与学衡派

一

知识分子首重"学识",这是理所当然的事情,因为正是这个"学识",将知识分子与普通民众区别开来。"学识"可以说是知识分子的徽章,有了"学识",才成了"知识分子"。

知识分子的"学识"不是生而知之的,也不是在日常生活中通过直接的感觉、感受和体验积累起来的,而是通过社会文化的传承——首先是学校教育——从前辈和前辈的著作中接受过来的。在日常生活中通过直接的感觉、感受和体验获得的知识是零碎的,没有系统的,只局限在自己狭小的生活范围之内,所以很难形成有系统的知识和有系统的思想。只有通过学校的教育接受的前人的知识和思想,才有可能是有系统的,因为那是前人在整理了自己的知识和思想之后集中表述出来的自己的知识和思想。通过整理,就有了系统,各种知识和思想观点之间就有了联系;有了联系,也有了相互之间的制约,其中任何一个知识或思想观点都不是整体,整体是由所有这些知识和思想通过一定的组织形式联系起来的(现在有时也称作"编码"的过程),并且其中还留有大量的空白,容许后人将新发现的知识、新形成的思想放在这个系统里,并取得它在这个系统中的特定的位置,获得自己特定的意义和价值。中国古代的孔子思想、老子思想、墨子思想、庄子思想、韩非子思想，等等，都是这样一些思想学说，被我们称之为各种"主义"的外国思想学说也是这样一些思想学说。当我们接受并掌握了其中任何一种思想学说，我们的知识和思想也就有了系统性，我们就与普通老百姓不一样了。我们接触到一个事物之后，除了像老百姓一样感觉、感受和体验到它本身之外，还会将它放在自己的知识系统和思想系统中感觉它、感受它、理解它，我们对这个事物的感觉、感受和理解就与普通老百姓不一样了，我们也就成了与普通老百姓不一样的人，成了"知识分子"。看不起我们的老百姓称我们是"书呆子"，看得起我们的人称我们是"知书达礼的人""有教养的人""有学问的人"。这都是因为我们确确实实是与他们不一样的，因为我们有了"学识"，这种"学识"是通过学习得来的。

当我们追溯到中国现代学术奠基期的五四新文化运动时期的中国知识分子的时候，我们首先想到的是下列两类知识分子：其一是像陈独秀、胡适、鲁迅、李大钊、周作人、钱玄同、刘半农这样一些发动了五四新文化运动的"文化革命派"，其二则是像林纾、吴宓、梅光迪、胡先骕这样一些反对五四新文化运动的"文化保守派"。但是，我们必须看到，不论是当时的"文化革命派"，还是当时的"文化保守派"，实际都不是目不识丁的"引车卖浆者"之流，不是没有"学问"、欠缺"学识"的一些"普通老百姓"，而是一些"学识渊博"的知识分子，是一些满腹经纶的"饱学之士"。如果说林纾在"学识"上还是一个有明显缺陷的人，还是一个对西方文化知识缺少必要的了解的人，那么，"学衡派"的吴宓、梅光迪、胡先骕则不同了，即使对西方文化的了解，他们也是不让于那些"文化革命派"的中国知识分子的。他们在出国之前，都接受了良好的中国传统文化的教育（当时中国传统文化的教育实际就是儒家文化传统的教育），而后到美国留学，又接受了西方文化传统的教育，接受了美国白璧德的新人文主义思想学说，成为中国第一代白璧德新人文主义的信徒。——在"学识"上，他们与"文化革命派"一样，都是一些"学贯中西"的"学识渊博"的中国知识分子。

知识分子除了"学识"之外，还有一种"史识"。"史识"也包括在"学识"之内，没有"学识"的人，也不会有"史识"，但又不完全等同于"学识"。"学识"是空间性的,"史识"则是时间性的。"学识"是将所有的知识和思想都纳入一个空间性的结构之中,将其构成一个统一的系统。"孔子成《春秋》,而乱臣贼子惧。"(《孟子·滕文公下》)《春秋》是一部历史书,为什么孔子作了《春秋》,"乱臣贼子"就"惧"了呢?因为《春秋》叙述的虽是一些历史的事实,但所贯穿的却是孔子的一套伦理道德的思想。人们掌握了这套伦理道德的思想,对"乱臣贼子"就有识别力了,就有对付的方法了,"乱臣贼子"也就不能不"惧"了,所以《春秋左传》被编入"五经"之中。"经"就是"思想",就是"指导思想",这种思想是一个完整的体系,是空间性的。"史识"则是将所有的知识和思想都纳入一个时间性的结构中,将其构成一个前后继起的链条。这些历史的事实也是通过阅读前人的著述逐渐掌握起来的,因而也是"学识",但将其作为前后继起的变化过程看的这些知识和思想,构成的是人的历史的意识和历史的观念,增强的是人对历史的认识和对历史变化脉络的寻绎和思考。"究天人之际,通古今之变,成一家之言"(司马迁:《报任安书》),这就有了"史识"。到了清代,有"六经皆史"的说法,就是说连儒家的思想,也是在历史上产生的,在历史上演变的,也反映了那个时代的历史,其中当然也包含着大量的历史知识。

当我们想到吴宓、梅光迪、胡先骕,我们首先想到的是他们的"学识",但当我们想到胡适,就应该首先想到他的"史识"了。胡适也是有"学识"的,其"学识"也是很"渊博"的。在出国前,他也像吴宓、梅光迪、胡先骕一样,接受了良好的儒家文化传统的教育。出国后,他接受了杜威实用主义哲学学说,成为杜威实用主义哲学的中国弟子。也就是说,他也是一个"学贯中西"的知识分子。但是,当我们考虑他的《文学改良刍议》和他提倡的白话文革新的时候,仅从他的"学识"想是想不明白的,而应当从他的"史识"上来想。事实上,胡适凡是讲到五四新文化革命、新文学革命和五四白话文革新的地方,主要讲的就是"历史",就是他对中国文化、中国文学、中国书面语言历史发展的看法。这种"史识",胡适称之为"历史的眼光",是与一般的"学识"不同的。胡适说:"国内一班学者文人并非不熟悉中国历史上的重要事实，他们所缺乏的只是一种新的看法。譬如孔子，旧看法是把他看作'德侔天地，道冠古今'的大圣人，新看法是把他看作许多哲人里面的一个，把孔子排在老子、墨子一班哲人之中，用百家平等的眼光去评量他们的长短得失，我们就当然不会过分的崇拜迷信孔子了。"①胡适说的"旧眼光"，实际就是作为"学识"看的孔子思想，在这个意义上，孔子思想是无所不包的，是能够容纳下中外古今所有事物并给以特定的感受和认识的，而胡适所谓的"新眼光"，则是他的"史识"，在这种"史识"中，孔子只是中外古今思想家中的一个。这就与吴宓、梅光迪、胡先骕的思想不同了。

二

实际上，"学识"与"史识"是两种不同的认识社会、认识历史的方式，用一种"史识"完全取代一种"学识"固然是不可能的，但用一种"学识"完全取代一种"史识"也是不可能的。在这里，我们必须对"学识"以及"学识"与"人"的关系有一种更精确的认识。如前所述，所谓"学识"，是通过学习从前人那里接受过来的一种有系统的知识和思想，这使"学者"具有了较为完整系统地感觉、感受和理解事物的方式，从而超越了没有文化的社会民众，也超越了原来童蒙未开时的自我，成了"知识分子"。但是，这种超越，只是对没有社会思考能力的人的超越，也是对各种分散的、零碎的知识（事物）和思想（想法）的超越，而绝对不是对整个世界和人类社会的超越。在这时，"学者"还只是"被构成"的"客体"，还不是构成性的"主体"。他像是住进了一个别人已经布置好的房间，他知道将自己使用的生活用品应该摆放在房间的哪个部位，也知道如何打扫房间使自己的房间更加整洁和舒适，但这个房间却不是他设计的，他自己还没有按照自己的生活需要和审美需要

---

① 胡适：《中国新文学运动小史》（《中国新文学大系》第1集《导言》），载欧阳哲生编《胡适文集》第1卷，北京大学出版社，1998，第127页。

独立设计一个房间的能力，更没有按照别人的生活需要和审美需要设计一个新的房间的能力。与此同时，在任何一个民族的发展历史上，这样的"学识"都不是只有一种，而是有多种。在中国古代，有孔子的思想学说，也有老子、墨子、庄子、韩非子等人的思想学说，它们都是在自己的社会环境、文化环境中并在自己特定的视角上建立起来的知识和思想的系统，都是可以起到整理自己所拥有的知识和思想的作用的"学识"，也都能通过师承关系传授给自己的学生。这就有了不同的"学统"，不同的"学统"有不同的"学识"，因为它们有不同的概念系统，不同的学理系统，它们是通过自己的概念系统、学理系统组织和整理自己的知识和思想的，孔子思想传统中有"仁""义""礼""智""信""忠""孝"等等概念，老子哲学中有"道""德""有""无""自然""万物""有为""无为"等概念。这些概念又相互联系，构成一些"学理"，如孔子思想中有"仁者爱人""己所不欲，勿施于人"等等，老子哲学中有"道法自然""无为而无不为"等等。彼此的概念不同，学理不同，所以彼此也是不相兼容的：孔子思想无法将老子哲学完全包含在自己之中，老子哲学也无法将孔子思想完全包含在自己之中。一个后学者从自己的师承关系中拥有了自己的"学识"，也认为自己的"学识"是可以对自己接触到的所有事物做出完全合理的判断的，但他的判断却并不是唯一正确的。庄子早就说过："夫随其成心而师之，谁独且无师乎？"（《庄子·齐物论》）意思是说，要把老师的思想当作自己的思想，谁没有自己的老师呢？吴宓、梅光迪、胡先骕可以师承白璧德的新人文主义，胡适当然也可以师承杜威的实用主义。彼此的是非标准先是不同的，仅从学理上是争不出彼此的是非曲直来的。也就是说，对于知识分子，"学识"是很重要的，但仅仅有"学识"还是不够的，因为任何一个人的"学识"都是有限的，自己的"学识"可以帮助自己发现某个范畴的真理，但它也有可能掩盖更大范围的真理。

孔子思想在中国之所以给人以"德侔天地，道冠古今"的绝对真理、永恒真理的印象，不是因为它真的具有绝对真理和永恒真理的品格，而是因为它在中国古代历史上更适于以皇权政治为中心的整个社会和平秩序的建立与维系，因而在董仲舒提出"罢黜百家、独尊儒术"之

胡适与学衡派

后一直作为国家的意识形态而受到整个社会的重视，宋明理学家则进一步强化了儒家文化传统对整个中国社会和中国学校教育的统治地位。中国古代知识分子的"学识"，首先就是儒家文化传统的"学识"。在中国，不论一种知识和思想其来源是怎样的，但当中国古代知识分子将其纳入儒家文化传统的思想体系和概念体系中进行重新的组织和整理并给以特定的价值评价之后，就都包括在了儒家知识分子的"学识"范围之中，使传统儒家文化也有了无所不包的绝对真理和永恒真理的外观。无论是吴宓、梅光迪、胡先骕，还是胡适、陈独秀、鲁迅，都曾在国内接受过儒家思想的教育，吴宓、梅光迪、胡先骕与胡适、陈独秀、鲁迅不同的是，他们在国外接受的白璧德的新人文主义，对中国的儒家文化传统也是极为推崇的，这不但进一步加强了他们对儒家文化传统的信仰，同时也通过儒家文化将白璧德新人文主义在西方文化中的地位神圣化了。这使他们产生了一个错觉，即他们在美国接受的白璧德的新人文主义就是"德侔世界，道冠中西"的"学识"，因而他们也有了以自己的"学识"裁判一切是非的能力。周佩瑶指出他们"对自我文化身份的预设和期待，即是成为维持'圣道'、传播'人文主义'的'圣人'和'人文主义者'"①。并从他们的这种"身份想象"阐释了他们对五四新文化运动的态度，可以说是掐住了他们的思想命脉的。但是，他们没有想到，"历史"永远不是仅凭"学识"和"学理"就能推断出来的。在鸦片战争之前，一个中国知识分子不论具有多么丰富的"学识"，不论有着怎样忠贞的信念，都无法预见将有一个叫作英吉利的国家会用它的大炮轰开中国的国门，会使中国从此走上一条不同于过往的历史道路。这里的原因是不言自明的，即在那时，英吉利和它的大炮根本不在中国知识分子的"学识"范围之中。对于他们，这些东西是从"无"中冒出来的。任何一个时代的知识分子都希望依靠自己的"学识"预见未来的历史，但历史却不是依靠"学识"就能预见的，因为不论"学识"多么渊博的知识分子，在其背后都有几乎无限的知识和思想的空白。——"人"，不可能成为无所不知的"圣人"。对于吴宓、梅光迪、胡先骕，五四新文化运动和

---

① 周佩瑶：《"学衡派"的身份想象》，福建教育出版社，2013，第20页。

白话文革新运动也是这样，因为它根本不在吴宓、梅光迪、胡先骕等人的"学识"范围之中，既不在中国儒家文化传统的"学识"范围之中，也不在白璧德新人文主义思想学说的"学识"范围之中，而是在他们思维空间之外"横空出世"般地掉落到他们的面前的，或曰是在西方文化传统和中国文化传统的夹缝中冒出来的。

实际上，吴宓、梅光迪、胡先骕并不像中国古代知识分子要预见鸦片战争那样难以预见五四白话文革新和五四新文化、新文学运动，因为所有这些都产生在像他们的留美同学胡适这样一些知识分子的内心感受和内在的思想演化中，产生在他们内心对中国固有文化传统的不满中。他们也知道在中国古代文化中已经有着那么多"辉煌灿烂"的东西，也知道西方历史上那些有价值的东西都不是轻而易举地被创造出来的，但他们对中国固有文化传统的不满却是实实在在的，中国社会现状、思想现状、文化现状不能令他们感到满意却是实实在在的。正是因为他们的这种不满，使他们并没有将自己的目光仅仅盯在那些中国已有的事物、已有的文化上，而总想从这些已有的文化现象中发现出一条缝隙来，并通过这条缝隙，穿过已有的文化传统，走到一个更加宽阔光明的世界中去。在这时，他们重视的往往是别人并不重视甚至不知道也根本不想知道的东西。那个怪人钟文鳌关于"欲求教育普及，非有字母不可"的小传单，对于其他美国留学生，像是在空中飘过的一粒无臭无味的花粉，甚至连"它有没有用"的意识也没有留下，但在胡适的意识中却撬开了一扇中国语言文字改革的大门。当胡适在东美中国留学生会"文学科学研究部"提出把"中国文字的问题"作为当年文学股学会的论题时，这个问题也只是胡适思想中的一个"空间"，是用他的主观愿望在中国固有文化传统中撑开的一片新天地，还没有具体的"学识"内容，他此后关于白话文改革的所有"事实根据"和"学理根据"，都只是展开这个"问题"并使这个"问题"成为一个更充分展开的文化空间的方式。正是在这个空间里，他开始了白话文改革的试验，开始了白话诗写作的"尝试"。①也就是说，一个新事物的产生，包括一个民族历史的发展、文化

---

①参见胡适：《四十自述·逼上梁山》，载欧阳哲生编《胡适文集》第1卷，北京大学出版社，1998。

的发展，并不是首先产生在已有的事物、已有的文化和已有的"学识"之中，而是首先产生在人的内心愿望、内在意识之中，产生在人对固有传统的不满中，产生在为了满足自己的内心愿望而进行的现实追求中。它像一股股地下水一样先在人的内心流动，要想感觉到它的流动必须首先了解自己和自己同时代的人，感受和理解自己和自己同时代人的内心愿望和要求，仅凭自己从书本中学到的知识和思想是不行的，仅凭自己已有的"学识"也是不行的。它也需要"学识"，它的"学识"也是来自"传统"。但这时的"传统"，这时的"学识"，对于一个有历史追求的人，更像一个知识和思想的大库房，它不是一个展室一个展室地被陈列出来的，而是根据人的现实需要从库房的不同储藏室中挑选出来并按照自己的需要重新组装起来的。他组装起来的是过往历史上所未曾有过的东西，正像胡适用中国文字写作的是过去未曾有过的白话诗一样。在这里，"学识"是为他们开路的，而不是堵路的；是提供给他们自由的，而不是干涉他们自由的。如果吴宓、梅光迪、胡先骕不是立于旁观者的立场上仅仅用自己的"学识"从外部衡量五四新文化运动的是非曲直，不是为了堵住这些革新者的路，而是站在同情和理解他们的立场上并能够沿着他们的思路思考问题，对于他们，五四新文化运动原本是不难理解的。但他们太相信自己的"学识"了，他们对自己的"学识"的自信使他们不再关心自己身边这些普通人的内心感受和思想愿望。岂不知他们的"学识"也只是一种知识和思想的组织形式，他们用这种组织形式完全遮蔽了自己眼前的人，也遮蔽了他们原本可以理解的人的内心愿望和要求，因而也遮蔽了他们原本可以拥有的"史识"。不论是他们在国内教育中接受的中国传统的儒家文化思想，还是在美国教育中接受的白璧德的新人文主义，都是通过历史上的"通儒大师"和他们所宣讲的一些"学理"构成的。他们的"学识"给他们造成了这样一种错觉，似乎人类文化的发展就是这些"通儒大师"用自己的思想宣导国人的结果。("故改造固有文化，与吸取他人文化，皆须先有彻底研究，加以至明确之评判，副以至精当之手续合千百融贯中西之通儒大师，宣导国人……"①)胡适、陈独秀

---

① 梅光迪：《评提倡新文化者》，载郑振铎编选《中国新文学大系·文学论争集》，良友图书公司，1935，第132页。

这班中国知识分子,在他们的眼睛里,显然不是这样的"通儒大师",因而也不相信这些知识分子就有革新中国文化的能力,至于他们所提出的那些"事实根据"和"学理根据",更与中国儒家文化传统和白璧德新人文主义的"学理"不合。("盖诡辩家之旨,在以新异动人之说,迎阿少年;在以成见私意,强定事物。顾一时之便利,而不计久远之真理。至其言行相左,诟讥明哲,更无论矣。吾国今之提倡'新文化'者,颇亦类是。"①)这就将五四新文化运动整个地关在了他们思想的大门之外。实际上,像白璧德崇尚的孔子、柏拉图、亚里士多德这类历史上的"通儒大师",在他们同时代的同辈人眼里,也是像胡适、陈独秀这样的一些普通的人;他们的思想学说,在他们同时代的同辈人眼里,也无非是一些"新异动人之说"。它们的"圣人"的形象和他们的思想的"圣人之道"的形象都是被他们的传承者所重新塑造过的,这使他们看不到自己同辈人对现实世界的内心感受和愿望了。——"学识",离开对现实社会和现在还活着的人的感觉、感受、同情和理解,有时也会蒙住人的眼睛,使他们看不到原本可以看到的事物和真理。

"史识"并不首先产生于"学识"中,所以单凭已有的"学识"也无法正确评价"史识"。"史识"的正确性及其程度不是论证出来的,而是在历史上实际呈现出来的。也就是说,"史识"要通过"史实"来证实,尚未转化为"史实"的"史识"仍然只能作为一种"假说"保存在人们的文化记忆中,而不能做出正确与否的最终判断。直至现在,仍然有许多学者试图根据中国传统儒家文化或西方保守主义的思想主张论证五四白话文革新的"错误",甚至将其视为对中国文化的破坏,给人造成了一种白话文不如文言文的感觉,但所有这些理论都已经无法改变这样一个历史的事实,即中国古代的文言文再也不可能成为中国社会文化的主要语言载体。人们很难想象,现代的报纸、杂志、广播、电视、网络等媒体会用中国古代的文言文而不用胡适首先倡导的现代白话文。这同时也意味着中国现代小说、诗歌、散文、戏剧、电影、电视、网络文体等文学体裁和中国现代学术的语言载体已经不可能重新回到文言文的时

---

① 梅光迪:《评提倡新文化者》,载郑振铎编选《中国新文学大系·文学论争集》,良友图书公司,1935,第128页。

代。对于我们,这已经是一些历史的和现实的事实,决定这些事实的是"存在",而不再是对其存在资格的论证。不论我们还能为吴宓、梅光迪、胡先骕反对五四新文化运动的主张做出何种形式的辩护,不论我们对他们所信奉的中国儒家思想传统和白璧德的新人文主义思想学说本身的价值和意义还能做出何种形式的评价和解说,但他们反对五四新文化运动的那些言论和举动做的都是一些无用的功。这已经是一个不变的事实,是用语言擦不掉的。——历史不是想怎样描绘就能怎样描绘的,否则,历史就不需要研究了。

三

胡适的白话文主张就其性质属于"史识",是他对中国语文、中国文化前景的一种理性的认识和判断,但在其表现形态上,同时也是一种"胆识"。中国知识分子首重"学识",次重"史识",但却常常轻视"胆识",因为"学识"和"史识"都直接表现在一个理性的结论中,而"胆识"则好像是"非理性"的,像"撞大运"一样"撞"上的,并不被人视为是理智的,理性的。实际上,"胆识"也是一种"识",一种见解,一种认识,只不过在它发表出来的时候,还说不上有充足的理由,也很难做到令当时大多数的人心服口服。它的根据是在此后的历史发展过程中被后来人的感受和理解一点一点地补充起来的,但即使这样,仍然无法被人直接作为一种"学理"、一种"规律"来运用。实际上,胡适的白话文革新的主张也是这样。当他提出自己的白话文改革的主张的时候,只有他一个人。反对他的人有一大堆,同情他、理解他的人却没有几个,但他公开提了出来,并且坚持了下去。他成功了,直到现在,几乎连反对他的人使用的都是他所提倡的现代白话文,但我们却并不认为他当时提倡白话文的举动有多么了不起。我们从其中好像发现不出多么深刻的思想,也找不到多么了不起的"历史的规律"。对于我们,尽管享用着他的白话文改革的成果,但他的白话文改革的举动和理论,却像一次性的筷子一样,没有用处了。在课堂上,我是这样向学生解释胡适白话文革新的意义的:我把他和西方的哥伦布相比。哥伦布没有想到他会发现一个新大陆，但他确实发现了一个新大陆，并且因此而改变了世界的地图，也改变了整个人类的历史。胡适也是这样，他的白话文改革能否成功，这个成功的意义将会有多大，他在当时是不会有清醒的意识的，因而也无法将他的白话文改革的价值和意义做出更有理论深度的理解和阐释，或者在一个严密的历史理论的基础上将其上升到"历史规律"的高度。他的成功，令人感到得到得太轻易，太突然，既不那么严肃庄重，也不那么深奥玄虚，但又像拉开了一个中国文化的总开关一样，整个中国文化都亮了起来。——实际上，这就是"胆识"的作用。当一个新事物、新思想取得成功之后，我们常常听人说："其实，我当时也是这样想的，只是没有说出来。""其实，这也没有什么了不起的，我当时也知道，只是不喜欢说出来。""其实，我也知道，但当时说话不自由，我没有敢说！"……岂不知"胆识"与一般"识见"的差别就在这"说"与"未说"、"敢"与"不敢"之间。

　　真正的"胆识"之所以宝贵，是因为"胆识"对知识分子的要求更高，而不是更低。真正的"胆识"也必须建立在丰富的"学识"和明敏的"史识"的基础之上。没有"学识"就没有"识见"，更不会有"胆识"；没有"史识"，就不会有超于一般"学识"的超前的"识见"，因而也不会有"胆识"。所以构成"胆识"的基础的是"学识"和"史识"。如前所述，"学识"是空间性的，"史识"是时间性的，"学识"和"史识"构成的则是一个知识和思想的时空结构。尽管这个时空结构并不意味着无所不知、无所不晓，并不意味着人类文化知识和思想的总和，但却具有激活各种知识和思想的内在潜力，也有将其激活的任何知识和思想纳入这个时空结构并使其在这个时空结构中继续发展变化的可能。这正像一个天文学家不但能够看到人类已经发现的星球，在一定情况下也能发现过去尚未发现的新的星球，并在发现之后纳入自己所掌握的整体的天体结构中，继续追踪其在这个整体的天体结构中运动和变化的轨迹。具体的"学识"是明确的，因为它在一种思想学说中的空间位置是固定的，可以做出一个理智的判断。在儒家伦理道德体系中，忠于皇帝的官僚就是一个"忠臣"，不忠于皇帝的官僚就是一个"奸臣"，这个结论是明确的，不容置疑的。具体的"史识"也是明确的，因为它在社会历史发展的时间链条上的位置也是固定的，可以做出一个理智的判断。"伽利略奠定了西方近代科学的基础"，这个结论也是明确的，不容置疑的。但在整个时空结构中，任何一个点的位置都是极不明确的，很难做出一个非此即彼的理智的判断，因为整个时空结构就像老子说的"道"一样是个混沌的整体，是可感而不可说的一种存在状态。真正的"胆识"就产生在这种可感而不可说的社会感受或文化感受的基础上，其中有"学识"，也有"史识"，但所有这些已有的"学识"和"史识"共同构成的却是一个混沌的整体。在胡适提倡白话文改革的时候，脑海里已经存在着中国古代大量用文言文写作的作品，这些作品有其产生和演化的历史；也存在着大量用西方文字语言写作的作品，这些作品也有其生成和演化的历史；同时也存在着中国古代大量用白话文写作的作品，这些作品也有其生成和演化的历史。他并没有读过其中所有的作品，也并不了解其中变化和发展的所有细节，但这个整体的时空结构却是存在于胡适的意识之中的。这个结构，与吴宓、梅光迪、胡先骕在其"学识"基础上形成的结构是不一样的。吴宓、梅光迪、胡先骕也有丰富的"学识"，他们所"知道"的并不比胡适更少，但在他们的意识中，整个世界文化都是在一个统一的"圣人之道"统领下的文化，中国文化有中国文化的"圣人之道"，西方文化有西方文化的"圣人之道"，而白璧德的新人文主义就是将东西方的"圣人之道"都囊括其中的当代世界文化的"圣人之道"。这个结构只是一个由"圣人之道"统领的巨大空间，"天不变道亦不变"，它是不会发生根本性质的变化的，因而他们也感到现实中各种事物都是清晰的，明明白白的，可以做出明确的价值判断。而胡适当时意识中的这个结构，则不仅仅是一个空间结构，同时也是一个时间结构，这个时空结构没有一个核心，也没有一个能够统领所有这一切并决定其如何发展变化的"圣人之道"，但他却能够用心灵感受到它。在他的感受中，这个时空结构不是完满的，特别是当代的中国文化，给他的是一个天塌地陷般的感觉，"四极废，九州裂，天不兼覆，地不周载"（刘安：《淮南子·览冥训》）。因而他也像女娲一样感到必须以自己的力量将它补齐，这就有了他提倡白话文改革的想法。他的这种想法就是一种"识见"，并且是一种大胆的"识见"——"胆识"。没有他对世界文化的广泛了解和文化变迁的意识,亦即没有丰富的"学识"和明敏的"史识"构成的这个知识和思想的混沌整体以及对这个混沌整体的缺失感觉,这种"胆识"是产生不出来的。——浅薄的思想只产生浅薄的冲动,而无法产生真正的"胆识"。

真正的"胆识"不是从任何别人那里获得的"识见",也不是已经纳入任何别人的思想体系里的"识见",所以它是具有鲜明的主体性的。吴宓、梅光迪、胡先骕是根据白璧德新人文主义的价值标准判断胡适的白话文革新的主张的,他们的思想就是白璧德的思想,他们的"识见"就是一个白璧德新人文主义者的"识见",不具有他们本人的主体性品格。对了,证明了白璧德新人文主义的正确性;错了,证明了白璧德新人文主义的局限性。与他们本人内在的社会、文化、人生的感受和体验的关系是若即若离的。但胡适的白话文革新的主张却是与他本人的内在的社会、文化、人生的感受和体验无法分开的,它甚至无法纳入他所信奉的杜威的实用主义哲学之中去,因为并不是所有信奉杜威实用主义哲学的中国知识分子都能够感到中国书面文化有用白话文代替文言文的必要的。这是他个人的见解,个人的"识见",在当时不属于任何其他一个人。"胆识"的这种主体性,决定了它的"真诚性",决定了它所表达的是这个人的真实的"识见",是在自己亲身感受和体验的基础上产生的,不是言不由衷的话,不是人云亦云的话,不是谄媚豪右的话,也不是吓唬老百姓的话,而这也是"胆识"较之一般的"识见"具有更强烈的思想征服力的原因。它像一个不设防的城市一样吸引着没有先入之见的人们去接近它,感受它和理解它;这种主体性还决定了它的"自信力"。鲁迅说:"中国人自然有迷信,也有'信',但好像很少'坚信'。"①凡不是建立在自己亲身感受和体验基础上的"想法",都不会有"坚信",但一当一个人的"想法"是在自己亲身感受和体验的基础上生成并发展起来的,他则没有怀疑它、放弃它的任何理由,因而也是充满自信的。所以,"胆识"体现了一个人内心的强大,体现了他的坚定的信念。胡适本人给我们留下的并不是一个坚强勇敢的男子汉的形象,但他对他的白

---

① 鲁迅:《且介亭杂文·运命》,载《鲁迅全集》第6卷,人民文学出版社,1981,第131页。

话文改革的主张却从来没有动摇过，放弃过。他对他的白话文改革的主张是有自信力的，倒是吴宓、梅光迪、胡先骕，反对五四新文化运动的热情只是高涨了一阵子，此后就力衰气消了。他们虽然始终没有成为五四新文化的积极拥护者，但也不再是五四新文化的激烈的反对者。这里的原因实际很简单，因为他们虽然根据美国白璧德新人文主义思想学说的原理能够说出五四新文化运动的各种弊端，但在他们的实际人生感受、社会感受和文化感受中，却绝对不会像他们在文章中所表现出的那样，认为胡适、陈独秀这一班五四新文化的倡导者们只是一些浅薄无聊的无知小儿，只是一些唯恐天下不乱的捣乱分子。他们对胡适、陈独秀这一班五四新文化运动的倡导者的蔑视充其量只是做出的一种文化姿态，当他们的反对没有取得自己预想的现实效果的时候，在他们的内部就找不到继续反对五四新文化运动的精神动力了。与此同时，在他们最初的感觉中，仅仅根据美国白璧德新人文主义的思想学说，就足以证明胡适、陈独秀一班人提倡的五四新文化运动是没有积极意义的。实际上，美国白璧德新人文主义思想学说与中国的五四新文化运动，原本就是在两个完全不同的民族文化的时空结构中生成的两种不同的文化现象，二者既没有直接的顺应性，也没有直接的对抗性。仅仅根据美国白璧德新人文主义的思想学说的基本原理，是不一定能够得出从根本上否定五四新文化运动的结论的。到了梁实秋，信奉的仍然是美国白璧德的新人文主义思想学说，但他却并没有从根本上反对五四新文化运动，他也用着现代白话文写着现代的白话散文。——美国白璧德新人文主义思想学说无法成为吴宓、梅光迪、胡先骕反对五四新文化运动的真正强大的内在精神动力。

真正的"胆识"是具有鲜明的主体性的，是属于一个特定的人的"识见"，但这种"胆识"本身却是关系现实社会、现实社会文化的。不属于一个特定人的"识见"，不是"胆识"："共产主义一定会实现！"这是共产主义者的集体意志和共同信念，不是"胆识"；不具有普遍的社会意义和文化意义的"识见"，也不是"胆识"："我一定要当世界冠军！"这是个人的决心和意志，也不是"胆识"。"胆识"一定是知识分子个人对社会、对社会文化的见解和看法。所以，真正的"胆识"中既包括知识分子个人的愿望和要求、个人的感受和思考、个人的意志和追求，也包括知识分子个人对社会的关怀、对社会的责任心和对社会的主动承担精神。它是知识分子个人与其社会融为一体的根本途径和方式。必须看到，知识分子的社会作用是通过知识和文化自身的价值和意义表现出来的，它诉诸人的感受和理解，诉诸人的信从，而不能仅仅诉诸人的服从或屈从，所以知识分子的知识和文化与政治、经济、社会群众的社会生活不是绝缘的，其最终的目的还是影响政治、经济和社会群众的社会生活的逐步完善和发展。但知识分子的知识和文化却不是借助政治权力、经济权力和社会群众的社会舆论的力量而产生的，也不能借助政治权力、经济权力和社会群众的社会舆论的力量加以推行，因为政治权力、经济权力和社会群众的社会舆论的力量是可以跨过人对知识和文化的实际感受和理解而直接转化为人的言语和行动的，是可以跨过知识和文化具体生成和演化的思维过程而直接运用其最终的结论和成果的。这能造成人的内在意识运动与外在言行方式的暌离乃至相互的对抗，既破坏了人的内在意识成长和发展的正常机制，也破坏了人的外在言行的正常的实践功能，是造成文化对人的异化的主要方式，是社会人心趋于虚伪和社会生活趋于紊乱的主要原因。正是在这样一个意义上，我们可以感到，"胆识"恰恰是人类知识和文化的本体性特征，也是知识分子作为一个人的主要人格特征。如前所述，知识分子可以有着各种不同的思想学说，有着各种不同的"学识"和"史识"，但在这一点上，古今中外所有具有杰出贡献的知识分子则是相同的。孟子说："居天下之广居，立天下之正位，行天下之大道。得志与民由之，不得志独行其道。富贵不能淫，贫贱不能移，威武不能屈。此之谓大丈夫。"（《孟子·滕文公下》）这里突出的其实就是具有"胆识"的知识分子不屈从于政治和经济权力的压迫的特征。庄子说宋荣子"举世誉之而不加劝，举世非之而不加沮，定乎内外之分，辩乎荣辱之境，斯已矣，彼其于世未数数然也"（《庄子·逍遥游》）。这里突出的其实是具有"胆识"的知识分子不屈从于多数人的世俗见解的压力，不被个人一时一地的荣辱得失所左右的特征——有"胆识"的人是在自己"识见"的基础上形成自己独立的荣辱得失的价值感觉的。所有这一切，都和"胆识"自身的性质和特征息息相关。没有

"胆识"的人，就没有这一切，就不会有这一切。

胡适的白话文改革的主张是他个人首先提出的主张，是具有他个人的主体性的，但这种主张却是关系整个中国社会、中国文化的，其中包含着胡适对中国社会、中国文化的整体关怀，包含着他对中国社会、中国文化的自觉承担意识和主动承担精神，因而也体现了胡适作为一个中国现代知识分子的本质特征。所有这一切，我们在吴宓、梅光迪、胡先骕等当时反对五四新文化运动的言论中都是感觉不到的。我们能够感觉到的几乎只有一点：他们与胡适等五四新文化运动的倡导者们打拼的是"学问"，是"学识"，以向公众证明，胡适、陈独秀等一班人并没有资格领导现代的中国社会和现代的中国文化，而有这种资格的，应该是他们这些掌握了美国白璧德新人文主义思想学说因而也遵从着当代世界文化的"圣人之道"的知识分子。——虽然他们没有明确地这么说。

四

胡适白话文革新的主张在其本来的意义上更是一种个人的"胆识"，它之所以被五四新文化运动的同人所接受、所倡导，也因为它是一种"胆识"。这种"胆识"是建立在胡适本人对中国现实社会文化的亲身感受和体验的基础之上的，是他对中国现实社会文化及其发展前景的一种关怀，一种自觉的承担，而不仅仅是根据前人的某种思想学说而建立起来的一种"观念"，一种"思想"。显而易见，在胡适提出白话文革新的主张之前，陈独秀、鲁迅、李大钊、周作人、钱玄同、刘半农等五四新文化运动的倡导者都还未曾形成关于白话文革新的自觉意识。也就是说，仅从"识见"，仅从"学识"，他们彼此实际是极不相同的。他们对胡适的白话文主张之所以能够迅速做出赞同性的反应，不是因为与胡适有着完全相同的"学识"基础，也不是因为彼此的"识见"完全相同，而是因为他们都不满于中国现实社会的文化，都有改革中国现实社会文化的愿望和要求。亦即他们都是一些有"胆识"的人：蔡元培兼容并包的现代教育思想，陈独秀的思想革命的主张，鲁迅的立人思想和对新文学的追求，周作人的人的文学和平民文学的主张，胡适的白话文改革的主张，在当时都是一些个人的"识见"，都是一些"胆识"。"胆识"首先是个人内心的愿望和要求，是需要别人的同情和理解的，所以他们在本能上也愿意同情和理解别人内心的愿望和要求。只有在这个意义上，我们才能够知道，他们之间实际是"心有灵犀一点通"，一拍即合，并且在相互的理解和同情中将各自的"胆识"连成了一个更大的整体，一个集体性的"胆识"——反对旧文化，提倡新文化；反对旧文学，提倡新文学；反对旧道德，提倡新道德；反对文言文，提倡白话文。直至现在，中国仍然没有一个完整独立的思想学说能够将五四新文化运动的理论和实践概括起来，形成像中国古代的孔子思想、老子思想、墨子思想、庄子思想、韩非子思想、道教思想、佛学思想、禅学思想和西方各种"主义"那样相对明确的思想学说，所以至今它还无法作为一种独立的"学识"并像中外那些著名的思想学说一样通过师承关系一代一代地传承下去，但作为一个文化革新的历史运动却又是为所有人所无法忽视的。——它是"历史"，不是"学识"。

但是，胡适到底也是一个中国的知识分子，并且正处于求知欲望强烈的青年时期。所以，他也是一个更加重视"学识"、更加重视自己的学术羽毛的人。相对而言，他并不那么看重"胆识"，也不愿别人将他的白话文革新的主张仅仅视为一种似乎没有多少坚实的"学识"基础的"胆识"。当吴宓、梅光迪、胡先骕公开亮出了自己的白璧德新人文主义的思想旗帜的同时，胡适也公开亮出了自己的美国杜威实用主义哲学的思想旗帜。这就给人造成了一个假象：似乎胡适之所以能够成为五四新文化运动的倡导者，而吴宓、梅光迪、胡先骕之所以成为五四新文化运动的反对派，是因为胡适接受的是美国杜威实用主义哲学的传统，而吴宓、梅光迪、胡先骕接受的是美国白璧德新人文主义的思想传统。这就将胡适和吴宓、梅光迪、胡先骕之间围绕五四新文化运动所暴露出的矛盾和差异降低到了"学识"与"学识"的矛盾和差异的层面上，降低到了当代美国两种不同的思想学说的矛盾和差异的层面上。它同时也将"学识"与"胆识"之间的不平等的竞争关系歪曲成了"学识"与"学识"之间的平等竞争关系，因而也歪曲了他们围绕五四新文化运动所暴露出来的矛盾和差异的实质意义。

在我们的学术界，经常看到的是这种"学识"与"学识"之间的斗争：在中国古代，有儒墨之争、儒道之争、佛道之争等等；在中国现当代社会，不但有古今之争、中西之争，而且从西方传入的各种"主义"也在中国各不相让，彼此争斗。实际上，如果学界只有这种"学识"与"学识"之间的论争，还是不会有实际的思想意义和学术意义的，因为不同的"学识"有不同的价值标准，价值标准就是不同的，不论怎么争，都是争不出一个结果来的。关于这一点，庄子早就说过："既使我与若辩矣，若胜我，我不若胜，若果是也？我果非也邪？我胜若，若不吾胜，我果是也？而果非也邪？其或是也？其或非也邪？其俱是也？其俱非也邪？我与若不能相知也。则人固受其黮暗，吾谁使正之！使同乎若者正之，既与若同矣，恶能正之！使同乎我者正之，既同乎我矣，恶能正之！使异乎我与若者正之，既异乎我与若矣，恶能正之！使同乎我与若者正之，既同乎我与若矣，恶能正之！"（《庄子·齐物论》）意思是说，既然不同"学识"之间的是非标准就是不一样的，即使我与你辩论，你胜了我，我没有胜过你，也无法证明你就是对的，我就是错的；我胜了你，你没有胜过我，也无法证明我就是对的，你就是错的；谁是，谁非，还是都是，都非，通过这样的不同"学识"之间的辩论是永远辩不出个头肚的。不同"学识"之间的知识分子通过这样的辩论也是无法做到彼此的相互了解的。既然彼此的是非并不清楚，也就无法依靠别人的判断纠正彼此的看法。如果让与你的观点相同的人纠正我们的看法，他既然与你相同，与我不同，怎能纠正呢？如果让与我的观点相同的人纠正我们的看法，他既然与我相同，与你不同，怎能纠正呢？如果让与我和你的观点都不相同的人纠正我们的看法，他既然与我和你都不相同，怎能纠正呢？如果让与我和你的观点都相同的人纠正我们的看法，他既然与我和你都相同，怎能纠正呢？对于这些具有各自不同的价值标准体系的"学识"，庄子提出的意见是"和之以天倪"，即承认彼此之间的差别，并以有差别的形式共存于现实世界，各按自己的形式发挥自己的作用，开拓自己的社会空间，谋求各自的发展，不用同一个标准衡量不同的思想学说，不同的"学识"。实际上，庄子的这种思想观念，并不是多么难以理解的。他将不同知识分子的不同思想学说视为现实世界上各种不同的事物，山有山的标准，水有水的标准；同为树木，松树有松树的标准，柳树有柳树的标准。彼此之间并没有一个统一的是非标准，彼此之间怎能分出一个绝对的是非呢？"和之以天倪"就是让松树像松树一样生长，让柳树像柳树一样生长，不用一个标准要求不同的事物。庄子的这种思想，实际也就是中国最早的思想自由、学术自由的思想。只不过到了后来，儒家思想统治了整个中国社会和中国教育，庄子这种思想自由、学术自由的思想也就成了一些空话。——当一种思想学说已经在整个国家政治权力的维护下具有了法律的意义，具有了对一切社会思想差异的最终裁判权，所有其他的思想学说除非公开与这种专制主义的文化宣战，并在这种反专制主义的斗争中发挥自己对现实社会和现实社会文化的独立作用，否则，其自身就不再有可能对现实社会、现实社会文化的发展产生有实质意义的影响，即使形式上仍然存在着，也只成了一些聋子的耳朵——空摆设。

不难看到，在美国，杜威的实用主义哲学和白璧德的新人文主义思想学说就是在政治民主、思想自由和学术自由的整体背景上同时存在，同时发挥着各自的社会作用，也同时通过各自的师承关系在美国社会思想的历史上得到传承和传播的。实际上，在美国，白璧德新人文主义思想学说体现的只是美国部分精英知识分子、学院知识分子的人生观念和文化观念，它是以卢梭之前新古典主义时期的欧洲文化为样板的。那时的欧洲文化，实际就是欧洲贵族阶级知识分子建立起来的文化。他们已经从中世纪宗教神学的束缚和禁锢中解放出来，在整个欧洲社会和欧洲文化中具有了自己的主体性地位，也建立起了自己以人为本位、以科学和文艺为主体内容的近代欧洲的人文主义文化，在欧洲近现代文化发展的历史上发挥了承前启后的重要作用。但在当时的欧洲社会上，贵族阶级仍然是与社会平民有着严格区别的一个特殊的阶级。它是国家的统治阶级，拥有政治和经济上的特权地位，也负有维护国家统一和安全的社会使命。所以那时贵族知识分子的文化，就是当时的国家文化，当时的高雅文化。它体现的是国家集体的愿望和要求，体现的是国家的统一的意志，是有着统一的社会规范的文化，也更接近中国儒家伦理道德传统在中国古代社会所发挥的作用。在文学上的新古典主义，提倡以"理"

节"情"，也与中国儒家的文艺思想有着异曲同工之处。欧洲的社会思想，在其整体上，到了卢梭有一个根本性的转变。社会教育的发展，使更多的平民知识分子开始进入社会文化的上层，原来的贵族知识分子也逐渐失去了自己的特权地位而沦为平民知识分子，并以更大的热情关注着社会平民的生存状态及其愿望和要求。这时的欧洲知识分子，开始从国家统一的意志之中解放出来，以"国家"为本位的文化逐渐转向以"个人"为本位的文化，人的精神发展中的自然主义和社会思想中的自由主义成为欧洲社会思想的主潮，这在经济上刺激了资本主义经济的发展，在政治上则瓦解着贵族阶级的专制统治，欧美各个主要国家相继建立起现代的民主政治，西方浪漫主义文学、现实主义文学、现代主义文学则是这个历史时期相继发展起来的新的文学思潮。但是，人类文化的历史既有发展变化的一个侧面，也有不断积累的一个侧面，旧的传统从来不会从人类文化中完全消失，而是以各种不同的形式被包容在新的文化传统中，并成为新的文化传统的一部分，继续发挥着它作为其中一个组成部分的特殊作用。正像中世纪的宗教传统在文艺复兴之后仍然通过宗教组织作为一种世界观念和人生观念传承下来一样，新古典主义时期的人文主义思想也通过像白璧德这样一些学院知识分子、精英知识分子在欧洲和美国作为一种独立的世界观念和文化观念传承下来。这些通过学校教育直接进入上层社会并远离中下层现实社会矛盾和斗争的精英知识分子、学院知识分子，对于新古典主义时代崇尚健全的理性、重视人伦礼仪关系的贵族知识分子的教养和习惯情有独钟，而与卢梭之后在现实社会矛盾和斗争的旋涡中发展起来的崇尚情感、注重个性发展的平民知识分子的文化倾向则有些格格不入。但在这时，它早已不是欧洲和美国这些国家的意识形态，早已无法体现这些国家社会民众的统一意志和要求。虽然像白璧德这样的一些学院知识分子、精英知识分子仍然以"圣人之道"的传承者自居，但他们在欧洲与美国的社会和社会文化中，早已失去了作为社会、社会思想领导者的"圣人"的地位。总之，在政治民主、思想自由和学术自由的整体背景下，它只是诸多思想学说中的一种思想学说。它与其他思想学说的关系是平等竞争的关系，而不是领导与被领导的关系。

与此同时，杜威的实用主义哲学，虽然体现着美国当代社会思想的主要特征，我们甚至可以认为它与当代美国的国民性都有相当密切的关系。但尽管如此，它也只是在美国政治民主、思想自由、学术自由的整体背景下的一种思想学说、一种"学识"，而并不代表美国社会文化的全部，更不是"真理"的代名词。如果说白璧德打出的是人文主义的思想旗帜，杜威的实用主义（又译为"实验主义"）在总体上则是一种科学主义，它是以"科学研究"的方法论为基础的。胡适在介绍实用主义哲学时说："'实验主义'（Experimentalism）虽然也注重实际的效果，但他更能点出这种哲学所最注意的是实验的方法。实验的方法就是科学家在试验室里用的方法。这一派哲学的始祖皮耳士常说他的新哲学不是别的，就是'科学试验室的态度'。"①显而易见，"试验室的态度"是一种文化的态度，但却不是唯一的"文化的态度"，甚至也不是唯一的"科学的态度"，而更是一种"自然科学的态度"，"物理学的态度"。在"试验室"里，一切前提条件都是从无限复杂的现实世界中挑选出来的，都是经过人为的加工被纯净化了的，所有无关的因素都被排除了，所有的复杂性都被摒弃了，一切都有了一个量化的标准，然后则是严格按照早已设计好的固定程序进行的。这样得出的是一个明确而又具体的"客观的真理"，但这种明确而又具体的"客观的真理"，又是无法脱离开它的那些被提纯了的前提条件的。社会科学，特别是文学研究，除了应该具有一种科学的态度之外，还应该具有一种人文主义的态度，具有一种人文的关怀。在这个意义上，白璧德的新人文主义无法代替杜威的实用主义，杜威的实用主义也无法代替白璧德的新人文主义。在美国政治民主、思想自由、学术自由的大背景下，二者是平等竞争的关系，是没有一个绝对的是和非的差别的。

但是，当吴宓、梅光迪、胡先骕将白璧德新人文主义思想的旗帜插到中国20世纪初的文化阵地上，并向五四新文化、新文学运动发起了公开挑战的时候，情况就有了一个根本性质的不同，因为在那时的中国，

---

① 胡适：《实验主义》，载欧阳哲生编《胡适文集》第2卷，北京大学出版社，1998，第208—209页。

还没有一个像美国那样政治民主、思想自由、学术自由的整体的文化背景，它的整体的文化背景就是文化专制主义的。在当时的中国，构成这个文化专制主义整体背景的就是在中国已有两千余年的统治历史的儒家文化传统，它是明确作为思想统治的工具而被历代政治统治王朝自觉地加以灌输和推行的，是具有立法性质的国家的意识形态，而五四新文化、新文学则是在这个文化专制主义的整体背景下通过极少数中国个体知识分子的努力刚刚产生、还处于"乍暖还寒"状态的文化，并且它是以政治民主、思想自由、学术自由为自己明确的追求目标的。也就是说，吴宓、梅光迪、胡先骕虽然也是作为个体知识分子而出现的，也没有实际的政治权力的背景，但他们却是将从美国接受过来的白璧德的新人文主义思想学说直接嫁接到当时中国的文化专制主义的整体背景之下的，是公开反对以政治民主、思想自由、学术自由为自己的明确的追求目标的五四新文化、新文学运动的。这就使吴宓、梅光迪、胡先骕从美国接受过来的白璧德的新人文主义思想学说在中国当时的环境条件下带上了文化专制主义的性质。这种性质并没有转化为这样的效果，因为它没有实际起到扼杀五四新文化、新文学运动的作用，但它仍然作为一种潜在的能量表现在它的"学识"自身的力量中。

知识分子之所以重视"学识"，因为"学识"也是一种力量，一种思想的力量、精神的力量，这种力量是通过对固有文化资源的占有而实现的。知识分子占有了相关的文化资源，也就占有了相关领域的思想，使其在与其他人的竞争关系中具有自己的优势性。"学富五车"，是说一个知识分子占有了更多的文化资源，其受众群体对其思想和言论是可以信从或不得不信从的，而那些目不识丁的老百姓，因为不占有任何的文化资源，其思想和言论也是不值得信从的。与此同时，不同的思想学说，不同的"学统"和"学识"，在一定的条件下又是对固有文化资源的一种分配形式。直至现在，我们仍然常常认为，只有站在儒家知识分子的立场上，才能对中国古代儒家文化的资源做出合理的阐释和利用；只有站在马克思主义的立场上，才能对中外马克思主义的文化资源做出合理的阐释和利用。这就在无形中将不同的文化资源分配给了不同的思想学说，不同的"学识"和"学统"。只要从这个角度看待吴宓、梅光迪、胡先骕从美国接受过来的白璧德的新人文主义思想学说和胡适从美国接受过来的杜威的实用主义哲学学说，我们就会知道，仅就"学识"而论"学识"，在五四时期的中国，它们虽然都是从外国思想家那里接受过来的一种思想学说，都是一种"学识"，但二者在当时的中国所占有的文化资源却是有天壤之别的。吴宓、梅光迪、胡先骕所拥有的白璧德新人文主义思想学说，在内容上涵盖了从古希腊、罗马时期至卢梭之前西方文化史上的整个人文主义文化传统，虽然它在西方文化中早已不具有绝对的统治地位，但它作为当代美国学院文化中的一个影响深远的思想学说，对于中国当时的知识分子，同样体现了美国当代文化的"现代性"和"先进性"，而它与中国儒家文化传统的直接结合，则使它可以与儒家知识分子共享中国儒家文化传统的全部文化资源。这就使吴宓、梅光迪、胡先骕通过美国白璧德新人文主义思想学说像变戏法一样，一下子便把东西方文化中最"优秀"的文化资源尽数揽入自己的怀中，使他们在当时的中国人和中国知识分子之中拥有了学贯中西、汇通中西、驾驭中西文化的文化幻象，因而也更能获得当时的中国人和中国知识分子的信赖和遵从。胡适从美国接受过来的杜威的实用主义哲学则有所不同，虽然它也是美国当代文化中具有深远影响的一种思想学说，虽然这种思想学说对于当时的中国知识分子也具有美国当代文化的"现代性"和"先进性"，但在当时的中国，除了胡适，甚至包括五四新文化、新文学运动倡导者在内的中国人和中国知识分子，恐怕就没有几个人真正懂得杜威的实用主义哲学，更莫说对这种哲学思想的信赖和运用了。而通过胡适输入中国的杜威的实用主义哲学，从一开始就不可能建立起与中国固有文化传统的联系，因而它也不占有中国古代的任何一种文化资源。总之，仅就"学识"而论"学识"，胡适仅仅依靠他从美国接受过来的杜威的实用主义哲学传统，是无法与吴宓、梅光迪、胡先骕从美国接受过来的白璧德新人文主义思想学说相抗衡的，是无法成为他的白话文革新主张的思想基础的，这恐怕也是当初吴宓、梅光迪、胡先骕并不把胡适的白话文革新的主张"放在眼里"的根本原因。

在这里，我们可以断言，真正支撑着胡适五四时期的思想的，不是或主要不是他在美国接受过来的杜威的实用主义哲学思想，不是或主要不是他的"学识",而是他的"胆识",他的个人主义的"胆识"。

五

什么是"胆识"?为什么真正支撑着胡适五四时期的思想的是他的"胆识",是他的个人主义的"胆识"?这,我们通过他的《易卜生主义》一文就能看得十分清楚:

> 人生的大病根,在于不肯睁开眼睛来看世间的真实现状。明明是男盗女娼的社会,我们偏说是圣贤礼义之邦;明明是赃官、污官的政治,我们偏要歌功颂德;明明是不可救药的大病,我们偏说一点病都没有!却不知道:若要病好,须先认有病;若要政治好,须先认现今的政治实在不好;若要改良社会,须先知道现今的社会实在是男盗女娼的社会!易卜生的长处,只在他肯说老实话,只在他能把社会种种腐败龌龊的实在情形写出来叫大家仔细看。他并不是爱说社会的坏处,他只是不得不说。①

> 一切维新革命,都是少数人发起的,都是大多数人所极力反对的。大多数人总是守旧、麻木不仁的;只有极少数人——有时只有一个人——不满意于社会的现状,要想维新,要想革命。这种理想家是社会所最忌的。大多数人都骂他是"捣乱分子",都恨他"扰乱治安",都说他"大逆不道"。所以他们用大多数的专制威权去压制那"捣乱"的理想志士,不许他开口,不许他行动自由;把他关在监牢里,把他赶出境去,把他杀了,把他钉在十字架上活活的钉死,把他捆在柴草上活活的烧死。过了几十年、几百年,那少数人的主张渐渐的变成多数人的主张,于是社会的多数人又把他们从前杀死、钉死、烧死的那些"捣乱分子"一个一个的重新推崇起来,

---

① 胡适:《易卜生主义》,载欧阳哲生编《胡适文集》第2卷,北京大学出版社,1998,第476页。

替他们修墓,替他们作传,替他们立庙,替他们铸铜像。却不知道从前那种"新"思想,到了这时候,又早已成了"陈腐的"迷信!当他们替从前那些特立独行的人修墓、铸铜像的时候,社会里早已发生了几个新派少数人,又要受他们杀死、钉死、烧死的刑罚了!所以说"多数党总是错的,少数党总是不错的"。①

社会、国家是时刻变迁的,所以不能指定哪一种方法是救世的良药。十年前用补药,十年后或者须用泻药了;十年前用凉药,十年后或者须用热药了。况且各地的社会、国家都不相同,适用于日本的药,未必完全适用于中国;适用于德国的药,未必适用于美国。只有康有为那样的"圣人",还想用他们的"戊戌政策"来救戊午的中国;只有辜鸿铭那样的怪物,还想用二千年前的"尊王大义"来施行于二十世纪的中国。易卜生是聪明人,他知道世上没有"包医百病"的仙方,也没有"施诸四海而皆准、推之百世而不悖"的真理。因此他对于社会的种种罪恶污秽,只开脉案,只说病状,却不肯下药。但他虽不肯下药,却到处告诉我们一个保卫社会健康的卫生良法。他仿佛说道:"人的身体全靠血里面有无量数的白血轮时时刻刻与人身的病菌开战。把一切病菌扑灭干净,方才可使身体健全,精神充足。社会、国家的健康也全靠社会中有许多永不知足、永不满意,时刻与罪恶分子、龌龊分子宣战的白血轮,方才有改良进步的希望。我们若要保卫社会的健康,须要使社会里时时刻刻有斯铎曼医生一般的白血轮分子。但使社会常有这种白血轮精神,社会决没有不改良进步的道理。"②

什么是"胆识"?胡适这里说的就是"胆识"!
为什么这种"胆识"不会被吴宓、梅光迪、胡先骕的"学识"所颠

---

① 胡适:《易卜生主义》,载欧阳哲生编《胡适文集》第2卷,北京大学出版社,1998,第482—483页。

② 胡适:《易卜生主义》,载欧阳哲生编《胡适文集》第2卷,北京大学出版社,1998,第488—489页。

覆？为什么将从古希腊到卢梭之前整个西方文化中的人文主义思想传统和中国在几千年的历史上逐渐积累起来的中国固有的文化传统都涵盖其中的吴宓、梅光迪、胡先骕所传承的美国白璧德的新人文主义思想学说，也无法颠覆像胡适这样一个青年学子的"胆识"？

显而易见，这是因为真正属于"胆识"的"识见"和"认识"，有为一般的"学识"所无法进入的一个独特的思维空间，这个空间就是胡适在这里所叙述的个体人对外部的现实世界、现实社会和现实社会文化的整体感受和整体关怀的空间。如前所述，作为这个个体的人，也是有"学识"和"史识"的思想基础的，但他所有的从前人和前人的著作中接受过来的"学识"和"史识"都无法直接说明他当下对他所处的外部现实世界、现实社会、现实社会文化的具体的感受和了解。他必须用自己的方式对现实世界、现实社会、现实社会文化做出自己独立的思考和独立的判断，并且这种独立的思考和独立的判断也一定会包含着他对改善现实世界、现实社会和现实社会文化的具体途径和方式的思考。显而易见，在任何一个历史的时代，没有文化的广大社会群众由于社会视野和文化视野的局限性，都不可能真正形成自己对现实世界、现实社会、现实社会文化的独立的整体的思考和把握，因为这种独立的整体的思考和把握不仅仅依靠自己极其有限的直接的感官感受和印象，还必须依靠从前人的思想和文化中接受过来的更大量的文化信息和更多样的理性把握现实的方式，而能够拥有更大量的文化信息和更多样的理性把握现实的方式的广大知识分子也可能因为各种原因不愿或不敢正视自己面前的现实世界、现实社会、现实社会文化，因而也不会从这种整体感受中产生出对现实世界、现实社会、现实社会文化的整体关怀，仅仅满足于自己从前人和前人著作中接受过来的现成的知识和思想，这就使这些个体人的"识见"在当时的社会文化环境中表现为一种不被人同情和理解甚至被多数人排斥的"胆识"，这种"胆识"只有经过这些知识分子的个人的坚持和努力才会被更多的人所理解和同情，被更多的人所接受和运用。但也正是因为如此，周围的人仅仅依靠自己习惯性的思维方式和从前人和前人的著作中接受过来的固有的知识和思想也无法改变这些个体人的独立的"识见"，无法从根本上瓦解这些个体人的"胆识"。具体到吴宓、梅光迪、胡先骕那些反对五四新文化、新文学运动的言论，我们就会看到，他们讲了很多的"道理"，这些"道理"即使从现在看来也不是没有"道理"的，但所有这些"道理"，都是从前人和前人的知识和思想中接受过来的。它们无法改变胡适对现实世界、现实社会、现实社会文化的具体感受和了解，因而也无法改变他提倡白话文改革的决心和信心。

与此同时，"学识"是从前人和前人的著作中接受过来的知识和思想，这种接受是通过语言和对语言的记忆而获得的，与外部世界、外部社会、外部社会文化构不成相互连带的紧密关系，他也没有经历过这些知识和思想从产生到发展再到成形的全过程，因而它在一个人的心灵中还是飘忽不定的，与其对事物的主观感觉、感受、情感、情绪、意志构不成相互呼应的连带关系。而"胆识"则不同，"胆识"本身就是在一个人对现实世界、现实社会、现实社会文化的亲身感受和体验中产生的，它有一个从无到有、从飘忽不定到成为坚定的信念的生成全过程，而在这个过程中，同时伴随的不只是语言和对语言的记忆，还有他的主观的感觉、感受、情感、情绪和意志的状态。有"学识"的人往往很"理智"，但压力来了，也容易动摇；有"胆识"的人在外人看来并不那么"理智"，但压力来了，也不会轻易动摇，因为它的根据在其内在的感受和体验，而这种感受和体验又是与其意志的力量纠结在一起的。"胆识"往往是在经过一个漫长而又痛苦的过程之后才渐渐被别人所接受的。不难看出，在吴宓、梅光迪、胡先骕反对胡适的白话文改革的主张和胡适坚持自己的白话文改革的主张的关系中，情况也是这样。

总之，胡适的白话文改革的主张更是他在对中国文化的亲身感受和体验中形成的一种个人主义的"胆识"，而不仅仅是从美国杜威实用主义哲学中接受过来的一种"学识"。

原载《中国现代文学研究丛刊》2014年第8期

胡适与五四新文化

一

"学识"是重要的,因为任何一代人都是从无知开始的,都是从首先接受前人已经拥有的知识和思想开始成长的,亦即是从不断充实和丰富自己的"学识"开始的。"学识"是从"学习"中获得的,是与受教育的程度有关的。而在教育过程中,"权威"的意义始终是极其重要的。"先生"对于"学生"要有权威性,"学生"对"先生"要有敬畏心,"学生"首先要相信"先生"传授给他的知识和思想对于他的成长是有益的,是必要的。否则"学生"就对"先生"所传授的知识和思想产生排斥心理,也无法将其转化为自己的知识和思想。"先生"的这种权威性,又是与当时社会对一个或若干个有更高权威的人(或神)的敬畏和崇拜有关的,这在宗教中表现得更加明显和突出,因为只有通过现实社会对一个或若干个人(或神)的敬畏和崇拜,才能确立现实社会对教师所教知识或思想的信赖和遵从。"学习"的心理基础是"信",不"信"就不会去"学",不"学"就不"知",知识和思想是在"信"的基础上被接受者所接受的。不同的宗教有不同的信仰和教义,信奉相同教义的人属于同样一个宗教或同样一个教派;不同的学统也有不同的权威和不同的"学识","学识"相近或相同的人构成同一个学派。学派的力量直接依靠量的积累，信奉同一种思想的人越多，这个学派的力量就越大，其影响也就越广泛。吴宓、梅光迪、胡先骕就是因为"学识"的相同或相近结合在一起的，他们都信奉白璧德的新人文主义思想学说，奉白璧德为师，也遵从中国儒家的文化传统，以孔子为"圣人"。但是，"学识"更是个人价值的一种标志，我们说某个人"学识渊博"，是说这个"人"很有学问，而不是指的这个学派。这正像同样一个教师教出来的学生，有的考第一，有的不及格。对外，他们是一个集体；对内，则又有地位的高低和成就的大小之别；外部的压力使之团结，内部的矛盾导致分裂，所以任何一个学派都有分分合合、盛衰兴废的过程，其"学识"在社会上受重视的程度也是不一样的。正像"宗教"，有时"香火"旺，有时"香火"就不旺。

　　"胆识"则不同，"胆识"不是靠教育传承的，而是在个人对现实世界、现实社会、现实社会文化的独立感受和体验中产生的。它是个人的，但却不是个人价值的标志，因为越是属于"胆识"的"识见"，越难于与多数人达成"共识"，因而也无法作为这个人的存在价值而得到社会的承认。"学识"的重心在个人，"识见"是个人价值的表现形式；"胆识"的重心在"识见"，个人是这种"识见"的载体。"胆识"是在一个人的"学识"的基础上产生的，但又是对自己"学识"的一种超越，有时甚至是一种背叛，所以它往往不是首先在与自己有相同"学识"基础的人中间得到认可的，而是在不同社会和社会文化领域的同样有"胆识"的人那里得到同情和理解的，这使各种不同的"胆识"相互呼应、相互投射，逐渐构成一个更广大的社会文化网络。作为有"胆识"的人，仍然是各自独立的，不相粘连，各有各的事功，甚至各有各的专业，但作为一种"文化"，则又是相互联系的。五四新文化、新文学作为一种文化和文学，就是这样构成的。胡适、陈独秀、鲁迅、周作人、李大钊、钱玄同、刘半农即使在五四新文化、新文学运动期间，也是各自不同的，这与吴宓、梅光迪、胡先骕共同信仰白璧德的新人文主义学说有明显的不同。他们没有一个共同崇拜的对象，甚至也不信奉同样一种思想学说，其学识基础更是各有千秋，他们之连接在一起仅仅因为他们都不满于中国当下的社会和社会文化，要求改革，要求发展，因而对中国固有的文化传统也都有批判的意识。"学识"的传播像条河，是以"学统"的方式逐渐积累、壮大起来的。"胆识"则不同，"胆识"的传播是通过"胆识"与"胆识"之间相互"引爆"而扩散开来的。在"爆炸"的过程中，彼此的力量同时得到释放，彼此的性质也发生了化学性的变化。"学识"相近或相同的人的关系是相加的关系，合则有力，分则无力，吴宓、梅光迪、胡先骕当联合在一起的时候，就有了一个由白璧德新人文主义者共同组成的反对五四新文化、新文学的文化阵线；当他们各自分离之后，这个阵线就不存在了。但有"胆识"的人之间构成的是相互激发的作用，它产生一种超越于各个具体人的新的文化现象和新的文化结构，并能被后来的人所传承。当五四新文化、新文学运动的倡导者结合在一起的时候，他们共同建构了中国新文化、新文学的雏形；当他们各自分离之后，这个新文化、新文学的结构仍然存在，只不过已经不是仅仅由这几个人构成的，它已经成为一种社会的和历史的文化和文学："新青年"团体解散了，但"人"去"楼"未空，"新文化""新文学"留在了中国的社会历史上。

到了后来，胡适为了与陈独秀、李大钊、鲁迅这些走上了不同文化道路的五四新文化、新文学运动的同人们"划清界限"，总是企图将自己的白话文革新的主张降低到"学识"的层面上，但这也严重歪曲了他所提倡的中国现代的白话文逐渐取代中国古代的文言文而成为中国现当代文化的主要语言载体的过程和意义。他说："我们一般留学生在国外大学宿舍里通信讨论一些问题，可是在国内有许多老辈那些北京大学很有学问的国文先生，他们觉得不错，他们赞成，比如钱玄同先生啦，陈独秀先生他们出来赞成，这样一来，在国内我们得到支持的人，得到赞成的人，在国外一般留学生在宿舍讨论的问题，在国内变成公开讨论的问题。所以就成了中国的文艺复兴运动。"[1]

显而易见，如果只有这几个在美国的中国留学生在宿舍里进行的"学术"讨论，胡适的白话文革新的主张充其量还只是一种个人的"见

---

[1] 胡适：《五四运动是青年爱国的运动》，载欧阳哲生编《胡适文集》第12卷，北京大学出版社，1998，第853—854页。

识",他的这种"见识"之成为一种革新中国文化的"胆识",是和与陈独秀思想革命主张的结合分不开的。陈独秀思想革命的主张,并不是从胡适的思想中接受过来的,但在那时,它也只是陈独秀的一种"见识",并没有引起社会的广泛关注。在这时,胡适的白话文革新的主张和陈独秀的思想革命的主张发生的是相互引爆的作用:胡适的白话文革新的主张引爆了陈独秀的思想革命,陈独秀的思想革命也引爆了胡适白话文的革新,使其二者同时表现为一种改革中国文化的"胆识"。这是一次文化的爆炸,通过这种爆炸,使二者都发生了根本性质的变化:胡适的白话文革新再也不是晚清拼音字母运动那样的文字形式的试验,而同时具有了思想革命的意义;陈独秀的思想革命再也不像梁启超那样的思想启蒙,而同时具有了文体形式改革的意义:胡适提倡的白话文成了中国现代社会思想革命的语言载体,而陈独秀提倡的思想革命也找到了自己最适宜的语体形式;陈独秀作为一个中国现代社会思想的革命家同时成为白话文革新的革新家,胡适作为一个白话文革新主张的倡导者同时也成为中国现代思想革命的先驱者。

　　胡适与陈独秀的结合,还有一重意义,即胡适在美国的中国留学生宿舍里形成的白话文革新的思想主张与陈独秀在中国国内创办的《新青年》杂志这种现代传媒形式的结合。作为《新青年》杂志编者的陈独秀,接受胡适白话文改革的主张是为了扩大《新青年》杂志在社会上的影响力;作为白话文革新主张的提倡者,胡适在《新青年》杂志上发表文章是为了推行他的白话文改革的主张。但这二者的结合,也以相互引爆的形式同时引发了中国现代媒体的革命和白话文的革命。《新青年》在中国率先改用白话文,而白话文的实践也率先在《新青年》杂志上进行。直到现在,胡适提倡的现代白话文几乎已经成为中国所有媒体的语言,中国的媒体也成为实践和发展现代白话文的主要文化阵地。

　　胡适与陈独秀的结合,同时也是胡适与北京大学的结合,与当时北京大学校长蔡元培现代教育思想的结合。显而易见,蔡元培的教育思想,也不是从胡适的白话文革新的主张中接受过来的,也是他自己早已形成的独立的教育主张。但蔡元培的教育思想,又是通过支持五四新文化、新文学革命而在中国社会发生了革命性的影响的。此二者的关系也

胡适与五四新文化

是相互引爆的关系：蔡元培兼容并包的现代教育思想引爆了五四新文化、新文学革命，五四新文化、新文学革命引爆了蔡元培兼容并包的现代教育思想。其中也包含着胡适白话文革新主张与中国现代教育的相互引爆的过程，这一方面表现在现代白话文成为中国现代语文教育的基础，另一方面则表现在现代白话文逐渐成为中国现代学术的语言载体。

实际上，胡适的文学思想与陈独秀的文学思想，也不是机械相加的关系，而是相互引爆的关系。在胡适发表《文学改良刍议》之前，陈独秀是较少涉及文学问题的，分明是胡适的《文学改良刍议》引爆了陈独秀的文学思想，但他的文学思想又绝对不完全等同于胡适的文学思想：胡适更是从现象的层面上感到了"旧文学"在新的历史条件下渐趋衰弱的事实的，陈独秀则更是从思想性质的层面上概括了新旧文学的差别的。我认为，直至现在，陈独秀在其《文学革命论》中提出的"三大主义"仍然是我们认识新旧文学本质差别的一个总纲领。

显而易见，鲁迅和周作人这两个中国现代文学的泰斗级的人物，并不是直接受到胡适白话文革新的吸引而参加到五四新文化、新文学运动之中来的，而更是受到陈独秀思想革命的召唤而参加到这个运动中来的，但这也说明，他们与胡适的关系并不是领导者与被领导者之间的关系，而是相互引爆的关系：没有胡适的白话文革新的主张固然无法引爆鲁迅和周作人的文学创作才能，但没有鲁迅和周作人的创作才能，也无法引爆胡适白话文革新的巨大内在潜力。我们完全可以说，仅仅依靠胡适的白话文革新的主张和他的《尝试集》里的诗歌创作、他的《终身大事》这样的戏剧创作，他的白话文革新的主张还是不可能取得真正的胜利的，它的胜利在很大程度上更取决于鲁迅和周作人以及此后历代文学作家所创作的优秀的文学作品。人类语言的最伟大的力量是它对人类心灵的震撼力，所以世界各个民族的语言的最高成就是由其最伟大的文学作品标志出来的。

到了后来，胡适不但试图将自己的白话文革新的主张同陈独秀、李大钊、鲁迅这些五四新文化、新文学运动的同人们划分开来，同时也努力将他的白话文革新的主张同五四青年学生运动以及此后的政治运动划分开来。他说："这样说起来，可以算是'五四'可以说帮助，同时也可以说摧残,为什么呢?因为我们从前作的思想运动,思想革新的运动,完全不注重政治,到了'五四'之后,大家看看,学生是一个力量,是个政治的力量,思想是政治的武器,从此以后,不但国民党的领袖孙中山先生,后来国民党改组,充分的吸收青年分子。在两年之后,组织共产党,拼命拉中国的青年人。同时老的政党,梁启超先生他们那个时候叫研究系,他们吸收青年。所以从此以后,我们纯粹文学的、文化的、思想的一个文艺复兴运动,有的时候叫新思想运动、新思潮运动、新文化运动、文艺复兴运动就变了质了,就走上政治一条路上,所以现在那些小的政党都是那个时候出来的。中国国民党改组和共产党都是那个时候出来的……这两年工夫就变了质了,变成一个政治力量啦。糟糕啦!"①即使仅从胡适提倡的白话文革新的角度,胡适的这个描述也是极不合理的。一个民族的语言是属于全民族的,是一个民族社会成员之间进行思想交流的工具,它本身并不为使用它的具体社会成员的具体行为负责。所以,对于他的白话文革新而言,将现代白话文普及到中国社会的各个阶层和各个文化领域,使之成为中国现代社会共同使用的语言形式,就是它的成功的标志。1919年的五四青年学生运动及此后的政治运动,正是他的白话文普及于整个中国社会的过程。否定了这个过程,就否定了他的白话文革新的成功。而在这里,他的白话文革新的主张与当时的青年学生运动、政治运动也是相互引爆的过程,而不仅仅是胡适一个人主观意图的贯彻和运用:五四新文化、新文学运动(其中也包括白话文运动)引爆了中国青年学生的政治热情,中国青年学生的政治热情也引爆了政治领域的新文化、新文学运动(其中也包括白话文运动)。

综上所述,在胡适提出自己的白话文革新主张的当时,白话文革新的主张是胡适个人的一种"胆识",但当它已经转化为一个社会的运动,他的这种"见识"就已经不是他个人的"见识",他个人的"胆识"了,就成为整个中国社会的一种普遍的"见识",一种"常识"了。这是"胆

---

①胡适:《五四运动是青年爱国的运动》,载欧阳哲生编《胡适文集》第12卷,北京大学出版社,1998,第856页。

识"的一种传播形式。"学识"是个人的，个人的"学识"甚至可以申请"专利"，而"胆识"却不行，当"胆识"还是"胆识"的时候，整个社会并不承认它；当"胆识"已被整个社会所接受之后，它就成了整个社会的"共识"，不属于任何一个人了。——胡适的白话文是无法申请"专利"的。

但是，这也正是一个知识分子的社会使命。知识分子不但肩负着传承文化的使命，更肩负着进一步丰富、完善和发展文化的使命。它要在自己民族文化的历史上留下自己历史时代的足迹。胡适的白话文革新就是中国现代历史留在整个中国文化历史上的足迹。但这个足迹却不是他一个人的足迹。

二

不难看出，胡适将其白话文革新的主张作为一种"学识"来认识，来叙述，是在他的白话文革新的主张获得了意想不到的巨大成功之后。

"胆识"是一种表达，而不是一种叙述，因为当"胆识"还是一种"胆识"的时候，这个人还只是看到了一个"因"，而并未看到它的"果"。这个"因"就是存在于这个人内心世界的对现实世界、现实社会、现实社会文化的一种感受和体验，一种缺失的感觉和不满的感觉。他由此而对现实世界、现实社会、现实社会文化有其判断和认识，但这种判断和认识却不是纯粹理智的，而只是他个人的感受和体验。它包含的是个人的情感和意志，个人的愿望和要求，与当时绝大多数的人并不相同，所以也得不到绝大多数人的拥护和支持。他首先需要的是别人的同情和理解，是别人感同身受的能力，而不是别人的信仰和服从。所以，一个有"胆识"的人并不是一个纯粹理智的人，不是一个一般人眼里的"智者"，而更是一个有热情的人，有激情的人，有独立的追求意志的人。所有这一切，都像是胡适在《易卜生主义》一文中所表达的那样，是一种孤独而有力的内心体验。但是，在胡适白话文革新的主张已经获得了意想不到的成功之后，亦即当他的白话文改革的主张已经不再是他个人的"胆识"而成了他与很多人的"共识"的时候，他才有了一个如何叙述它的问题。在这时,至少在胡适的感觉里,他的白话文革新的主张已经不仅仅是一个"因",还有了一个"果"。这个"果"就是他的白话文革新的主张已经获得了社会很多人的承认和支持,已经被社会证明是一个"正确的"主张,因而他的白话文革新的主张也是"成功"的。从他萌生白话文革新的主张到白话文革新的"成功",这已经是一个完整的过程,一条从"已知"到"已知"的路,他的叙述也像是一个有了固定靶的的射击,一切都是对准了这个靶的的,一切都是顺理成章的。但在这时,他也自觉不自觉地将自己和自己的"识见"从整个矛盾纠结的中国社会和中国社会文化中相对独立出来,也从带着各种不同的愿望和要求而与胡适一起从事着白话文改革实践的五四新文化、新文学运动的同人及其后继者中相对独立出来,而将白话文革新的主张主要转移到了他个人的"学识"基础上,整个中国社会和五四新文化、新文学运动的倡导者和后继者,都包含到了他在美国留学生宿舍里想到的那个白话文革新的主张所结的成功之"果"中,而全部的"因"则是他提出的这个白话文革新的主张。"胆识"并不完全是理智的,而"学识"则是"理智"的。在这时,胡适开始将自己呈现为一个"智者"。从此之后,他在中国现代文化史上也一直是作为一个"智者"而出现的,但同时也减少了在倡导白话文革新运动时的锐气和热情,由革新家一变而为"纯正的"教授和学者。

　　只要我们将胡适的白话文革新的主张、陈独秀的思想革命的主张、鲁迅的立人思想和他对于新文学的追求、周作人的人的文学和平民文学的主张,都视为他们个人的一种"胆识",视为不是从前人已有的一种知识和思想的传统中接受过来的,而是从他们对中国现实社会和中国现实社会文化的亲身感受和体验中产生出来的,我们就会知道,尽管他们都程度不同地受到过西方文化的影响,但五四新文化、新文学运动仍然只是中国文化的革新运动,因为它的倡导者都是作为一个中国知识分子在对中国现实社会、中国现实社会文化的感受和体验中,为了中国文化的前途和命运而建立起来的改革和发展中国文化的一种"识见",一种思想的和文化的追求。实际上,这原本就是"中国文化"的一个应有的定义,是"中国文化"演化、发展的一种基本形式,它与其中任何一个人的任何一种"学识"自身的渊源都有联系，但也都没有直接的联系。但是，只要我们将他们所有这些见解仅仅作为一种"学识"来看待，那么，五四新文化、新文学运动就有了另外一种定义的方式，这种定义的方式是在中国文化和西方文化的关系中做出的，因为"胆识"的来源在"个人"，其价值和意义只能通过对这个"人"的了解和理解而做出，而"学识"的来源则在前人，其价值和意义也是通过对前人的同情和理解做出的。在这里，也就有了一个中国文化和西方文化的关系的问题，因为中国现当代知识分子的"学识"同时有了两个主要的来源，其一是来源于中国固有的文化传统，其二则是来源于外国（主要是西方）的文化传统。而只要在这两个传统的关系中看待五四新文化、新文学运动，这个运动就势必被阴差阳错地挂靠到西方文化的传统中去，因为五四新文化、新文学运动的倡导者与当时大量其他的中国知识分子的差别就是有了更多一些的从西方文化传统中接受过来的知识和思想，有了更多一些的西方文化的"学识"。实际上，这就将"自己的东西"定义为"别人的东西"了，而这种将"自己的东西"（不论是"好的"还是"坏的"）定义为"别人的东西"的定义方式原本就是十分荒诞的。但是，只要我们将"胆识"也混同于"学识"，这种荒诞性就成了不可避免的事情。——直到现在，我们仍然常常是在中国固有文化传统和西方文化传统的关系中看待我们自己的现当代文化的，还是将五四新文化、新文学视为西方文化、西方文学传统的产物的。有的因此而肯定它，有的因此而否定它。而肯定和否定都取决于其对西方文化、西方文学的态度。

我再说一遍：这是很荒诞的！

"胆识"的统一性在个人，在自我。"胆识"是具有"胆识"的人在对自己所面对的现实世界、现实社会、现实社会文化的亲身感受和体验中产生的"识见"，是他不满于并意欲通过自己的努力改善和发展自己面对的现实世界、现实社会、现实社会文化的结果，而所有这一切，都在这个具有"胆识"的人的内在心灵中获得了自己的统一性，它不会再将自己的"识见"按照自己"学识"的不同来源而分成各不相干的部分。但是，当胡适以"学识"为重心将中国现代文化区分为中国文化传统和西方文化传统两个不同的传统之后，他在其文化思想上就找不到自己的统一性了。因为作为一个中国现代知识分子，他的"学识"不能不是分属于两个历史源流的，其一是中国文化和中国的文化传统，其二是西方文化和西方的文化传统。有时候，他会把西方文化和西方文化传统的重要性提到可以完全取代中国古代文化传统的高度，而对陈序经的"全盘西化论"采取完全支持或有保留的支持态度[①]，有时则又小心翼翼地将自己与五四新文化、新文学运动的其他同人区别开来，似乎其他所有人对中国传统文化都采取了过激主义的批判态度，而只有自己对中国传统文化的态度才是温和的，合理的。

"胆识"是统一的，不可分的，它可以逐渐细化为一个复杂的、立体的思想结构，但却不会将其分裂为两个或多个各自独立的部分。例如胡适的白话文革新的主张，我们可以对它做出十分详尽的论述，但作为一个改革主张仍然是胡适在五四新文化运动中提出的用现代白话文取代古代文言文而作为中国现代书面文化的语言载体的主张。它是统一的，而不会成为两个或多个不同的主张。"学识"则是可分的，并且几乎是无限可分的。同是中国古代的文化传统，也有儒、释、道、墨、法、兵等等不同的"学统"，我们无法将它们都同时纳入一个统一的思想结构之中来；同是西方文化，也有意大利文化、法国文化、德国文化、俄国文化、英国文化、美国文化等等的差别。"西方文化"只是一个筐，装在里面的并不是同一个民族的文化。所以，当我们将五四新文化、新文学改革视为五四新文化同人的一种"胆识"的时候，他们之间是没有本质意义的差别的，留学美国的胡适，留学日本的鲁迅、周作人、钱玄同，明显受到法国启蒙思想影响的陈独秀，前清翰林蔡元培，尚未留过学的刘半农，开始关注俄国十月社会主义革命的李大钊，都是"同一个战壕里的战友"，都是五四新文化、新文学运动的倡导者。而一旦将"胆识"也混同于"学识"，我们就找不到五四新文化、新文学同人之间的统一性了，就将其分裂为各不相同乃至相互对立的"学统""传统"了。在这里，我们不能不提到胡适与李大钊的"问题与主义"的论争。

---

① 参见胡适：《充分世界化与全盘西化》，载欧阳哲生编《胡适文集》第5卷，北京大学出版社，1998。

胡适与五四新文化

实际上，只要我们不是仅仅从"学识"的角度而是从"胆识"的角度理解李大钊当时的文化选择，我们就会看到，作为一个在俄国十月社会主义革命胜利的鼓舞下接受了马克思列宁主义思想学说影响的李大钊，与通过美国教育接受了杜威实用主义哲学思想影响的胡适，原本是没有本质意义上的差别的。他们都是不满于中国现实社会、现实社会文化并锐意通过自己的努力改革中国社会和中国社会文化的中国知识分子，不论他们当时信仰的是一种什么样的思想学说，但作为一个五四新文化、新文学的倡导者都是反对政治专制、文化专制而追求中国社会的自由和解放的。所以，李大钊与胡适的差别不是作为两个有"胆识"的中国知识分子的差别，而是作为马克思主义思想学说与美国杜威实用主义哲学这两种"学识"的不同。胡适是用自己的"学识"将自己与李大钊区别开来的。显而易见，在胡适的白话文革新的主张还未得到周围人的理解和同情，而处于孤立无援状态的时候，他首先需要的是别人的理解和同情因而也愿意主动地理解和同情别人的。在那时，他是并不用自己的杜威实用主义哲学的标准衡量陈独秀、李大钊、鲁迅这些与自己有不同思想信仰的人的，而在他所首倡的白话文革新率先取得了胜利，因而在青年学生中也有了更多的崇拜者之后，他开始以"智者"的面目出现，而作为美国博士的"学识"也成了他立身处世之本。但是，真正的"胆识"却有为别人的"学识"所无法取代的性质和作用，即它主要不是用"传统"、用"学识"支撑起来的，而是用有"胆识"的人对现实世界、现实社会、现实社会文化的亲身感受和体验支撑起来的，是用他的生命本身的力量支撑起来的。——真正的"学识"具有的是"说服力"，但这种"说服力"也必须建立在对别人内心愿望和要求的同情和理解的基础之上，一旦失去了对别人内心愿望和要求的同情和理解，不论何种"学识"都不再具有真正的"说服力"。真正的"胆识"依靠的主要不是"说服力"，而是精神的"感召力"。这种精神的"感召力"来自生命与生命之间的共振，来自心灵与心灵之间的共鸣，这就是我们上文所说的相互"引爆"的关系。"生当作人杰，死亦为鬼雄！至今思项羽，不肯过江东！"（李清照：《夏日绝句》）一个中国古代婉约派女词人对中国古代一个驰骋疆场的男性军事将领项羽的这份感情，分明不是因为在"学识"

上有什么共同的倾向,而是因为在心灵上发生的共鸣。如果说胡适更是以一个"智者"的形象留在中国现代文化史上的,李大钊则更是以一个"勇者"的形象留在中国现代文化史上的。作为一个有"胆识"的中国现代知识分子,他自有发挥自己影响力的社会空间和文化空间,是为胡适的"学识"所无法代替的。

直至现在,仍然有很多人从胡适和李大钊的学术论争中引申出了中国社会和中国社会文化的两条不同的道路:一条是"俄国人的路",一条是"美国人的路";一条是社会主义的路,一条是资本主义的路;一条是马克思主义的路,一条是自由主义的路。并且将以苏联为首的社会主义阵营和以美国为首的资本主义阵营的近半个世纪的冷战状态在中国都归因到这两个五四知识分子的文化分歧中,从而也给了很多人从"左""右"两个方向上否定五四新文化、新文学运动的理由。实际上,这是一种"学识"的障眼法,因为一个民族的历史,不是由任何外在于人的"学识"造成的,而是由拥有了这些"学识"的"人"造成的。而人类社会历史上的任何一种"学识",既可以成为一个人承担现实社会压力、为人类开辟前进道路的智慧和才能,也可以成为侵吞乃至掠夺现实社会成果、转嫁社会痛苦和压力的手段和伎俩。所以,仅以一个人的"学识"无法判断一个人(岳飞接受的是儒家文化传统的教育,秦桧接受的也是儒家文化传统的教育),而只有通过"人"才能判断他的"学识"(只有通过岳飞和秦桧各自的所作所为,才能够知道他们的"学识"对于他们到底意味着什么)。必须看到,李大钊不是斯大林,胡适也不是华盛顿,他们都有自己的政治理念,但也都没有自己的政治权力。他们既不能享受自己的政治理念在未来所可能获得的成功的荣誉,也不为这种政治理念在未来所可能出现的历史偏差担负罪责。总之,任何一代人都只能承担自己的那个历史时代,而不可能一劳永逸地给后代人预备下一个黄金世界。与此同时,所有那些有"胆识"的人,恰恰不是一些守株待兔的人,而是一些有现实的承担精神的人。他们用自己的力量承担了自己的生命和自己时代的历史,不论他们的思想信念是什么,不论他们的思想信念来自哪里,但他们的事情都是他们自己做的,既不会等待俄国人的赐予,也不会等待美国人的恩宠,用外国文化无法标志他们文化选择的性质和特征。

我们看到，当胡适自觉不自觉地回到自己的"学识"基础上来之后，他就不是作为整个五四新文化、新文学阵营的代表人物出现在人们的面前了，而不论是在他自己的主观意识上，还是在其他中国知识分子的印象中，他都成了英美派学院文化的代表人物。而在这时，也就同时产生了另外一个问题，即：在其"学识"的意义上，美国文化也不是统一的，也是由不同的学术传统和学术派别构成的，这些不同的学术传统和学术派别也是有不同的学识体系的。其中也就有吴宓、梅光迪、胡先骕所信奉的白璧德的新人文主义思想学说。在这个意义上，胡适的思想传统也不像他和他的追随者所想象的那样就代表了美国的文化传统。

"学识"是无限可分的。

三

"胆识"始于个体性，终于社会性，它是一个民族文化发展的历史轨迹；而"学识"则始于"学统"，终于"学统"，它其实是一个民族文化分化乃至分裂的结果。实际上，这不仅适用于观察和了解中国现当代的文化，同时也适用于观察和了解中国古代的文化。例如，孔子思想在先秦文化中就是孔子这个平民知识分子的一种"胆识"，一种纯粹属于个人的"识见"。他对此前的殷周文化有过广泛的涉猎，亦即也是有丰富的"学识"的，但只有这些从古代文献中继承下来的"学识"，还是不可能建立起他自己的思想学说的。他的思想学说更是他对现实世界、现实社会、现实社会文化有了亲身的感受和体验并对其现状感到了严重不满的时候由他自己独立地建构起来的。它是个体的，而不是集体的；它是现实的，而不是"古代"的；在前辈与同辈人中间并没有几个支持者和拥护者。别人说他"累累若丧家之狗"，恐怕也不是对他的有意的诬蔑和攻击。（参见司马迁：《史记·孔子世家》）但是，与此同时，他的个人的思想又是关于社会的，关于人性的，关系着现实社会和现实社会文化的整体改善，并不只是个人谋生的手段，所以他的思想在当时绝对是一种大胆的"见识"，一种"胆识"。这种"胆识"，在先秦文化中，与老子、墨子、庄子、韩非子等知识分子的"胆识"发生的实际也是相互"引爆"的关系，像是"连珠炮"：同是知识分子，你有对社会人生的看法，我也有对社会人生的看法，相继表达出来，并且互有参差、互有辩驳，就构成了那时的"百花齐放、百家争鸣"的文化局面。先秦时期中国文化的基本形态就是通过这种文化局面体现出来的，它是一种整体的文化结构，各种不同的思想学说发挥的是各不相同的作用，但又是这个结构的有机组成部分，孔子的思想也是消融在这个先秦文化的整体结构之中的。但是，到了孔子的弟子们，就是把孔子的思想学说作为"学识"来接受、来传承的了，而这种作为"学识"来接受、来传承的孔子思想，实际更是这些孔子思想的传人用孔子的思想对自身存在价值的意识和标示，起到的是与不同学派的传人争夺文化市场的作用，因而也是中国文化发生分化乃至分裂的表现。它必然包含着对其他思想学说、其他"学识"系统的排斥和否定。董仲舒"罢黜百家、独尊儒术"的口号，重视的分明就是"儒术"，就是儒家的"学识"，并用这"学识"排斥了诸子百家的思想学说，排斥了所有其他的"学识"系统。这其实也是儒家知识分子的一次圈地运动，起到的是将其他各家知识分子逐出官场的作用。这到了宋明理学家，则更加变本加厉，儒家知识分子不但控制了官场，同时也控制了全国的学校教育。所以，鸦片战争以前的中国文化传统，在很大的程度上，其实就是儒家知识分子的"学统"；中国古代知识分子的"学识"，就是通过儒家"学统"传承下来的知识和思想的总汇。它是通过对其他思想学说的排斥和压制而建立起来的，因而中国儒家的知识分子，最重视的问题就是"正本清源"。所谓"正本清源"，就是要保证所传之"道"是"孔孟之道"，所传"学识"是儒家的"学识"，是儒家经典"四书""五经"中的知识和思想。这个问题，同时也是"拜谁为师"的问题。

中国近代文化的变迁，实际就是围绕着"拜谁为师"的问题发生的。面临西方列强的入侵，儒家的"学识"分明已经难以满足当时中国社会和中国社会文化的需要，儒家文化的统治地位也随之发生了动摇，越是那些关心救亡图存的中国近代知识分子，越是感到了有引进西方文化的必要，但对于这些仍然以传统儒家文化的观念看待西方文化的知识分子而言，这个问题实际也成了"拜西方为师"的问题。这就有了一个"荣""辱"的差别，因为中国儒家知识分子是靠着抬高孔子的地位而抬高了自己的社会地位，也排斥了诸子百家思想学说的传人的，历代帝王钦赐给孔子的"至圣先师"的地位，关系着历代儒家知识分子的现实命运，是不能动摇的。即使在现实的教育中，"师道尊严"也是一个重要的原则，师"尊"生"卑"在儒家学统中是一种不变的等级关系。在这样一个基本观念的基础上，对于他们，"拜西方为师"无疑就等于承认西方文化为"尊"，中国文化为"卑"；西方人为"尊"，中国人为"卑"；西方知识分子为"尊"，中国知识分子为"卑"。这种观念，即使在那些主张向西方学习的近代知识分子那里，也是一个无法摆脱的文化阴影。与此同时，不论是在前的"洋务派""改良派"，还是后来的"革命派"，还都是站在中国社会、中国文化的领导者的立场上提出自己的文化主张的，还都是作为国家的一种总体的政治战略和文化战略而确定自己的文化方针的，因而也都带有明显的国家主义性质，是与其政治统治的现实需要紧密联系在一起的。这种文化思想，既不可能是一个人在对现实世界、现实社会、现实社会文化的亲身感受和体验的基础上产生的纯粹个人的"识见"，也不可能仅仅依靠自身的影响力而被更多的社会成员所接受。缺乏个人性，就是缺乏自由性，它不可能像一个活人的思想那样随着情景的变化而随时对自己的思想做出调整，而只能作为原则和信条写在纸面上。一个活人的思想不可能在任何情况下都坚持同样一个原则，重复同样一句话：既不会只说中国文化好而西方文化不好，也不会只说西方文化好而中国文化不好。这种只能写在纸面上的思想原则只是一种僵死的思想。只有活的思想才能感动人，说服人，才能起到思想沟通和心灵沟通的作用，也才能成为一种社会的思想。这种由国家政权机关发布出来的统一的思想是广大国民必须接受的思想，是具有法律性质的思想，因而也是不容国民自己通过亲身的感受和体验提出异议的思想，这就使这种思想永远高悬于每个国民的思想之上，无法融入国民的精神之中去。实际上，这种文化思想虽然在具体内容上与中国古代的儒家文化传统有了区别，但作为国家意识形态的性质和作用却是相同的。——国家只有一种思想，也只能有一种思想，那就是"法律"。

五四新文化、新文学的知识分子，其实更像先秦知识分子，在相隔两千余年之后的中国重新有了表达自己对现实世界、现实社会、现实社会文化的整体感受和体验的机会，重新有了建构仅仅属于个人的文化思想的机会。他们也有丰富的"学识"，他们的"学识"也是从两个大的文化传统（中国文化传统、西方文化传统）中接受过来的，但所有这些"学识"都是在他们求学、求知的道路上逐渐积累起来的，并不是为了后来进行的这样一次文化和文学的革命运动而搜集整理出来的。这些知识和思想严格说来还不是他们的思想，但是，他们对中国固有文化传统的看法发生了变化，他们对中国社会和中国社会文化有了新的期待，他们不再情愿接受中国固有文化传统的束缚。他们虽然有了更多的西方文化的知识，其思想也受到西方文化的影响，但他们之革新中国文化和文学，却不像西方的传教士那样是为了传播西方的某种主义或西方的某种思想学说。作为一个知识分子的个体，他们既不负有向西方人传播中国文化的使命，也不负有向中国人传播西方文化的使命，他们只有一个期待，就是中国现实社会、中国现实社会文化要好起来，要摆脱目前这种沉滞落后、毫无生气的局面，要摆脱中国知识分子"避席畏闻文字狱，著书都为稻粱谋"（龚自珍）的社会文化困境。在这里，西方文化是起到了一个烛照中国文化的作用的，但西方文化却不是一个标准。他们的标准在他们的心里，是他们对中国社会和中国社会文化的感受和体验。这种感受和体验的对象是中国社会和中国社会文化，但其感受和体验的主体却是他们个人。他们所关心的是他们自然"会"关心的，自然"能"关心的，而不是只有作为国家政治统治者才"会"关心、才"能"关心的。胡适的白话文革新的主张、陈独秀的思想革命的主张、鲁迅的立人思想和对新文学的追求、周作人的人的文学与平民文学的主张，在当时都是只有这些知识分子才自然"会"关心、自然"能"关心的事情，但所有这些又都是关系着中国社会、中国社会文化的整体命运和前途的。总之，五四新文化、新文学的倡导者通过自己的"个人性"既超越了中国固有的传统文化，也超越了中国文化与西方文化的差别，所开辟的是中国新文化、新文学的新的文化天地。

四

  在我们后人看来,"胆识"是一种最富于进攻性乃至战斗性的文化,这种进攻性和战斗性有时又会被人描绘成一种霸气,一种盛气凌人的文化姿态。实际上,这种描绘从根本上歪曲了"胆识"之为"胆识"的特征。必须看到,当"胆识"还是一种"胆识"的时候,它还只是一种个人的或极少数人的独异的见解,它还不是作为一种社会的价值和价值标准而被社会所接受的,因而也不会受到当时社会政治权力、经济权力和多数人的舆论力量的支持。"胆识"只有在有"胆识"的人这里才有可能是坚韧的,因为这才是体现他内心意愿和真实想法的"识见",并且也只有他们才能够明确意识到自己的这种见解对于整个社会和社会文化的价值和意义,而在整个社会上则是极其脆弱的。它就像婴儿的第一声啼哭,就其声音本身是高亢而有力的,而且有极强的"激进性"乃至"挑战性",它一下子就打破了现实世界的岑寂,破坏了现实社会的安宁,让周围的人悚然惊觉,但它的这种力量,它的这种激进性乃至挑战性,却构不成对任何一个人的实际伤害。它的全部意义都只是为了宣告自己的存在,都只是为了引起现实社会对它的关注和关心。它的社会影响力只有通过别人对它的真诚的同情和理解才能具体地得到实现,而不具有对任何人的强制性的压迫力量。在现实世界上,它是极其脆弱的,它脆弱到可以被任何一只手所窒息。它之所以并不总是被窒息,除了它自身生命的坚韧性之外,还因为它在无形之中就受到了整个人类的本能的慈悲心的保护。任何一个人都有扼杀一个婴儿的力量,但他却不会无缘无故地去扼杀一个婴儿,并且所有扼杀一个婴儿的理由都为人类本能的慈悲心所不容。这是一条生命的原则,是在人类自身繁衍、发展过程中形成的一种有时成文、有时不成文的自然原则。在这种原则的基础上,人类还引申出了一种保护个人、保护少数、保护弱者的道德原则,因为人自身的成长总是从个体、从少数、从弱者开始的。保护个体、保护少数、保护弱者就是保护人类,保护人类繁衍和发展的权利。当一个强者,一个有实际力量的人,在有意与无意之间影响到一个儿童的安全的时候，这个儿童的反应尽管有时会是过激的，但也会受到更多人的同情和理解，而在有意与无意之间影响到一个儿童的安全的人的行为则会受到更多人的批评和谴责，因为一个儿童的反抗只是为了保护自己的生命安全或维护自己做人的尊严，对别人构不成根本性的伤害，别人也有足够的力量保护自己的安全，而对儿童的侵犯却可以造成对儿童物质生命和精神生命的根本伤害。所有这些，都与中国文化与西方文化的矛盾和差异无关，而是人类在生存和发展过程中自然生成的一种道德理念和内心的道德律令。（屈原的诗歌之所以在历代中国知识分子之间得到广泛传诵，就是因为他是一个弱者的心声。他的诗歌中也有对现实社会和现实社会人生的怨怼乃至诅咒，但他怨怼和诅咒的只是那些拥有毁灭别人的精神幸福和追求意志的力量的人。）"胆识"的情况有时也是这样：社会对"胆识"是具有绝对大的杀伤力的，而"胆识"却对社会毫无杀伤力。当一个人的"胆识"感受到现实的压迫的时候，它有权做出决绝的反抗，因为它的反抗并不会对对方造成实际的伤害。一言以蔽之，"胆识"作为一个人的或极少数人的独异的"识见"，其基本的特征不是其进攻性和战斗性，而是其无力性，而是无法对现实世界、现实社会、现实社会文化产生直接的革命性影响，因而也对任何人的实际人生命运构不成根本性的伤害。但也恰恰因为它的这种无力性，才使整个社会有更从容的时间和空间感受和理解它的实际意义和价值，而不会被它的独异的乃至丑陋的外观所吓退，从而失去从容感受它和理解它的可能。

我认为，只要我们回到五四新文化、新文学当时的历史情景中去感受和理解五四新文化、新文学运动倡导者的言论和行动，我们就会感到，它们是给中国人、特别是中国知识分子留下了感受和理解它的足够充裕的时间和空间的。直至现在，人们仍然继续讨论着五四白话文革新的利与弊的问题，仍然继续讨论着中国文化与文学的经典化与现代化的问题，仍然继续讨论着中国文化与文学的继承与革新的问题。所有这些问题，实际都是五四新文化、新文学运动遗留至今的问题。这些问题之所以能够遗留至今，恰恰因为这些五四新文化、新文学运动的倡导者，无一例外的都是中国现代的独立知识分子，都是作为一个独立知识分子的个体而发表自己对中国社会、中国社会文化的见解和认识的。他们对

胡适与五四新文化

中国社会和中国社会文化,包括对中国政治、中国经济的见解与认识,都不是在自己所拥有的政治权力和经济权力的基础上形成的,也不是通过政治权力和经济权力的力量强制推行给中国社会的。他们的力量仅仅来自他们的"言语",来自他们的"第一声啼哭",是必须借助别人的真诚的同情和理解才能够发挥实际的社会影响力量的,因而它自身也必须是真诚的和真实的。胡适将自己的第一部白话诗集定名为"尝试集",说明他并不将自己的白话诗歌当作新诗的样板;陈独秀将自己的刊物定名为"新青年",说明他表达的仅仅是对当下新一代青年的期望,而不是要建立一种新的"国教",用自己的思想代替全体国民的思想;蔡元培的教育方针是"兼容并包主义",说明他并不排斥任何一种传统的任何一种学术,充其量也只是给新文化、新文学运动的倡导者留下了一条他们原本应该拥有的谋求自我生存和发展的道路罢了。即使一直被我们视为"激进主义者"的鲁迅,也是将自己的思想放在一个"狂人"的意识中才得到淋漓尽致的表现的,这说明他并不认为自己的思想就是人人都必须具有,都能够具有的唯一合理、合法的思想,就是所有人都必须遵从的思想准则(参见鲁迅:《狂人日记》)。与此同时,他的小说中所有那些"反派人物",鲁四老爷、赵太爷、康大叔等等,都不是我们想象中的无恶不作、面目狰狞的魔鬼式的人物。这说明恰恰是激烈批判传统思想的鲁迅,即使在自己的想象中也对所有这些传统型的人物保留了足够充分的同情和理解,足够强烈的隐忍和宽容。……必须看到,在文化形态上,五四新文化运动的倡导者在总体上是"低调"的,而不是"高调"的,即使他们的"激烈"表现,也正像"婴儿的第一声啼哭"一样是"自我表白式"的,说的是自己的"真心话",而不是意在伤害任何一个具体的人,因而对任何一个具体的人都构不成实质性的伤害。倒是我们现在称之为文化保守主义者的那些反对五四新文化、新文学运动的知识分子,林纾和吴宓、梅光迪、胡先骕等等,采取的倒不是"被动防御"的保守主义方针,而是主动进攻的激进的文化姿态。他们在无意中就有一种维护社会的文化治安的意识,自觉不自觉地担当着"文化警察"的责任。五四新文化运动倡导者在与那些反对五四新文化、新文学运动的知识分子论战中取得的"胜利",并不意味着对那些反对者造成了何种实质性的伤害，而仅仅意味着捍卫了自我存在和发展的权利，而那些反对五四新文化、新文学运动的知识分子的"失败"，也并不意味着失去了自我原来就拥有的人生权利，而只是没有实现他们意欲剥夺五四新文化、新文学运动倡导者的话语权利的主观目的。——它们只是两场原告没有胜诉的官司。

在这里，我们可以发现"胆识"在人类，包括一个民族文化历史上的特殊意义和价值。这种意义和价值实际并不是在人与人、这部分人与那部分人、激进的人与保守的人、这个阶级的人与那个阶级的人的关系中呈现出来的，因而也不是这个人对那个人、这部分人对那部分人、激进的人对保守的人、这个阶级的人对那个阶级的人的"胜利"，而是在个人与社会的关系中呈现出来的，是知识、思想、文化首先从个别人的思想意识中产生而逐渐转化为一个社会的共同的文化财富的过程。所以，严格说来，胡适白话文革新的成功不是胡适的"胜利"，也不是林纾、吴宓、梅光迪、胡先骕的"失败"，而只是中国文化在现代社会实现的一次根本性的革新。相对于中国文化的这个历史性的变化，这些人在这个历史变迁的过程中所感到的那点"荣"或"辱"的感觉并不是那么重要的，甚至是可以忽略不计的。（如果以古例今，我们可以举出"仓颉造字"的例子：中国的文字是不是仓颉创造的，并不重要。重要的是中国有了可供书写用的文字，重要的是由于中国有了可供书写的文字而使中国社会正式进入了文明发展的阶段。）胡适的白话文革新是如此，陈独秀思想革命的主张、蔡元培的教育思想、周作人的文艺思想、鲁迅的立人思想以及对新文学的追求，莫不如此。即使从"个人"的角度立论，它的意义也是超于胡适、鲁迅这些具体的人的。在社会学的意义上，"胆识"体现了一个人的做人的基本权利，一个人有向社会表达自己的愿望和要求而不受到侵害的权利；从思想上来说，"胆识"体现了一个人的思想自由，一个人有自由地思想和自由地表达自己的思想而不受到侵害的权利；从学术上来说，"胆识"体现了一个人的学术自由，一个人有坚持自己独立的学术立场而不受到侵害的权利。所有这一切，都是人类理应拥有的、不受外部力量干涉的天然权利。它体现了个体生命的力量，也体现了人类本能的慈悲心，是个体生命与人类社会关系的成文的或不成文的基本原则。正像一个婴儿的生存权利并不是一个婴儿仅仅依靠自己的智慧和力量争取来的一样,"胆识"也不仅仅是有"胆识"的人的主观努力的结果。但也正是因为如此,个人自由的原则、思想自由的原则、学术自由的原则,才是人类文化中必不可少的文化原则,因为它们不但是个人成长和发展的基本形式和根本途径,也是整个人类社会、人类文化发展的一种重要的形式和重要的途径。

五

在很大程度上,"胆识"是自然天成的,而不仅仅是一个人主观努力的结果。这个判断是在两个意义上做出来的。其一,"胆识"必须要有丰富的"学识"做基础,也必须依靠丰富的"学识"来支撑,但有"胆识"的人的"学识"却不是为了后来的"胆识"而精心准备的。一个人的"胆识"能不能在其"学识"的基础上产生以及什么时候产生,正像火山能不能从地壳里喷发出来以及什么时候喷发出来一样,完全是偶然的。这只能依靠事后的描述,而不能依靠事前的推理。其二,一个人的"见识"是作为一般"见识"还是作为"胆识"而表现在当时的社会历史上,首先取决于当时社会和社会文化的具体情景,而并不完全取决于其本人的愿望。实际上,当我们描述五四新文化、新文学运动及其倡导者的历史行迹的时候,更给我们一种水到渠成的感觉:他们个人的成长过程与中国文化、特别是中国近代社会文化的历史变迁,像有"神助"一样将他们送到了五四新文化、新文学运动的历史舞台上。倒是一些后来人的学术贡献,像金岳霖的哲学、朱光潜的美学、顾颉刚的史学、费孝通的社会学、茅盾的文艺思想等等,特别是中国现当代那些著名的自然科学家,与他们本人的主观努力更有着密切的关系。

"胆识"是自然天成的,因而也是无法传承的,能够传承的是"学识",而不是"胆识"。

如果说那些少数有"胆识"的五四新文化、新文学运动的倡导者都直接表现为中国文化的革新家,那么继五四新文化、新文学运动的倡导者走上中国现代文化舞台的则是一批"学识"丰富、至今被称为"国学大师"的学院知识分子——教授和学者。但在这时，也就有了一个站在"胆识"的立场上看"学识"与站在"学识"的立场上看"胆识"的问题。

"胆识"是在一个人对现实世界、现实社会、现实社会文化的亲身感受和体验的基础上产生的，这种感受和体验必须具有个体性和自由性，否则它就不是独异的；这种感受和体验同时还要有整体性和深刻性，否则它就没有社会的意义和价值。但是，所有这一切，在一个有"胆识"的知识分子的言论和著作中，只是古代禅师所说的"声前一句"，是在他没有说话之前就已经有的没有成为"语言"的"语言"，是超越了他的用语言表达出来的思想和意义的一种思想和意义。所有这一切，都是需要"意会"的，而不是仅仅依靠"言传"的。岩头全奯禅师有一句话说："欲得易会，但知于声色前，不被万境惑乱，自然露裸裸地，自然无事。送向声色前，荡荡地，舍似一团火相似，触着便烧，更有什么事。"[①]这里的"舍似一团火相似，触着便烧"，也可以说明那些五四新文化、新文学运动倡导者的特征。那"一团火"，是他们内心的感受和体验，是他们内心的热情和激情，是他们全部思想和言论的"声前一句"，是在他们具体表达出来的思想和意义之上的一种思想和意义。所有这些，都是无法传承的，都不是"学识"。"学识"只是"触着便烧"之后留下的灰烬。"五四"那代"知识男性"剪了辫子，那代"知识女性"放了天足，后来的中国的男性都剪了辫子，中国的女性都放了天足。成了"传统"，作为"知识"传承下来了，但分明也有没有传承下来的东西，那没有传承下来的东西才是五四知识分子之所以为五四知识分子的特征，才是他们的"识见"之为"胆识"的原因，才是他们的"胆识"的"精魂"之所在。

如前所述，在人类或一个民族的文化历史上，"胆识"是重要的，但"学识"也是重要的，因为任何一个民族的任何一个历史时代的任何一个人，都是从无知开始的，都要通过"学习"而取得在现实世界生存

[①] 张文江：《〈五灯会元〉讲记（二）》，转引自王富仁主编《新国学研究》第9辑，中国书店出版社，2013，第50页。

和发展的知识、思想和能力，并且越是在一个文化发达的世界上，越是需要具有更丰富的"学识"。在这时，"学识"本身就是一个标准，一个尺度，就是一个人成长程度和发展程度的标志。但是，仅仅停留在这个层面上的"学识"，不论是对于现实社会，还是对于知识分子本人，都还是有很大的不确定性的，这个不确定性用我们上面所引中国古代禅师的说法就是这些"学识"都还缺少它们的原创者的"声前一句"。一个中国古代的知识分子，可以将《论语》背诵得滚瓜烂熟，可以将"仁者爱人"做成匾额挂在自己的大门口，但他的思想很可能与孔子的思想仍然风马牛不相及，因为当孔子说"仁者爱人"的时候早已知道了哪些人是他心目中的"仁者"，而哪些人不是他心目中的"仁者"。所有这些，都是孔子对当时社会上的人及其社会人生有了丰富而深入的感受和体验的结果，因而也成了他感受和体验社会上的人及其人生的标准和尺度，而那些孔子思想的传人则是在对社会人生一无所知的情况下便记住了孔子的这些词语的，这些词语实际还只是一些没有任何具体内涵的词语的空壳。这对于一个现当代知识分子也没有什么不同。我们通过中学政治课本就背熟了唯物主义和唯心主义哲学的定义，但我们很可能至今仍然不懂得什么是唯物主义，什么是唯心主义，因为我们根本就未曾像西方哲学家那样感受和理解过世界，感受和理解过社会人生。在这一点上，"学识"与"胆识"是不同的。"胆识"是首先有了对现实世界、现实社会、现实社会文化的亲身感受和体验之后说出的仅仅属于自己要说的话，这些话不是从前人或前人的书本中记住的现成的标准或结论，因而他的话也是他的全部内在感受和体验的一个象征，一个符号，他的话所表达的不仅仅是这些话本身所表达的意思，而是他的更加丰富和复杂的内在感受和体验，更是他的"声前一句"。而"学识"则首先是一些词语、一些概念或观念，对于这些概念和观念，我们可以在词典里找到对它们的通用的解释，但我们却未必对它们有亲身的感受和体验，未必能够感觉到它们与自我，与现实社会各种不同的社会成员之间的感性的、感情的或者理智的关系。这种情况也不是没有的：一个知识分子在"学术"上一生都坚持着一种观念，一种思想，但至死都没有弄明白这种观念对于他自己以及对于别人到底意味着什么。

在这里，也就有了一个人、特别是一个知识分子在通过接受前人的知识和思想而积累自己的"学识"的过程中所必须意识到的一些前提，一些界限：

其一，其实也是最最重要的，就是只有"胆识"，才是真正属于自己的"识见"，自己的"思想"，才既是一个人对现实世界、现实社会、现实社会文化的一种"客观性"的认识，同时也是这个人内在意识和意愿的一种真实的"自我表现"；其认识是有自我的主体性的，其自我的主体性也是有客观的认识价值的。"对象"就在自己的主体性之中，是自我主体性的构成成分之一。而"学识"，则仅仅是自我对对象的一种认知形式。表示的是"我知道……""我了解……""我懂得……"，但却未必是"我感到……""我体验到……"。在这时候，"对象"还是游离在自我之外的一种"客观对象"，因而也是不属于自我的。我们说胡适的白话文革新的主张在当时是胡适的一种"胆识"，就是说白话文革新的主张在当时是胡适的主张，是属于胡适的；当时拥护白话文革新的主张的人也拥护胡适，当时反对胡适白话文革新主张的人也反对胡适。在中国当时的历史条件下，胡适与他的白话文革新的主张是一体两面、不可分割的。"白话文革新"就在胡适的感受里，在胡适的体验中，而不仅仅是一个外在于胡适的"客观的"文化革新。但是，杜威的实用主义哲学，则只是胡适的一种"学识"，是他从杜威的哲学思想和哲学著作中接受过来的一种"识见"，一种"思想"。它是属于杜威的，而不是属于胡适的。胡适有没有自己的哲学思想，以及他的哲学思想是什么样的一种思想，这要从胡适的思想和著作中发现出来，总结出来。即使胡适也有自己的哲学思想，那么，他的哲学思想也一定是与其他所有哲学家的哲学思想，其中也包括杜威的实用主义哲学思想，既有联系，也有区别的，而不会是完全等同的关系。在这里，我们应该有一种认识，一种常识，即：把别人的思想仅仅当作别人的思想，是一个有"学识"的人的有"学识"的表现；如果一个人将自己从别人那里学到的思想都当作是自己的思想，恰恰是这个人没有"学识"或"学识"不足的表现。

其二，我们对任何一种知识和思想系统的学习和了解，亦即对任何一种文化传统（"学统"）的"学识"的掌握，都是首先从其可直接感知和了解的具体知识和思想入手的，都是通过不断的努力逐渐积累起来的，所以"学识"必须是细致的、具体的，并且是通过不断积累而逐渐丰富和完善起来的。与此同时，所有这些细致的、具体的知识和思想，都还不是这种"学识"的整体。这种"学识"的整体，不是这些具体思想和知识的总和，而是通过这种文化传统的创立者对现实世界、现实社会、现实社会文化的整体感受和体验联系为一个整体的，是通过它们的"声前一句"相互连接起来的，因而又是有一个可感而不可言传的总枢纽、总纲领的，又是有一个"道"的。例如孔子的思想，不仅仅是在《论语》中记载下来的那些孔子的话，甚至也不只是孔子思想中的仁、义、礼、智、信这些具体的学理和原则，同时还有着孔子对当时中国社会和中国社会的人的生存和发展的真诚关心和热切期待，还有着他在自己的教育实践中积累起来的大量具体的感受和体验。脱离开他对当时中国社会和中国社会人的生存和发展的真诚关心和热切期待，脱离开他在自己教育实践中积累起来的大量具体的感受和体验，我们根本无法将其"学识"联系为一个有机的整体，我们也不能说已经具有了关于孔子思想学说的相对完整的"学识"。也就是说，"学识"是要有系统性和完整性的，这种系统性和完整性又是由大量具体细致的知识和思想、概念和判断构成的，这在学术上往往表现为教科书或学术专著的完整性和系统性。而"胆识"当其还是"胆识"的时候，是不可能具有"学识"这种外部的完整性和系统性的。它在开始往往只是一种意向，一种观念，是无法写成教科书或学术专著的一团朦胧不清的想法，到它已经能够写出教科书或学术专著来，它早已不是无法传承的"胆识"，而是能够传承的"学识"了。在这个意义上，我更把马克思、恩格斯的《共产党宣言》视为一种"胆识"，而将他们的《资本论》视为一种"学识"。但是，尽管如此，一个人的"学识"仍然只是"学识"，仍然不是这个人的"思想"，这正像一个熟悉了解国家法律的每一项具体规定并且也了解这些规定的理论根据的法律学家，很可能自己也会触犯法律一样，因为他的"学识"并不完全体现他本人的内在感受和体验、内在愿望和要求。"学识"是知识论意义上的，"胆识"则既是知识论，也是意志论意义上的。白话文革新的主张是胡适的"胆识"，是完全在他的心灵感受范围之内的"识见",所以他在任何情况下也不会同时成为白话文革新的反对者;杜威的实用主义哲学则是他的"学识",是他从美国杜威的哲学思想中接受过来的,因而也是能够落到他心灵感受之外的一种"识见"。例如,他始终没有意识到,他所极力反对的中国共产党的共产主义革命,在其实质的意义上与他倡导的实用主义哲学原则也是不相违背的,也是遵循着他所宣扬的"大胆假设,小心求证"的实用主义原则的,这用毛泽东的话来说,就是"在战略上要藐视敌人,在战术上要重视敌人"。而恰恰是胡适自己,在五四新文化运动之后,早已没有了"大胆假设"的勇气,因而他的"小心求证"也与"大胆假设"失去了有机的联系。

其三,"胆识"是在一个人对现实世界、现实社会、现实社会文化的整体感受和体验的基础上产生的不同于前人的"识见",所以"胆识"的真正基础是有"胆识"的人的"观念"或"意识",是由于他有了与一般人不同的"观念"和"意识",才有了对新的"事实"的发现和对旧的"事实"的新的阐释和认识。说得绝对一点,就是在"胆识"中,是"意识决定存在",而不是"存在决定意识",是其"意识"赋予了外在事物以具体的存在形式和形态。我们说五四新文化、新文学运动的倡导者是一些有"胆识"的知识分子,就是因为他们首先拥有的是对中国社会、中国社会文化的整体感受和体验,首先拥有的是在这种整体感受和体验基础上产生的思想意识和思想观念的变化,所以他们所注意到的大量"事实",是中国传统儒家知识分子所向来不太注意的,或者注意到了,也与五四知识分子有不同的认识和评价。(在传统儒家知识分子的眼里,中国历代都有的大量贞节烈妇,是值得赞扬和崇拜的中国妇女的楷模;而在五四知识分子的眼里,她们则是值得同情和怜悯的悲剧人物。意识变了,对象的状貌和形象也变了。)"学识"则不同,"学识"是从前人已有的知识和思想的基础上逐渐积累起来的,是由大量已经存在的知识和思想构成的,其客观事物也已经有了自己相对固定的存在形式和形态,所以"学识"是随着认识事物本身的不同而有不同的认识的。没有新的对象,就不会产生新的认识。说得绝对一点,就是在"学识"中,是"存在决定意识",而不是"意识决定存在",是首先有了对象,才有了他对这个对象的认识。对于胡适,是先有了中国现代白话文的观念，而后才有他的《尝试集》等一系列中国现当代白话文的作品；而对于我们，则是先有了大量中国现当代白话文的作品，才有了中国现代白话文的观念。所以，在胡适那里，"白话文革新"是一种"胆识"；而在我们这里，"白话文革新"则是一种"学识"。杜威的实用主义哲学之于胡适，也正像胡适的"白话文革新"之于我们一样，是一种"学识"，而不是一种"胆识"。总之，"胆识"和"学识"是两种不同的认识，既不能仅仅以"学识"的标准要求"胆识"，也不能仅仅以"胆识"的标准要求"学识"。

其四，"胆识"和"学识"都是有价值的，但当"胆识"还是一种"胆识"的时候，其价值还只是有"胆识"的人自我"感到"的一种"价值"（抽象的价值），这种"价值"是社会性的，是有社会的功利主义性质的，但其社会的功利主义性质也还停留在浑融的、整体的阶段，还不是一种具体的"使用价值"，还无法落实到一个具体的现实的社会功利主义的目标上，更无法成为个人的实利主义的人生目标。（当鲁迅写作《狂人日记》的时候，肯定是有其社会的功利主义目的的，但却没有一个十分具体而明确的社会功利主义目标，至于他个人的实利主义目的，则是十分渺茫或者说是根本不存在的。）"学识"是从前人或前人的著作中直接接受过来的知识和思想的系统，它的价值和意义是被当时社会所普遍认可的，是受到现实社会的提倡和鼓励的，因而不但能够有一个明确的社会的功利主义目标，同时还能够有一个明确的个人的实利主义人生目标。（在中国古代，儒家文化同时有两套价值体系，其一是"修身、齐家、治国、平天下"的一套社会价值体系；其二是"读书做官""光宗耀祖""书中自有黄金屋，书中自有颜如玉"的一套个人的实利主义的价值体系。这两套价值体系在通常的情况下都是相互纠结在一起的，这保证了儒家文化传统在中国社会历史上的不断传承，但也是它之成为对中国社会、中国人的一种异化力量的原因。）一般说来，"学识"是能够将个人的实利与社会的功利较好地结合在一起的一种知识和思想的系统，至少在当时看来是如此，在表面上看来是如此。"胆识"则不同，"胆识"的社会的功利性往往与个人的实利性处在尖锐对立的状态。他要坚持社会的功利目的，就得放弃个人的实利目的，而要坚持个人的实利目的，就得放弃社会的功利目的。与此同时，"学识"并不要求"诚"，但必须要求"真"，即使一个人仅仅为了升职提教授，只要他提供的知识和思想是真实可靠的，也应该得到社会的承认和肯定，因为在我们的观念中，知识和思想本身对于人类和人类社会就是有益的；即使一个人主观上是为了全人类的自由和解放，但只要他提供的是一种错误的知识和思想，也不应当得到承认和肯定，因为在我们的观念中，错误的知识和思想本身，就是有害于人类和人类社会的。只有"胆识"，才既是真诚的，也是真实的：没有这份真诚，他无法在与个人的实利目的相违背的情况下将其坚持下来，而没有真实性，即使别人愿意了解和理解他的"识见"，也无法从中发现出有价值、有意义的知识和思想来，因而他的"识见"也不是一种真正的"识见"，更不是"胆识"。

六

"我出世的时候是清朝的末年，孔夫子已经有了'大成至圣文宣王'这一个阔得可怕的头衔，不消说，正是圣道支配了全国的时代。政府对于读书的人们，使读一定的书，即四书和五经；使遵守一定的注释；使写一定的文章，即所谓'八股文'；并且使发一定的议论。然而这些千篇一律的儒者们，倘是四方的大地，那是很知道的，但一到圆形的地球，却什么也不知道，于是和四书上并无记载的法兰西和英吉利打仗而失败了。不知道为了觉得与其拜着孔夫子而死，倒不如保存自己们之为得计呢，还是为了什么，总而言之，这回是拼命尊孔的政府和官僚先就动摇起来，用官帑大翻起洋鬼子的书籍来了。"①

我们说那些五四新文化、新文学运动的倡导者的"识见"（"胆识"）是有其"声前一句"的，亦即在他们提出自己具体的文化主张和文学主张之前，就已经存在着一些自己要说的话，自己要表达的感受和体验。将这样的感受和体验，"送向声色前，荡荡地，舍似一团火相似，

---

① 鲁迅：《且介亭杂文二集·在现代中国的孔夫子》，载《鲁迅全集》第6卷，人民文学出版社，1981，第314页。

触着便烧"。他们在五四新文化、新文学运动中表达出来的文化思想和文学思想，就是这样的感受和体验，触着当前的现实社会和现实社会的文化燃烧起来的火焰。有了这样的"声前一句"，有了这样的感受和体验，就有了他们的那些具体的文化思想和文学思想，而没有这样的"声前一句"，没有这样的先在的感受和体验，就不会产生他们后来的那些文化思想和文学思想。我认为，鲁迅这里的这段话就可以视为整个五四新文化、新文学运动的"声前一句"。这是一个客观的"历史的事实"，但这个客观的"历史的事实"却是在当时这些具有"反传统"倾向的五四知识分子的主观感觉、主观感受中才以整体的形态呈现出来的，才成为他们对现实世界、现实社会、现实社会文化的一种整体的感受和体验。当时没有文化的广大社会群众不会感到这样一个历史的过程，他们根本不了解也不关心中国文化的演变和发展；当时守旧派的官僚知识分子不会这样感受这个历史过程，他们把清朝政府的溃灭视为那些犯上作乱的革命者对朝廷的背叛；甚至那些"改良派"和"革命派"的知识分子也不将当时的历史主要视为中国传统儒家文化自身的解体，他们更将当时的历史变迁视为清朝政府腐败无能的结果。只有在这些五四知识分子的感受和体验里，中国传统儒家文化自身的解体才成了当时中国社会历史发展过程中的一个显在的事实，一个不可回避的历史趋势。——"历史"是通过"人"的感受和体验具体呈现出来的，"人"有不同的感受和体验，因而也有不同的历史的意识，有由不同的历史事实构成的不同的"历史"。（在过去，我们好讲"历史背景"。实际上，在同一历史时刻，不同的人也有不同的"历史背景"。）

这是一个"史识"的问题，但这个"史识"在当时中国社会和中国知识分子中间却是一个尚未有人敢于啄破的文化的"壳"。这个"壳"是被五四新文化、新文学运动的这几个倡导者首先啄破的，因而这种"史识"在当时的中国社会又表现为一种"胆识"。

但是，五四新文化、新文学运动倡导者们的这种"胆识"，在当时的中国社会上并不表现为一种具体完整的"学识"系统，而更是他们个体人对当时中国社会、中国社会文化的一种浑融的感受和体验，以及在这种感受和体验基础上迸发出的一些思想的火花。在这种感受和体验中，中国传统儒家文化的大一统的局面已经开始解体，他们这些在科举制度废除之后走到中国历史前台来的中青年知识分子在这个解体的过程中感到的不是悲哀和失落，而是一种隐在的自由和解放的感觉，因而他们的自由意识和自我解放的愿望也推动他们走向了文化革命、思想革命和文学革命的道路。实际上，这就是五四新文化、新文学运动的倡导者们几乎不约而同地将思想批判的矛头对准了中国的儒家文化传统的原因。但是，所有这一切，又都是他们自身感受和体验的结晶，而不是因为他们是另外一种文化传统的传人，因而他们也不想用另外一种传统完全取代儒家文化传统而成为中国社会的新的"圣道"，新的统治思想。仅就"学识"而论"学识"，甚至在他们不遗余力地批判中国传统儒家文化的时候，他们关于中国传统儒家文化的"学识"仍然较之其他方面的"学识"更加具体，也更加丰富。他们既不是中国古代道家文化、墨家文化、佛教文化、道教文化、法家文化的传人，也不是西方任何一种固定的"主义"的布道者。他们的思想是从他们的感受和体验中自然生长出来的，是随着他们感受和体验的变化发展而不断变化发展的。他们的西方的文化知识参与了这个思想的过程，但他们走的仍然是自己思想的道路，而不是按照任何一个别人早已画好的路线图走的。也就是说，他们与中国传统儒家文化进行的并不是"学识"与"学识"的文化大比武，而是个人从作为"圣道""国教"的中国传统儒家文化的统治下解放出来的文化突围。我们说五四新文化、新文学运动的倡导者首先啄破了中国传统文化的"壳"，但是，这个"壳"并不是作为一个"人"的孔子及其思想的"壳"，不是关于孔子及其思想的"学识"的"壳"，而更是将孔子思想上升到国家意识形态的高度并以此统治了整个中国社会的宋明理学的"壳"。上溯其源，则是董仲舒"罢黜百家、独尊儒术"的国家主义文化政策的"壳"。

不难看到，五四新文化、新文学运动这个"声前一句"，对于整个五四新文化、新文学运动是至关重要的。它在无形中决定了五四新文化、新文学运动的性质和作用，决定了它是中国现代知识分子为了自身的自由和解放，同时也是为了整个中国社会的自由和解放而进行的一次文化的革命、思想的革命和文学的革命。这个革命的意义集中到一点，就在

胡适与五四新文化

于它首先挣破了被"圣化"了的中国儒家文化传统的束缚和禁锢，为中国社会、中国文化、中国人，特别是中国知识分子的思想发展开辟了一个更加自由也更加广阔的空间。

但是，必须看到，这个"声前一句"几乎只是五四新文化、新文学运动倡导者们的"声前一句"，几乎只是他们内在感受和体验的"核"。这个"声前一句"，这个内在感受和体验的"核"，是他们亲身经历的中国文化演变和发展的客观过程，也是形成他们的思想个性的原因和基础。这使他们呼出的完全是自己的声音，并且是在中国有着振聋发聩的历史作用的声音，是当时绝大多数的国人呼不出也不敢呼出的声音，是他们这几个人的"胆识"。他们用自己的力量推倒的是一堵"墙"，是一堵堵住了绝大多数中国人的思想出路的"墙"——作为"圣道"、作为国家意识形态的中国传统儒家文化的"墙"。但当这堵"墙"被推倒之后，当中国的知识分子可以按照自己的意愿选择自己的思想道路和文化道路的时候，这个"声前一句"在其后继者的意识中就变得相对模糊、相对淡薄了。在这时，"学识"在中国知识分子的意识中变得愈加重要起来，而"胆识"的作用则受到了普遍的质疑，这直接关系到中国现代学术体系的建立与健全。

实际上，五四新文化、新文学运动对于中国学术发展的作用和意义同样是不容置疑的。严格说来，中国现代的学术不是从五四新文化运动开始的，"洋务派"官僚知识分子开始输入西方的自然科学，"维新派""革命派"知识分子开始输入西方的社会科学，严复西方学术名著的翻译甚至可以认为奠定了中国现代社会科学研究的基础，章太炎、王国维的学术研究也早已突破了中国传统儒家学术的藩篱而具有了现代学术研究的性质；科举制度的废除，现代学校（所谓"洋学堂"）、特别是京师大学堂的建立，都为中国现代学术体系的建立奠定下了必要的基础。但是，所有这一切，都还不能不裹在中国传统儒家文化的包皮之内，都还不能不随时准备接受中国传统儒家文化价值标准的审定和监察（实际上，林纾和吴宓、梅光迪、胡先骕这些反对五四新文化、新文学运动的知识分子，都仍然是用中国传统儒家文化的价值标准对五四新文化、新文学运动进行审定与监察的），都还不能触到中国传统儒家文化的要害处和根本处，都还不能动摇中国传统儒家文化"忠孝治国"的总体的国家政治方略。显而易见，如果全中国的人仍然必须站在同一个儒家文化的山头上看世界，全中国的人都将看不到整个世界的各个不同的侧面，因而也永远看不到整个世界的真实面目。五四新文化、新文学运动对中国传统儒家文化的批判，从根本上动摇了中国传统儒家文化作为"圣道"、作为国家意识形态的至高无上的思想地位，为中国人，特别是中国知识分子从各个不同的角度感受和体验、观察和了解世界，感受和体验、观察和了解社会文化和社会人生提供了可能性。——仅此一点，五四新文化、新文学运动的历史功绩就是不可抹杀的。它从根本上改变了中国社会和中国文化历史的发展方向。

但是，中国的新文化、新文学却与西方文艺复兴之后的文化历史不同。西方文艺复兴之后的文化道路主要是西方人自己走出来的，所以西方近现代文化发展的每一步，都是那些有"胆识"的知识分子独立开辟出来的，都是那些有"胆识"的知识分子在自己独立地感受和体验、观察和了解世界，独立地感受和体验、观察和了解社会文化和社会人生的基础上建构起来的，都是在开始得不到世人的同情和理解，而后才渐渐被社会所接受的，因而在西方文化中，"胆识"与"学识"是紧密联系在一起的。一个当代的宇宙学家不会认为哥白尼的天体运行学说只是一个浅薄无聊的学说，他们自然会将自己对于宇宙的全部认识（"学识"）同哥白尼的"胆识"连接在一起。我们在上文曾经提到，马克思、恩格斯的《共产党宣言》更表现为一种"胆识"，而他们的《资本论》则更表现为一种"学识"，但在马克思主义的思想学说中，二者却是紧密联系在一起的，马克思、恩格斯不会认为他们晚期的《资本论》与其早期的《共产党宣言》属于两种不同的思想学说。而在中国现当代文化史上，"胆识"与"学识"则常常是脱节的，那些继承着中国古代学术传统发展起来的现代学术，似乎理所当然地不认为自己的"学识"与五四新文化、新文学运动倡导者们的"胆识"有什么必然的联系。（实际上，他们的学术早已不再是国家意识形态的载体，而成为中国现代学术体系的一个有机组成成分，不论是辜鸿铭、梁漱溟，还是钱穆、冯友兰，都已经失去了"帝王之师"的资格，而成为中国现代学院派的知识分子，这与五四新文化、新文学运动有着直接的关系。）即使那些西化派的学院知识分子，也认为自己的"学识"是从西方文化中接受过来的，与五四新文化、新文学运动倡导者的"胆识"没有直接的联系。（实际上，如果没有五四新文化、新文学运动，他们将永远被置于像林纾、吴宓、梅光迪、胡先骕这类知识分子的监视之下，并有可能受到现实政治的直接干预和迫害。）——"学识"的障眼法遮蔽了中国学院知识分子的"学识"与五四新文化、新文学运动倡导者们的"胆识"之间的有机联系，使中国现代的学院文化几乎是在没有自己的独立意志，甚至也没有自己独立的学术规范的情况下磕磕绊绊地发展起来的。

胡适在自己的白话文革新取得初步成功之后由首重"胆识"而向首重"学识"的转变，就以自己的方式体现了中国新文化、新文学发展的这样一个吊诡的过程。当他将五四新文化、新文学运动发生的原因仅仅放在他在美国留学期间产生的白话文革新的最初的"见识"的基础上，也就将中国这个伟大的革新运动的根源仅仅放到了以他为代表的英美留学生文化乃至英美当代文化之中了，从而也将自己从整个五四新文化、新文学的阵营中孤立出来，对五四新文化、新文学运动做了极其片面的解释。

原载《中国政法大学学报》2014年第5期

胡适与"胡适派"

一

"新青年"团体解散之后,直接走到中国文化前台来的是"胡适派"。"胡适派"实际是由两部分人构成的,一是以《现代评论》等杂志为基础联合起来的一批有英美留学背景的知识分子,二是在"整理国故"旗帜下进入学术界的胡适在北京大学的学生。

"现代评论派"之走向中国文化的前台是有"进步性"的,也是有必然性的。当时中国文化的严重落后状态,使中国知识分子主要集中在两个社会领域,其一是政治领域,其二就是教育领域,而真正关心中国文化发展状况并且也能够作用于中国文化发展的则几乎只有少数在高校任教的学院知识分子。作为中国第一高等学府的北京大学成为五四新文化、新文学运动策源地的原因也在于此,除鲁迅当时可以认为是一个教育部的官僚之外,五四新文化、新文学运动的其他倡导者都是北京大学的教授或"准"教授,而教授的本职职能就是从事"学识"的传承。

但是,五四新文化、新文学运动在其本质上却不是一个学术革命运动,它是整个中国文化、中国文学的革新运动,其意义和价值并不局限于学院派的学术,并不局限于学院知识分子。这就决定了五四新文化、新文学阵营内部的分化。我们知道,五四新文化、新文学运动的落潮是

胡适与"胡适派"

由于五四新文化、新文学运动倡导者们内部的分化造成的：一方面，李大钊、陈独秀在苏联十月社会主义革命的影响下相对远离了文化革命的道路而走上了政治革命的道路，胡适则在美国文化的影响下相对离开了文化革命的道路而走上了学术革新的道路。李大钊、陈独秀成为中国共产党的早期成员及其领导者，主要在学院文化的外部扩大了自己的影响，而胡适则成为"现代评论派"的主将，在学院文化内部发展起自己的力量。实际上，他们都是继承五四新文化、新文学的传统，也都属于五四新文化、新文学的阵营，但在当时"进化论"观念的影响下，他们又都感到自己已经超越了五四新文化、新文学运动时期的思想，前者以其"革命"，后者以其"学术"。而在文化上，不论是"革命"还是"学术"，又都表现为一种"学识"，并且都是从西方文化（在我们眼里，俄国文化也属于西方文化）中接受过来的。

"现代评论派"是胡适从因倡导"白话文改革"而重"胆识"到因"白话文改革"的胜利而转重"学识"之后通过《现代评论》《独立评论》等刊物而团结在自己身边的一批学院派知识分子，其中的骨干大都是有英美留学背景的学院知识分子和相继进入中国学术界的傅斯年、顾颉刚、罗家伦等胡适在北京大学的学生，是此后相继成为中国学术泰斗的一批人物，因而也是以"学识"名世的一批精英知识分子。

1919年初，在美国留学的张奚若收到胡适从国内寄给他的《新青年》《新潮》《每周评论》等刊物，他在给胡适的回信中说："盖自国中顽固不进步的一方想起来便觉可喜，便觉应该赞成；然转念想到真正建设的手续上，又觉这些一知半解、不生不熟的议论，不但讨厌，简直危险。"①张奚若是在美国哥伦比亚大学政治系专修政治学的，其思想深受当时在哈佛大学任教的英国学者拉斯基思想的影响，对卢梭的政治思想和西方民主政治的理论都有比较系统的了解和研究，回国后又组建了中国高校的第一个政治系——清华大学政治系，可以说是中国首屈一指的民主政治学的理论家。站在他的"学识"高度，五四新文化、新文学

---

① 周培源编《张奚若文集》，清华大学出版社，1989，第418页。

运动倡导者的那些议论，自然是有些浅薄可笑的。实际上，这也是当时大多数英美派学院知识分子对五四新文化、新文学运动倡导者们的文化思想和文学思想在情理之中的真实观感。但是，他们看待五四新文化、新文学运动倡导者们的思想，也正像我们这一代在大学里曾经系统地学习过马克思主义哲学、政治经济学、科学社会主义理论的人看李大钊、陈独秀这些早期的马克思主义者的理论一样，不能不感到有些浅薄零碎，不成系统。直至现在，仍然有很多学者认为五四新文化、新文学运动只有破坏而无建设，也是同样的道理。其实，这里的原因十分简单，都是因为我们是站在"学识"的立场看"胆识"，而不是站在"胆识"的立场看"学识"。"胆识"是在自己亲身感受和体验的基础上从自己的思想中爆发出的火花，是还没有来得及整理和梳理并将其系统化和严密化的一些"识见"，而"学识"则是经过前辈学者整理和梳理并将其系统化和严密化了的完整理论。在形式上，"胆识"较之"学识"自然显得浅薄零碎，但"胆识"却是有自己的"声前一句"的，是建立在自己对现实世界、现实社会、现实社会文化的亲身感受和体验的基础上的，自有其内在的深刻性和绵密性。这种深刻性和绵密性不是建立在前人的完整、严密的思想系统的基础之上，而是建立在他们自己的本能感觉的精确性和绵密性之上的。胡适的白话文革新主张几乎没有什么"理论"，但他对中国书面语言的感受和认识却是入木三分的，因为胡适在这方面的感觉比当时任何一个语言理论学家都来得深刻和纤细；同样的深刻性也表现在五四新文化、新文学倡导者对中国传统儒家文化的批判上。实际上，时至今日，对中国传统儒家文化的批判恐怕再也没有达到过五四新文化、新文学运动时期的水平。因为他们身在中国传统儒家文化的束缚中，而要挣脱这种束缚，何处紧，何处松，疼在哪，麻在哪，心感身受，不必借助逻辑的推理，也不需要严密完整的外国理论。当时的张奚若虽然熟悉西方的民主理论，但这种理论对于他却是没有"声前一句"的，不是建立在他亲身的感受和体验之上的。他从美国带回来了"民主"，但在中国却既没有遇到"专制"，也没有遇到"反专制"；既没有找到自己应该反对的，也没有找到自己应该支持的。"国家精英"的上等人身份使他在上（政治官僚）下（底层社会群众）两个社会阶层的人那

胡适与"胡适派"

里遇到的都是微笑,所以"民主"在他当时的思想中仍然只是一些概念和判断,以及西方历史上的一些社会事件和社会现象。"理论"可以是外国的,但"声前一句"却必须是自己的。譬如盖房子,原材料甚至设计图纸都可以是从外国引进的,但为什么盖房子、盖了房子做什么用却必须是自己的。连盖的房子都是给外国人用的,那就不是中国的房子了。西方的民主政治及其理论,也是有"声前一句"的,但其"声前一句"却不在中国知识分子的感受和体验范围内,因而我们也很难将其中每一个细节都留在自己的主观感觉之中。例如,在1789年法国资产阶级革命时期,法国城市平民是举着"自由女神像"而不是举着"民主男神像"走向街头的。法国启蒙思想家的口号是"自由、平等、博爱","民主"并不包括在他们的口号之中,但法国启蒙思想家的思想却酝酿出了政治民主的思想,而法国民主政治体制的建立也正与那些举着自由女神像走上街头的法国民众有着直接的关系。直至现在,我们常说的还是"全世界爱好自由的人民",而不说"全世界爱好民主的人民"。在这里,恐怕就有一种文化上的链接关系,即西方的民主政治并不直接产生在少数政治家对民主政治体制的构想之中,而是产生在广大社会民众逐渐增长起来的自由意识和自由意志之中。对于广大没有自由意识、自由意志的社会公众,专制政治是一种最直接、最方便也最有效的政治治理方式,而对于广大具有自由意识和自由意志的社会民众,专制政治就连现实社会的基本稳定也维持不住,要维持现实社会的稳定,则必须运用民主政治的方式。在这时,也只有在这时,政治体制的改革或革命就不再仅仅是社会民众的需要,同时也是大多数明智的政治家的需要了。这是一个由下而上而后又由上而下的社会嬗变过程。如果从这样一个角度看中国,我们就会看到,倒是那些并不把"民主"挂在嘴边的五四新文化、新文学运动倡导者们的思想,与"政治民主"的理想靠得更近一些,而那些常常将"民主"挂在嘴边的现代评论派的学院知识分子,离"政治民主"的理想倒更远一些。两千年的封建专制政治制度,都是用中国传统儒家文化这把大伞撑起来的。五四新文化、新文学运动的倡导者批判了中国传统儒家文化,实际就是批判了中国传统封建专制制度的思想基础,所表现出来的是中国知识分子的自由意识和自由意志的加强,因而也是向"政治民主"迈出的第一步,并且是重要的一步(虽然只是最初的一步)。

毫无疑义,现代评论派的这些学院知识分子对"民主政治"的向往并不是虚假的,他们对政治民主思想和政治民主理论在中国的传播也是功不可没的,但他们的政治民主思想和政治民主理论在当时更是一种从英美等国家的政治实践中得到的一些"见识"和从西方政治史、政治学的著作中接受过来的一些"学识"。严格说来,这还不是他们内在的真实的社会追求和思想追求,他们并不想像西方的那些民主斗士一样用自己的力量去争取政治民主的实现。这正像我们中国古代的人天天都能看到月亮,也艳羡月亮的明媚,甚至还作了很多赞美月亮的诗,却并没有真的想登上月球一样。至少在整个中国现代文化史上,"美国的民主"一直只是悬在中国英美派学院精英知识分子头上的一轮可望而不可即的圆月。对于胡适,也是如此。胡适在美国留学期间就曾经历过一次美国的总统大选,也颇过了一把"旁观"总统大选的瘾,[①]像多数英美派知识分子一样,他终其一生都对美国的民主政治"心向往之",但他自己的政治思想却更接近中国古代文人的"贤人政治":"我们以为国内的优秀分子,无论他们理想中的政治组织是什么(全民政治主义也罢,基尔特社会主义也罢,无政府主义也罢),现在都应该平心降格的公认'好政府'一个目标,作为现在改革中国政治的最低限度的要求。"[②]对于胡适,这种"贤人政治""好人政治""好政府政治"完全是可以理解的,因为政治是要有知识、有文化的知识分子来搞的。在当时的中国,这样的知识分子(特别是他认为的"优秀的知识分子")是极少的,所以他只能从这些知识分子的主观动机上来确定现实政治的标准,但也正是因为如此,他的政治观念也不是民主的政治观念,甚至算不上是一种政治的观念。政治的本质是国家权力的运用。一种政治的思想必须回答如何取得

---

① 参见胡适:《四十自述·逼上梁山》,载欧阳哲生编《胡适文集》第1卷,北京大学出版社,1998。

② 胡适:《我们的政治主张》,载欧阳哲生编《胡适文集》第3卷,北京大学出版社,1998,第328页。

胡适与"胡适派"

国家权力和如何运用国家权力的一系列根本问题。不触及这些最根本的问题，仅仅说自己希望有一个"好政府"，至多只能视其为是一种对现实政治的良好愿望，而根本称不上是一种政治思想，更不是民主政治思想。

　　胡适之所以终其一生都向往美国的政治民主，而终其一生都不是一个民主政治的思想家，归根到底，就是一旦当他从五四新文化、新文学运动的文化革命的主战场退下来，他就更加重视一个人的"学识"而轻视乃至否定一个人的自由意识和自由意志的价值和意义。在这时，他就将国家政治的改良仅仅寄托在少数精英知识分子，特别是极少数英美派精英知识分子的身上，而且不是寄托在他们的自由意识的觉醒和自由意志的加强，而是寄托在他们的"学识"上。岂不知这在有形与无形之间就将这极少数的英美派精英知识分子从几亿的中国人，其中也包括大量非英美派的知识分子中孤立出来，成了一些优选者，不再具有自己独立的社会影响力。与此同时，这也等于将其从国家政治中孤立出来，因为国家权力的执掌者完全可以无视他们的独立意志和独立要求而仅仅利用他们的影响力为自己的政治权力服务。实际上，在整个中国现代文化史上，胡适都处在这样一个上不着天、下不着地的尴尬处境之中。过去我们将他描绘成一个专制政治的御用文人，固然是对他的歪曲；现在又有一些学者将其视为自由主义和民主思想的旗帜，其实也不符合历史的事实。直至晚年，胡适仍然将国家的专制权力与个人的自由意志等量齐观，实际这就抹杀了政治民主与政治专制之间的界限。当时他写了一篇《容忍与自由》，发表在雷震主编的《自由中国》上，殷海光接着写了这篇文章的《读后》，基本同意胡适的意见，但也有所保留。胡适在后来的一次讲演中是这样回答殷海光的质疑的：

　　　　不过殷先生在那篇文章中又讲了一段话。他说，同是容忍，无权无势的人容忍容易，有权有势的人容忍很难。所以他好像说，胡适之先生应该多向有权有势的人说说容忍的意思，不要来向我们这班拿笔杆的穷书生来说容忍。我们已是容忍惯了。殷先生这番话，我也仔细想过。我今天想提出一个问题来，就是：究竟谁是有权有势的人？还是有兵力、有政权的人才可以算有权有势呢？或者我们这班穷书生、拿笔杆的人也有一点权，也有一点势呢？这个问题也值得我们想一想。我想有许多有权有势的人，所以要反对言论自由，反对思想自由，反对出版自由，他们心里恐怕觉得他们有一点危险。他们心里也许觉得那一班穷书生拿了笔杆在白纸上写黑字而印出来的话，可以得到社会上一部分人的好感，得到一部分人的同情，得到一部分人的支持。这个就是力量。这个力量就是使有权有势的人感到危险的原因。所以他们要想种种法子，大部分是习惯上的，来反对别人的自由……所以我要奉告今天在座的一百多位朋友，不要把我们看得太弱小，我们也是强者。但我们虽然也是强者，我们必须有容忍的态度。①

在这里，胡适完全混淆了个人的自由意识、自由意志与专制权力的关系。个人的自由意识和自由意志仅仅是一个表达的问题，它也有力量，但却没有压制乃至毁灭别人的自由意识和自由意志的力量，更没有剥夺他人生命和财产安全的力量。胡适在讲演中举出的罗伯斯庇尔将大批旧日的贵族送上断头台和加尔文烧死提倡新教的塞维图斯的例子，都是在他们实际地掌握了国家的或宗教的权力之后的事情，已经超越了纯粹个人的自由意识和自由意志的范围。国家的权力是公共的，而不是个人的。它不但拥有压制乃至毁灭别人的自由意识和自由意志的力量，同时也有剥夺他人生命和财产安全的力量，所以它不但要受现行国家法律的严格控制，也必须要求执掌国家权力的人对国民个人的自由意识和自由意志采取最大限度的容忍态度，即不仅仅以个人的好恶运用国家的公共权力。这当然也会给执掌国家政权的人带来更大的执政难度，但这也是执掌政权的人必须不断提高自己的执政能力的社会动力。当国民的自由意识和自由意志的增长使执政者必须以国家公共事务的处理为标准要求自己，而不能仅仅贪恋个人权力的时候，民主才不仅仅是社会公众的要求，而同时也是大多数明智的政治家的选择了。面临与胡适相似的问

---

① 胡适：《容忍与自由》，载欧阳哲生编《胡适文集》第12卷，北京大学出版社，1998，第841—842页。

胡适与"胡适派"

题,鲁迅向左翼作家提出的是"辱骂和恐吓决不是战斗"的命题。①这个命题的意义在于:对于个人的自由意识和自由意志,是要充分地表达的,对于专制主义的压迫是不能容忍的(容忍就等于承认其合法性与合理性),此之为"战斗"。"战斗"就必须是有力的,就必须是义无反顾的。但这种"战斗"必须是自我自由意识和自由意志的表现,必须是建立在个人应有的人身权利和社会权利,因而也是社会上每一个人都应该拥有的人身权利和社会权利之上,必须建立在维护自我的人格尊严,因而也是维护社会上每一个人都应该拥有的人格尊严的基础之上,而不是对别人的自由意识和自由意志的漠视和压制,不是对别人人格尊严的侮辱和戕害,所以它绝对不等同于"辱骂"和"恐吓"——"辱骂"和"恐吓"是"泄私愤"的方式,不是严肃的思想斗争;"辱骂"和"恐吓"是一个人外强中干的表现,不具有真正思想的和精神的征服力。

如前所述,"学识"是通过接受前人的知识和思想以实现个人的成长和发展的过程,是带有一种个人崇拜(对有"学问"的人的崇拜)性质的,并且"学识"是现实社会普遍承认其价值和意义的知识和思想,在一般情况下是能够将社会的功利主义目标与个人的实利主义目标结合在一起的:越是在一个贫穷落后的国家,国家越是会为了自身的利益而赋予极少数精英知识分子以崇高的社会地位和优厚的社会条件,而有了崇高的社会地位和优厚的社会条件的极少数精英知识分子则将自己的知识和才能贡献给国家。但是,这也是自古及今中国知识分子常有的身份意识的滋生根源。在这种身份意识的作用下,常常使中国知识分子在有意与无意之间产生一种错觉,即国家与知识分子是一而二、二而一的关系:整个国家的命运和前途完全取决于这些有较高社会地位的极少数精英知识分子,而这些人也应该忠心耿耿地为国家服务。这在无形中就将包括更大多数知识分子在内的广大社会群众放到了自己的思想视野之外,将这些极少数有较高社会地位的精英知识分子的"识见"就当成了"国家"的"识见"、社会的"识见",就当成了社会的"公理"和衡量一

---

① 鲁迅:《南腔北调集·辱骂和恐吓决不是战斗》,载《鲁迅全集》第4卷,人民文学出版社,1981。

切是非的标准。实际上，直至现在，"目中无人""目中无别人"，与广大知识分子和广大社会群众构不成平等对话的关系，以鹤立鸡群的姿态环视世界，还是中国极少数有较高社会地位的精英知识分子常犯的毛病。而在他们的意识中，"学识"与"人"又常常是混淆在一起的：不论在任何情况下，都认为一个有"学问"的人、特别是"学问大"的人也一定拥有真理，而没有"学问"或"学问"较小的人就不会拥有"真理"。他们常常不是就"事"论事，而是就"人"论事。陈西滢有一篇小说，写"我"的父亲在家境十分贫困的条件下供"我"读书，后来"我"大学毕业，得到一个教授的赏识，当上了他的助手。作为小说，还是一篇颇朴实的作品，但他给这篇小说起的题目《成功》，就颇带有一点"金榜题名"的优越感了。在现代评论派知识分子之中，陈西滢是一个城府并不很深的人。正是因为如此，他将当时整个现代评论派知识分子的国家观念和政治观念充分表现出来。实际上，在"女师大事件"中，女师大部分师生与校长杨荫榆的矛盾和冲突，与陈西滢等现代评论派知识分子是没有直接关系的。他们身处事外，对其中的原委并没有真切的了解，更没有亲身的感受和体验。他们之所以认为自己有评判其中是非的能力和必要，归根到底还是因为他们认为自己作为一些有"学识"的人，是有这种判断是非的能力的，也是有"维护公理""抑邪扶正"的必要的。他们给自己的组织起的名字就是"教育界公理维持会"（后改名"国立女子师范大学后援会"）。而在这场矛盾和冲突中，他们之所以从一开始就"力挺"杨荫榆，原因根本不在其"事"，而在其"人"——杨荫榆也是一个留美归国的精英知识分子，是一个有"学养"的人。杨荫榆是一校之长，是"学生"的导师和领袖；"学生"在杨荫榆面前，则是一些相对无知的人，是理应接受校长"管教"的。现在"学生"竟然反对校长，当然是错的；有些教师不但不支持校长，反而支持学生，"鼓动"学生"闹事"，当然也是错的。为什么连这些有学问的教师也会犯这样的错误？显然是别有用心，不怀好意。不难看出，在这些现代评论派的精英知识分子看来，他们的这种判断是完全合理的，因而不论事态发生怎样的变化，他们"力挺"杨荫榆的立场也不会发生丝毫的动摇。杨荫榆开除反对她的学生领袖，他们支持杨荫榆；杨荫榆雇用校外的"老妈子"到学校来"维持秩序",对学生"大打出手",他们支持杨荫榆;杨荫榆解散学校,将大批学生逐出校外,他们支持杨荫榆;及至"三一八"惨案段祺瑞政府开枪射杀了徒手请愿的学生,他们仍然将责任推到徒手请愿的学生和支持学生的教师们身上,而为开枪射杀学生的段祺瑞执政府和支持段祺瑞执政府的教育总长章士钊开脱。他们没有想到,事情发展到这个地步,他们早已把他们平时引以为傲的"美国民主"的原则抛到了脑后,而自觉与不自觉地充当了北洋军阀政府专制主义政权的辩护士。实际上,现代"民主"的原则,对于社会上的是是非非,是以"事"分的,而不是以"人"分的。即使一个辩护律师,也不能只从委托人一方的角度思考问题,必须充分考虑到对方的理由,更不能仅仅根据一个人的身份或文化程度,判断他在一件事上的是非曲直。

二

五四新文化、新文学运动落潮之后,胡适及其现代评论派在学术研究上的一个大举措就是"整理国故"。

毫无疑义,胡适提倡的"整理国故"运动在中国现代学术发展史上的价值和意义也是无法抹杀的。我们完全可以说,中国现代学术体系的正式建立是以胡适提倡的"整理国故"运动为标志的,它不但直接催生了像胡适、傅斯年、顾颉刚这样一批中国现代学术史上的"学术大师"级人物,而且民国时期中央研究院的很多学者都与胡适提倡的这个运动有着直接或间接的关系。但是,这个以"学识"为基础的学术运动仍然与他以"胆识"为基础的"白话文改革"运动有着截然不同的性质和意义,因而我们也必须从"学识"的角度而不是从"胆识"的角度看待它的成败得失。

如前所述,"胆识"是一个人在对现实世界、现实社会和现实社会文化的感受和体验中产生的"识见",在开始时仅仅是某个人或少数几个人的"识见",与当时社会占统治地位的文化传统立于正相反对的立场上,因而也被当时绝大多数人当作异端邪说而受到排斥。它之所以不会被旧的传统所窒息,正因为它是在一个人的感受和体验中产生的,体现着这个人的自由意识和自由意志，因而他也能够在自己备受孤立、备受排挤的情况下力排众议，坚持己见，并争取得到更多人的同情和理解。必须指出，一个人的真正的自由意识和自由意志是不可逆的，正像当哥伦布发现了新大陆他就永远地发现了新大陆一样，他永远不可能再将这块新大陆的影像从自己的脑海中抹去。他"看"到了它，"感"到了它，甚至也有可能"爱"上了它。它已经是他内心的一个"存在"，这个"存在"是与外部那个"新大陆"的"存在"相互呼应和相互印证的，是将主观和客观紧紧"捆绑"在一起的。他既不会再怀疑外部那个"新大陆"的真实性，也不会再怀疑自己内心这个"新大陆"的真实性。所以，"胆识"是有整体性的，也是有不可逆性的。所谓整体性，是说它感受和体验的是整个社会和整个社会的文化，正像我们亲身感受到的天气冷暖是整个环境的冷暖一样，因而它的"识见"也是关乎整体的。所谓不可逆性，就是它一旦出现，就再也不会消失：一旦存在，永远存在。直至现在，很多学者仍然努力找出各种理由来否定五四白话文革新和"五四"对儒家文化传统的批判。实际上，这都是徒劳无益的，因为白话文作为中国现当代书面文化的主要语言载体和中国传统儒家文化在中国文化中的绝对统治地位的丧失都已经是一个不可逆的历史事实。"学识"则有不同。

"学识"是从前人或前人的著作中一点一滴地逐渐积累起来的，但当我们"知道"它们的时候，却未必感觉到了它们，体验到了它们，所以我们的"学识"是随着学识的丰富化而向"整体"趋近的，但"整体"却不是在"学识"的基础上建立起来的，正像我们能够看到和感到一个整体的月亮却永远写不出一部完整的《月亮论》一样。与此同时，一个人的"学识"是会发生变化的，是可逆的。今天认为是真理的东西，第二天就有可能认为是荒谬的；今天认为是荒谬的，第二天就有可能认为是真理。因为"学识"是从前人或前人的著作中接受过来的，不同的知识和思想有不同的"根据"，有不同的"声前一句"：从传统儒家思想中接受过来的知识和思想不同于从老子哲学中接受过来的知识和思想；从马克思主义哲学中接受过来的知识和思想不同于从存在主义哲学中接受过来的知识和思想。角度一变，所看到事物的状貌和性质就都变了。但

胡适与"胡适派"

不论怎样变化，又都不是自己自由意识和自由意志的产物，因而也都无法自自然然、顺顺帖帖地存在于自己内在的知识和思想的结构里。——"胆识"的根扎在自己的心里，"学识"的根扎在前人的心里。

胡适"白话文革新"的主张是他的一种"胆识"，所以它的意义和价值是整体的。它体现了中国书面文化语言载体的整体变化，并且这种变化具有不可逆的特征。而胡适"整理国故"的学术主张则是建立在他的"学识"的基础上的，因而它体现的并不是中国现当代学术体系的整体变化，而只是中国现当代学术体系中的一种倾向，并且是具有可逆性的一种倾向。

如何看待中国现当代学术体系的整体性？我认为，我们可以从中国现当代学院文化与中国古代书院文化的区别中找到答案。

尽管中国古代书院文化在中国古代文化发展中的作用和意义是不可抹杀的，但归根到底，中国古代书院文化传承的仍然只是中国古代儒家一"家"的文化，中国古代书院仍然只是为当时的封建王朝培养封建官僚的场所。中国现当代学院文化则不同：尽管中国现当代学院文化在一个相当长的历史阶段仍然必须主要依靠国家政权的保护和支持，仍然必须首先为国家政权输送它所需要的政治人才，仍然不能不受到国家意识形态的约束和限制，但它到底传承的，已经不是任何一家一派的文化，已经不是仅仅为国家政权机关培养所需的政治人才，而是为社会培养它所需要的各种不同类型的人才的。一言以蔽之，中国古代书院文化是"单"调的文化，中国现当代学院文化则是"复"调的文化；中国古代书院文化只有一个"系"，那就是"儒家文化系"，而中国现当代学院文化则有各种迥然不同的系科和专业；中国古代书院文化的统一性就在它的内部，而中国现当代学院文化的统一性则在它的外部，在这个民族的社会和社会文化的整体面貌及其发展状况。中国现当代学院文化的内部永远是龟裂状的，永远不是，也不可能是一张结构完整、组织严密的大网，其中没有任何一个系科是首尾相应的，因为在它的已知中包含着无限的未知，这同时也表现在各个系科之间的参差关系中。一个文学院教授的数学知识很可能还赶不上一个数学系的大学生，反之亦然，一个伦理学系的教授很可能认为一个音乐系的教授有些心理变态，而这个音乐系的教授也可能认为这个伦理学系的教授像个木乃伊。这种龟裂状态使他们永远无法仅仅通过"学识"而将彼此联合在一起，甚至连同系科、同专业的两个学者或教授在"学术"上也不会是完全相同或相通的。在现当代学院文化中，"学识""学术"上的差异几乎是绝对的，而彼此的相同或相通则永远是相对的。学院文化的统一性仅仅在于他们传承的知识和思想至少在观念上都是现实社会的一种需要，并且他们也因为都关心着这个社会的存在与发展而彼此在精神上联系在一起。所以，在中国古代书院文化中有一个，也只能有一个"圣人"，一个文化的导师和领袖，那就是孔子；有一个，也只能有一个统一的思想理念，一个"指导思想"，一个"纲"，那就是将"忠""孝"糅为一体的"孝"，就是"以孝治天下"的"孝"。但在中国现当代学院文化中，则是不可能在这些五花八门的系科和专业之上找到一个统领它们的"圣人"，一个学术的领袖和导师的；也是不可能找到一个统一的理念，一个"指导思想"，一个"纲"的。——中国现当代学院文化、中国现当代学术的这种多元性是与"学识"的无限可分性联系在一起的。

只要我们注意到中国现当代学院文化的这种多元性，只要我们注意到中国现当代学院文化的统一性并不在它的内部，而在于它的外部，在于当时中国社会和中国社会文化及其发展的需要，我们就会意识到，中国现当代学院文化、中国现当代学院学术的基础观念是在西方近现代学院文化、西方近现代学术的基础上建立起来的。"整理国故"是当时中国学术发展的一种需要，但却绝非一个普遍性、根本性的需要。这个说法好像有一点崇洋媚外的味道，但实际上并非如此。因为中国古代的书院文化从根本上就是培养封建王朝所需要的政府官僚的，而不是建立在整个中国社会和社会文化及其发展的需要的基础上的，中国社会和中国社会文化所需要的大量思想、知识和技能都不是在中国古代书院文化中得到传承与发展的，因而也是在一种畸形的状态下得到有限程度的传承和发展的。例如中国古代的化学就与那些求长生不老药的炼金术士们有着更密切的关系，而中国现当代学院文化中的化学家却绝对不等同于中国古代的炼金术士，其思想观念、思维方法、基础概念、操作规程，都与中国古代的炼金术士根本不同，而与西方的化学家则没有根本性的差异。中国古代有大量植物学的知识，但没有"植物学"；有大量动物学的知识，但没有"动物学"。这里的原因是不言自明的，即西方近现代学院文化、西方近现代学术是在西方中世纪宗教神学的绝对统治地位丧失之后在西方社会和社会文化及其发展需要的基础上逐渐建立并完善起来的。它根据这一原则建立起了自己的系科与专业，也在这样一些系科与专业的基础上建立起了自己的学术。这些学术是有自己特定的内容、方法和知识系统的，也是有自己的基础观念和概念系统的。这是人类教育史上的一次大革命，也是人类知识和思想的一次重新分类和在这种分类基础上的一次重新整合。这个人类教育史上的大革命严格说来不是建立在西方文化自身的特性之上的，而是建立在人类文化自上而下的迅速普及过程之中的。在这个普及过程中，知识分子的数量不断增加，不断从贵族普及到平民，教育不再仅仅培养神学家，也不再仅仅为了满足贵族国家政权的需要，同时更是为了满足现实社会和现实社会文化及其发展过程中各个方面的不同需要。教育社会化了，知识分子专业化了，专业化的知识分子仅仅与社会的某项具体事业相联系，但作为整体的学院文化则与整个现实社会和现实社会文化相联系。所有这些，实际也是中国现当代社会和社会文化及其发展所首先需要的，也是中国现当代的学院文化、中国现当代的学术所首先需要的。实际上，直至现在，中国学院文化中的数学、自然科学等大量学科，仍然主要继承着西方学术的基本概念系统，而哲学和社会科学，虽然就其内容既有西方的，也有中国的，而中国的可以说是"整理国故"的结果，但其基本的观念和方法，则仍然主要是从西方同学科的已有内容中接受过来的。即使文学，我们有外国文学史，也有中国古代文学史。中国古代文学史所叙述的文学作品和文学现象，当然是中国的，但其叙述和分析这些文学作品和文学现象的观念和方法，则仍然主要是从西方文艺学中接受过来的，而中国古代"文以载道""怡情养性"的文学观念，至今仍是束缚和禁锢着中国现当代文学发展的桎梏与枷锁。在当时，鲁迅有一篇至今为人所诟病的文章《青年必读书》，其中说："我看中国书时，总觉得就沉静下去，与实人生离开；读外国书——但除了印度——时，往往就与人生接触，想做点事。""中国书虽有劝人入世的话，也多是僵尸的乐观；外国书即使是颓唐和厌世的,但却是活人的颓唐和厌世。""我以为要少——或者竟不——看中国书,多看外国书。"①实际上,只要考虑到从中国古代书院文化向中国现当代学院文化的这个转型过程,鲁迅的这种看法并不是不可理解的。——中国现当代学院文化、中国现当代学术再也不仅仅是传"道"的,更不仅仅是供中国学院知识分子自己怡情养性的,而是为中国社会和中国社会文化及其发展"做点事"的。

三

胡适"整理国故"的主张,实际上,首先是他自己当时"做学问"、从事"学术研究"的一种方式。如前所述,任何一代人都是从无知开始的,都是首先通过接受前人的知识和思想逐渐成长和发展的。在这个意义上,传统是重要的,即使人类在远古时代已经发明的火,已经形成的语言,都必须是通过学习才能掌握的。学院知识分子,不论是古代的,还是现代的,抑或是未来的,其基本的任务就是通过文化的传承使一代代人得到自身的成长和发展。与此同时,学院知识分子要完成文化传承的任务,必须通过自己的感受、理解和认识,通过自己对文化传统的整理和研究,才能够更有效地将自己已经拥有、同时认为对别人也有益的知识和思想传达给自己的学生或自己的读者。胡适在国内曾经在旧教育制度之下接受过良好的中国传统文化的教育,积累了大量中国古代的文化知识,到美国后则接受了美国当代的学院文化的教育,接受了西方哲学、特别是杜威实用主义哲学的教育,他的博士学位论文《中国古代哲学史(上)》就是以西方哲学特别是杜威实用主义哲学,对他所掌握的中国古代思想史的材料进行重新整理和阐释——"整理国故"——而成的一部学术著作。这实际也是至今在外国文科留学生中十分普遍的现象。不难看到,在中国学术史上,这是一种崭新的学术现象,它体现着中国古代学术向中国现当代学术转型过程中的一种学术路向,也为中国现当

---

① 鲁迅:《华盖集·青年必读书》,载《鲁迅全集》第3卷,人民文学出版社,1981,第12页。

代学术树立了一个新的榜样。但这种路向却不是中国现当代学院学术的唯一路向，并且这种路向本身也不是没有缺陷的。

首先，学术是一种文化传承的形式，是一种将研究对象从沉寂的历史中重新唤醒并使其进入现实社会的人的视野，进而让现实社会的人注意到其存在的一种形式，所以不论一个学者以什么样的观点叙述和阐释他的研究对象，但他所传承的对象还是他的研究对象本身。不论《红楼梦》研究专家对《红楼梦》这部中国古代小说有着多少种解读，但在现实社会上首先引起的都是读者对《红楼梦》的关注，召唤那些还没有阅读《红楼梦》的人去阅读它。这就使《红楼梦》得到了传承。在这个意义上，胡适"整理国故"的主张传承的仍然是中国古代的文化传统，仍然是中国古代文化的一种研究方式，所以我们现在也将胡适同章太炎、王国维、梁启超、辜鸿铭、梁漱溟、黄侃、钱穆等人一起列入"国学大师"的行列。但与此同时，他的"整理国故"的学术主张也就与在前的严复与在后的商务印书馆出版的"西方学术名著丛书"的那些翻译家和学者不同，与朱光潜这些主要研究西方文化的学者和教授不同，他们的学术路向主要是对西方文化传统的翻译、介绍和研究，是使西方文化传统在中国现当代社会得到传承的一种形式。必须看到，这同样是中国现当代学院文化、中国现当代学术的一个不可或缺的重要路向。

其次，胡适的《中国古代哲学史（上）》是对中国先秦思想史的重新整理和研究，但它已经不是依照中国古代的学术观念，而是依照西方近现代学术观念进行的重新整理和研究，这就将西方近现代的学科意识带入了中国现当代学术。这种学科意识打破了以儒家文化传统为正统的传统的先秦文化观，也给中国先秦思想史的研究带来了一个新视角。毫无疑义，所有这些，都是有开创意义的。但是，与此同时，它也带来了一个以什么样的标准阐释和分析中国古代文化传统的问题。中国的先秦思想家有一个"道"的观念，但却没有"哲学"的观念，将中国先秦思想家的思想纳入西方近现代哲学体系进行分析和研究，当然也是一种研究的路向和形式，但却绝对不是唯一合理的路向和形式。"哲学"这个概念与先秦思想家的思想构不成相互对应的关系，却对中国先秦思想家的思想具有"俯摄""俯视"的性质，即站在西方哲学的高度"俯摄"

"俯视"中国先秦思想家的思想，并对中国先秦思想家的思想按照西方近现代哲学的标准做出了新的评价。在这里，实际上是包含着一个研究者不能不思考、不能不回答的"学术"问题的，即一个研究者有没有权力以及在多大程度上有权力将研究对象纳入一个与其并没有直接关联的价值体系中进行评价的问题，这正像一个研究者不能不思考、不能不回答他为什么要以柳树的标准评价一棵松树，要用一个心理学家的标准评价一个数学家一样。实际上，中国先秦思想家是有权力以自己的需要和自己的方式思考和解决他们自己所面临的社会和社会文化问题的，他们关心的不都是"哲学"的问题。即使"哲学"，譬如老子哲学、庄子哲学，也是他们感到有必要回答的哲学问题，而不是西方近现代哲学家关心的那些哲学问题。所以，在我们承认胡适对中国传统文化研究的价值和意义的同时，也无法否认像章太炎、王国维、陈寅恪这样一些学者对中国古代文化传统的研究。他们都是"国学大师"，但"国学大师"也有不同的"学术"路数，不是只此一家，别无分店。这与他提倡的白话文革新是截然不同的。

其三，我们说胡适的《中国古代哲学史（上）》是以西方近现代哲学的视角对中国先秦思想史进行的重新整理和研究，但西方近现代哲学的视角也不是只有一个。所以，归根到底，胡适的视角仍然主要是杜威实用主义哲学的视角。这同时也意味着，胡适可以用杜威实用主义哲学整理和研究中国古代的文化传统，别人也可以用康德哲学、黑格尔哲学、马克思主义哲学、存在主义哲学等任何一个西方哲学家的哲学，甚至也可以用西方社会学、政治学、法律学、教育学、心理学等不同学科的观念和方法重新整理和研究中国先秦思想史，其研究都是有价值的，但又都不是唯一合理的，其研究的结果也都不会完全相同。所有这些，并不意味着胡适的《中国古代哲学史（上）》不是一部有价值的学术著作，而是说，中外历史上存在的有价值的知识和思想是无限丰富的，而任何一个时代的民族成员都是在接受这些有价值的知识和思想的过程中得到成长和发展的，所以不论一个多么杰出的学者和教授的多么杰出的学术著作，都是这个时代、这个民族学术中的一种倾向中的一个学术成果。——"胆识"是有方向性的，"学识"则是没有固定方向的。一个

胡适与"胡适派"

民族需要从各种不同渠道传承下来的各种不同类型的知识和思想,而不是只需要由一"家"一"派"传承下来的一种类型的知识和思想。"整理国故"是中国现当代学术发展的一个路向,但却不是中国现当代学术发展的唯一路向。

在这里,还有同样一个文化观念在"胆识"和"学识"中的不同作用和意义的问题。

作为一个有自己独立思想追求的中国现代知识分子,胡适有两个主要的思想支柱:其一就是他从杜威实用主义哲学中接受过来的"大胆假设、小心求证"的"方法论",它是被胡适直接作为西方哲学的"科学方法论"而运用于自己一生的文化实践和学术实践之中的;其二就是他的"进化论"的文化观。但是,这两种文化观念在其"胆识"和"学识"中的表现却是极不相同的。他的白话文改革的主张也可以说是一种大胆的"假设",但对于他,这个"假设"本身就是一个"真理",就是一个必须实现也能够实现的文化目标。它的真理性实际是"不证自明"的,因为它就直接产生在他对中国书面语言与知识分子现实使用的口头语言的巨大差异中,产生在中国书面语言与其作者思想感情表达需要的巨大落差中。他的《尝试集》中的诗歌创作可以说是他对用白话也可以写诗的"假设"的"小心求证"的过程,但这个"求证"的过程却与他的白话文改革的主张没有直接的关系。它不像一个数学家、自然科学家那样是在这个求证过程结束之后才确定他的白话文改革主张的正确性,而只是向读者证明白话也可以作诗的真理性,是争取别人同情和理解的手段和途径,它的成功与否实际都不影响他对白话文改革主张的真理性的认识。严格说来,在他的白话文改革实践中,运用的既不是培根的"归纳法",也不是笛卡尔的"演绎法",因而从根本的意义上也不是杜威实用主义哲学的方法论,而更接近于尼采将自己的主体意志加于客观现实以改造现实世界的"权力意志论"哲学。在他的白话文改革主张中,他像哥伦布发现了"新大陆"、尼采发现了"超人"一样,是一个真理的发现者,他的文化实践就是将自己已经发现的真理告诉世人,让世人也接受这个真理的过程。他的"大胆假设、小心求证"的方法论在他"整理国故"的学术实践中才得到了更加切实的贯彻和运用,但也失去了杜威实用主义哲学的世界观和人生观的性质。杜威的实用主义哲学，是在自然科学方法论的基础上产生出来的，是自然科学的实验的方法。他将这种方法运用于社会人生，在美国的政治实践、经济实践、教育实践乃至个人的人生选择等各个领域都有广泛的影响，是大量美国人从事各种社会实践活动的方法和原则。这种方法和原则是以现实利益的追求为目的的，是以成败作为衡量人的各项社会活动的基本标准的。为了实现既定的目标，就要运用人的智力设计出具体的行动方案作为实验的基础，并通过实验（有时是反复的实验）而达到预想的效果。但在胡适"整理国故"的学术实践中，这种方法已经不是实现某个现实社会目标的方法，甚至也与现实的社会利益没有必然的联系，而只是一种"做学问"的方法，是搜集事实、考证真伪、发现规律的一种方法，并且主要停留在技术的层面。我们可以看到，他一生的学术成就，大都集中于用这种"假设""求证"的方法整理中国古代文化史料的工作上，除了他的以《中国古代哲学史（上）》为代表的中国古代思想史的研究著作之外，他的以《〈红楼梦〉考证》为标志的大量小说考证的著作，与鲁迅的《中国小说史略》一起奠定了中国古代小说研究的基础，为中国古代文学的研究开辟了一个崭新的广阔领域。其价值和意义也是不容抹杀的。但在这里，他也将杜威实用主义哲学的方法论同有清一代中国学者"做学问"的方法混淆在了一起。尽管杜威的实用主义哲学不是包治百病的良药，只是西方哲学的一种哲学，但它却是作为一种整体的世界观和人生观而存在的，它的方法论是与其世界观和人生观紧密联系在一起的，因而它既是一个学者"做学问"的方法，也是以自身之力推动现实社会和现实社会文化发展的方式，至少在杜威个人的意识中是如此。它像所有的思想学说一样，有自身不能不遮蔽的东西，但却没有自身有意回避的东西。有清一代学术则不同，有清一代的知识分子，是对异族统治的社会现实采取了有意识的回避态度的，所以他们的方法，只是一种"做学问"的方法，而不是他们的世界观和人生观。胡适"整理国故"的学术主张，与有清一代的学者的这种学术传统，也是有着内在联系的。

　　文学进化论、文化进化论同样是影响胡适一生文化实践和学术实践的一种主要文化观念。当下，这种进化论的观念理所当然地受到了来自

胡适与"胡适派"

各个方面的质疑和否定,而一些中国知识分子也充分利用了这种质疑和否定而贬低五四新文化、新文学运动的历史意义和价值。实际上,至少在我认为,这种文学的进化论和文化的进化论,是与知识分子的"胆识"紧密联系在一起的,并且在与"胆识"联系在一起的时候它才有其真实性和真理性,才是一种合理的文学观念和文化观念,而与"学识"联系在一起的则是历史的循环论。这里的原因是不难理解的:"胆识"是有主体性的,是人将自己的自由意识、自由意志加于外部世界以使外部世界朝着人所希望的方向发生变化的一种"识见"。这种"识见"产生于个体的人,但所要实现的目标却不仅仅限于个人的利益和个人的主观愿望的满足,而是一个关乎社会整体命运和前途的目标。这在有"胆识"的人的主观意识中,表现为对人类、人类社会、人类社会文化的自由和进步的追求,表现为对人类、人类社会、人类社会文化能够发展、能够进步的信念,是一种"进化论"的观念,而一当这种"胆识"因为得到越来越多的社会成员的同情和理解而被社会所接受,它给现实世界带来的变化也就表现为一种社会、社会文化的进步,所以这种"进化论"的观念并不是没有现实依据的。实际上,当现当代知识分子每一个人都在使用现代白话文进行写作的时候,就已经证明了胡适的白话文改革的主张带来的是中国文化的一个进步,一个发展;当我们现当代的中国人都不再承认"忠""孝""节""义"是判断一切是非的标准的时候,当我们在自觉与不自觉之中都认为在法律面前、在真理面前人人平等的时候,就已经证明了五四新文化、新文学的倡导者对传统儒家文化的批判带来的也是中国社会、中国社会思想、中国文化的一个进步,一个发展。所有这些也都证明了文化进化论、文学进化论绝对不是没有任何真实性和真理性的观念。

但是,作为"学识",人类历史上积累起来的所有知识和思想都直接或间接地反映着人类的一种需要,都需要一种重新的唤醒,都需要有人能够将其继续传承下去乃至发展起来,所以一个民族的文化越是发达,越是繁荣,越是呈现着各种不同知识和思想的循环往复状态。这到了中国近现当代的文化史上,就呈现为"国学热"和"西学热"的交替轮换状态。这种"学识"上的循环往复状态也是不难理解的:因为社会的需要是多方面的，越是受到普遍冷落的学科，这个学科的知识和思想在整个社会上潜在的需要就难以得到满足，因而这个学科的知识和思想的重要性也就更加突出地显现出来，从而也会受到越来越多人的重视，但当这种知识和思想已经远远超过了现实社会对它的需要，它的热度就会渐渐冷却下来。所以在中国近现当代的社会历史上，"西学热"和"国学热"总是循环往复地交替出现。"热"的不会永远热下去，"冷"的也不会永远冷下去，用文化进化论、文学进化论的观念根本无法说明这种循环往复的文化现象。但所有这些，又都不能否定五四新文化、新文学运动倡导者文化进化论、文学进化论观念的真实性和真理性，因为"西学热"不论多"热"，也不能把中国文化"热"成西方文化；"国学热"不论多"热"，也无法再"热"出一个儒家文化传统占绝对统治地位的中国古代文化来，也绝对不会"热"出全国的知识分子只用文言文进行写作的文化时代来。所以，"胆识"意义上的进化论和"学识"意义上的循环论无法相互替代。这具体到胡适的文化实践和学术实践中来，就是文化进化论、文学进化论的观念对于他的白话文改革的主张，对于他对传统儒家文化的批判，是具有正面价值和意义的，但在他的具体学术实践中，特别是在他提倡的"整理国故"的学术运动中，"进化论"就未必是一种合理的学术观念了。

这里以他的《白话文学史》为例。显而易见，他的《白话文学史》是为了进一步强化他的"今日之文学，当以白话文学为正宗"[①]的文学观念而作。但是，作为五四白话文改革的这个文学命题，亦即作为胡适的一种"胆识"，是胡适在对现实社会文化和文学状况的亲身感受和体验的基础上萌生出来的，是他为了改革中国文化和文学并在此基础上实现中国文化和文学的进一步发展和变化而提出来的，其中也自然地包含着他和他同时代具有改革愿望的知识分子的自由意识、自由意志及其共同努力，这使中国文化的进化与发展成为一种实际的可能，也使胡适对这样一个历史具有了主体性。而他的《白话文学史》作为一部中国古代白话

---

① 胡适：《历史的文学观念论》，载欧阳哲生编《胡适文集》第2卷，北京大学出版社，1998，第27—28页。

胡适与"胡适派"

文学历史的学术著作,叙述的却是中国古代文学历史的状况,是以其"学识"为基础的。对于这样一个历史,作者是不能、也无法将自己的自由意识和自由意志直接注入其中的,是没有自己的主体性的。直接决定那个时代文学历史的是那个时代的文学家及其作品。也就是说,通过对那个时代的文学家及其作品的同情和理解而叙述那个时代的文学历史及其性质和作用,是对一个文学史家的基本要求。"胆识"的内容是属于自己的,它要求一个知识分子要尽量充分地表达自己的思想和见解;"学识"的内容则是属于别人的,它要求一个学者要尽量精准地把握对象的真实。如果说它也有主体性,尽量精准地把握对象的真实就是其主体性所在。只要在这个意义上认识中国古代的文学史,我们就不能不对胡适这样一个中国古代文学史的观念提出异议。他说:"'古文传统史'乃是模仿的文学史,乃是死文学的历史;我们讲的白话文学史乃是创造的文学史,乃是活文学的历史。"[①]显而易见,这是胡适将在自己历史时代所感受和体验到的历史事实和形成的文学见解直接用于中国古代文学历史的结果。这在无形中就贬低了文言文在中国古代文化、文言文学在中国古代文学中的地位和作用,而抬高了白话文在中国古代文化、白话文学在中国古代文学中的地位和作用。实际上,在幅员辽阔、居住分散、交通不便、文化又极端落后的中国古代的社会历史上,文言文才是中国的"国语",才是当时知识分子实现跨地域交流的语言形式,是当时的"普通话"。在整个中国古代的社会历史上,文言文一直是一种没有被替代、也无法被替代的意义非凡的语言形式。它像所有的语言形式一样,绝不仅仅属于任何一个人(例如孔子或封建帝王)、任何单独的一方(例如儒家文化或封建王朝的政治统治者),而是在不同知识分子、不同倾向的知识分子之间相互交流中而存在,而流变的,因而它也拥有自身的内在潜力和不断丰富与发展的可能。也就是说,作为一种语言形式,它不是,也不会是一个"死胎";不是,也不会是一种"死"的语言。(只要是一种"语言",只要还有一些人用这种语言进行交流,就不会是"死"

---

① 胡适:《白话文学史·引子》,载欧阳哲生编《胡适文集》第8卷,北京大学出版社,1998,第151页。

的，而是"活"的。）

在中国古代的文学历史上，文言文学是作为"雅文学"而存在的，白话文学是作为"俗文学"而存在的：作为"雅文学"的文言文学在当时首先是作为一种具有严肃社会追求的文学形式而受到广大知识分子重视的，而作为"俗文学"的白话文学在当时首先是作为娱乐广大社会群众的文学形式而受到当时社会容受的。二者是相辅相成的，而不是一个消灭一个的关系。作为"雅文学"的文言文学自然不会完全脱离人们口头上说的白话语言，也无法完全脱离白话文学对自己的影响；作为"俗文学"的白话文学在当时也不会完全脱离书面上的文言文，也无法完全脱离文言文学对自己的影响。实际上，像《三国演义》这样的讲史小说，大都是以文言的"正史"为"底本"的；曹雪芹这样的白话小说的作者，也都接受过良好的正统教育，也是具有文言文学创作才能的知识分子；而蒲松龄则用十分雅洁生动的文言文进行着本质属于"俗文学"的短篇小说的创作。在这里，有一个属于"史识"的关键点，即五四白话文改革并不是中国古代白话文学自然发展的结果：它不是中国古代文言文的自然消亡，也不是中国古代白话文的自然胜利，而是有着更加深厚的社会思想基础和文化基础的。在这里，西方文化对于胡适、对于五四知识分子的暗示作用较之中国古代文化和文学历史的自身发展更加关键，而中国现当代独立知识分子阶层的诞生则是五四白话文革新不可或缺的前提条件。一方面，这些以科学（自然科学、哲学和社会科学）和文艺为立身之本的独立知识分子再也不可能甘愿接受中国古代文言文的限制和束缚，他们需要有一种更加自由灵活的语言形式以容纳越来越丰富具体的思想内容；另外一个方面，这些以科学和文艺为立身之本的独立知识分子再也不只是游离于现实社会历史发展之外的闲散人员，不论他们意识到还是没有意识到，他们都是作为一个现代社会的公民而从事着一份严肃的社会工作，因而他们也不再可能仅仅满足于中国古代白话文、白话文学的"世俗性"，而必须将其提高到具有严肃社会意义的高度。所以，中国现代白话文、中国现代白话文学的本质既不是超人间的，但也不是世俗的，而是一种现代的严肃文化和严肃文学。总之，"以白话文学为正宗"是现代中国文化、现代中国文学的一种进化的形式,一种发展的标志,而不能将其移用到中国古代文言文与白话文的关系之中去。

四

　　胡适"整理国故"的"学术运动"之所以在当时产生了广泛影响,是因为"整理国故"不仅是胡适,也是当时在大学读书的很多青年学生们最容易"上手"的一种"做学问"的方式。像傅斯年、顾颉刚这类当时在大学求学的学生,大都是有家学渊源的。他们像胡适、鲁迅等五四新文化、新文学运动的倡导者们一样,都有着深厚的"国学"功底。在大学求学期间,他们赶上了发生在他们身边的五四新文化、新文学运动,也受到了五四新文化、新文学运动的影响而接受了中国新文化、新文学的观念,成了这个阵营的一员。但是,不论是他们此前深厚的国学功底,还是在五四新文化、新文学运动中接受的新文化、新文学的思想观念,对于他们,都还是从前辈和前辈的著作中接受过来的现成的知识和思想,因而也更是他们的"学识",而不是在他们对中国现实社会、现实社会文化的亲身感受和体验中独立生长出来的,不是他们的"胆识"。在这时,胡适提出了"整理国故"的主张,他们也顺其自然地在胡适"整理国故"的旗帜下走上了自己的学术道路,使自己的才能得到了充分发挥,成了在五四新文化、新文学运动之后在中国学术界涌现出来的第一批"学术大师"级的人物。

　　对于像顾颉刚、傅斯年这类"学术大师"级的人物,我们这些后辈学子是不能不表示应有的敬佩的:在中国文化史上,他们大概是最后一批在童年到青年时期的求学经历中就积累起了较为完整深厚的国学功底而又自觉站在时代的高度对中国传统文化进行重新审视和研究的学者,在这两个方面,都是我们这些后辈学子难以企及的。从中国学院文化和中国学院学术发展的历史来看,实际上,他们才真正标志着中国现当代学院文化和中国现当代学院学术的正式诞生,是中国现当代学院文化、中国现当代学术的奠基性人物,对中国现当代学术的发展产生了深远的影响。相对于他们,曾国藩、张之洞、康有为、梁启超、章太炎、王国维都还保留着过去文化时代的一些特征。章太炎文字的古奥难解（他反对"白话文"），王国维对封建帝制的眷恋（他反对"革命"），都像疤痕一样标志着他们属于过去的文化时代，而顾颉刚、傅斯年这代学院知识分子则在更加完整的意义上表现出了中国现当代学院教授和学者的特征。在中国，他们是与胡适、鲁迅、周作人一起以现代学者和教授的身份显身于中国现代社会和中国现代社会文化的知识分子。但是，包括胡适在内的那些五四新文化、新文学运动的倡导者，直至现在，仍然主要不是以学者和教授的姿态出现在国人面前，主要以学者和教授的姿态出现在国人面前的，是五四新文化、新文学运动发生时还在大学读书的像顾颉刚、傅斯年这样一些青年知识分子。——成为中国现当代学院学者和教授中的翘楚几乎就是他们这代青年知识分子的人生理想。

但是，也正是因为如此，他们与他们的导师胡适也有了根本性的差异。如果说胡适是"整理国故"运动的带头人，是沿着"整理国故"这个学术路向成为一个中国现当代学院知识分子、一个学者和教授的，但他在走上这条学术道路之前到底是作为一个中国文化的革新家而存在的，到底曾经是一个有自己独立"胆识"的知识分子。他是一个踩过地雷的人。他并不认为中国社会、中国文化是可以任由青年学子纵横驰骋的一马平川，并不认为仅仅通过"整理国故"就能够改革整个中国社会、中国文化，因而他也并不满足于自己是一个"学富五车"的著名学者和教授。他和鲁迅一样，终其一生都有两只脚，一只脚踏在学院学术上，一只脚踏在社会批评和文化批评上。只不过胡适踏在学院学术上的这只脚踏得更重一些，鲁迅踏在社会批评和文化批评上的这只脚踏得更重一些。胡适不是一个没有自己独立的社会理想和文化理想的人，美国的社会、美国的民主，在他的心目中，一直是作为一个比中国现实社会、中国现实社会文化更加美好的社会和文化而存在的，只是他没有力量也找不到力量在中国具体地实现它，但他的社会批评和文化批评，包括他的学术研究，都能表现出他向这个方向的努力。他不是一个至今被中国学院知识分子所激赏的"为学术而学术"的"纯正的"学者。他和鲁迅一样，除了是一个学者之外，还是一个我们现在称之为"公共知识分子"的那类知识分子。在与陈独秀、鲁迅、周作人、李大钊这些不同

胡适与"胡适派"

派别的中国知识分子的关系上,他到底是与他们共同奋斗过、战斗过的人,是与他们有过同命运、共患难的文化经历的。他不像后来的一些知识分子一样,为了突出自己思想选择和文化选择的价值和意义,崇拜胡适的就有意与无意地将鲁迅的"道德文章"贬损得一文不值,而崇拜鲁迅的人就有意与无意地将胡适的"道德文章"贬损得一文不值。他知道自己是在哪个岔路口与这些人分手的,因而也不会因为彼此的分手而将对方想象得那么浅薄无知,更不会为了标榜自己而故意丑化对方。——他们之间的分歧是世界观和人生观之间的分歧,不是个人的面子之争和文坛地位之争,更不是政治派别之间的政治权力之争。

在这里,就有了一个如何看待中国现当代学院文化和中国现当代学术的问题。

如前所述,中国现当代学院文化和中国现当代学术是对中国古代书院文化和中国古代书院学术的一个超越,一个发展。但是,这种超越、发展,是在"整体"意义上的超越和发展,而不是在"个体"意义上的超越和发展。我们甚至可以认为,中国现当代学院文化、中国现当代学术是以将中国现当代知识分子从超越的圣贤立场"降格"到普通社会公民立场的方式而实现其自身的成长和发展的。这里的原因几乎是不言自明的。其一,就中国现当代学院文化、中国现当代学术自身的构成而言,它是以专业化分工的形式与现实社会的各种不同需要相呼应的,各种不同专业之间的关系是既相联系又相分别的,既可以是相互建构又可以是相互解构的,它们永远不会组织在一个统一的等级链条中,永远不会构成一个秩序井然的文化系统。即使我们现在所说的"学术大师",至多也只是一个学术领域的"大师",而不可能是所有学术领域的"大师"。顾颉刚是中国历史学界的"大师",但在文学研究界就未必是一个"大师";钱学森是中国物理学界的"大师",但在中国哲学界就未必是一个"大师"。即使在同样一个学术领域中,也是各有分工的,"大师"是学术造诣更深的一些人,但却没有任何一个"大师"能够笼罩本专业的全部学术成就。学术专业化了,专业化了的学术再也产生不了像中国古代书院文化中孔子那样的"圣人",但中国现当代学院文化、中国现当代学术之所以能够超越中国古代书院文化、中国古代书院学术的原因也恰恰在此：它是以自己的整体的结构功能超越了中国古代的书院文化和书院学术的。其中每个学院知识分子的地位都相对地"降低"了，但其整体的结构功能却提高了。其二，从中国现当代学院文化、中国现当代学术与中国现实社会、中国现实社会文化实践的关系角度：毫无疑义，中国现当代学院文化和中国现当代学术较之中国古代书院文化和中国古代书院学术，在整个中国社会、整个中国社会文化中的作用和意义也空前地加强了。我们完全可以说，在中国现当代社会、中国现当代社会文化中，没有哪一个领域是能够完全脱离开中国现当代学院文化、中国现当代学术而独立存在和发展的。它像心脏一样将自己的知识和思想的血液源源不断地输送到各个不同的实践领域，以维持中国现当代社会、中国现当代文化永不枯竭的生命活力。但是，这也只是就它的整体结构功能而言，而不是就其中任何一个学术领域的任何一个学院知识分子而言。作为一个独立的学院知识分子，其中也包括那些"学术大师"级的人物，都只是与特定的社会和社会文化实践相联系，面对的都是特定的读者和听众，并且面对的是这些特定读者和听众的特定的知识和思想需要，而不是其全部的知识和思想需要：一个政治家永远不会完全按照一个政治学家的思想学说从事自己现实的政治实践活动，一个实业家永远不会完全按照一个经济学家的经济学说经营自己的产业，一个诗人永远不会完全按照一个文艺学家的诗学理论从事自己的诗歌创作。即使对于在自己门下求学的学生，一个教师也只是在自己专业的方向上对其有所影响和帮助，而一个学生所需要的知识和思想则是多方面的，他的成长和发展并不完全依靠自己导师的指导……所有这一切，都关系着中国现当代学院知识分子的自我意识和社会意识的形成与发展，也都关系着中国现当代学院知识分子学术研究的方向、性质和作用，决定着中国现当代学院知识分子学术研究的成败得失。中国现当代学院知识分子再也不可能像在中国古代那个"敬惜字纸"的时代一样以"国师"的姿态君临整个社会，也不再可能像文庙中的孔子、道观中的老子、佛寺中的释迦牟尼佛一样成为社会群众顶礼膜拜的对象。直至现在，当我们评论和研究一个学院教授和学者的学术成就时，往往仍然自觉不自觉地使用着中国古代的"国师"标准，使用着中国古代"为天地立心，为生民立命，为往圣继绝学，为万世开太平"的"圣人"的标准，实际上，体现中国现当代学院知识分子真正思想价值和学术价值的已经不是，也不再可能是中国古代"国师"那样的人物，甚至也不是我们平时所宣扬的所谓"学术大师"，因为他们中的任何一个人都已经无法像中国古代书院文化中的孔子或朱熹一样涵盖中国现当代学术的全部，正像一个百米世界冠军并不代表世界体育运动的整体水平一样，一个"学术大师"也无法代表中国现当代学院文化、中国现当代学院学术的整体功能。

实际上，只要考虑到中国现当代学院文化、中国现当代学术只是中国现当代社会和中国现当代文化的一个相对独立的社会阶层和相对独立的文化领域，只要考虑到这个相对独立的社会阶层和相对独立的文化领域是以愈来愈严密的专业化分工的形式相对自由、相对松散地连接在一起的，我们便会意识到，它实际是在西方现代文化体制、特别是教育体制的直接影响下，在中国固有的社会体制内部生成的一个小小的"社会"。它是中国现当代社会内的一个"社会"，一个中国现当代社会的"内核"，但这个"内核"却不是中国社会自身变化的结果，而是按照西方现代高等教育的体制建立起来的，因而其结构形式和结构功能都与整体的中国社会迥然不同。它不是依照上下等级的政治权力关系和经济权力关系的原则建立起来的，而是依照知识和思想平等交流的原则，依照一种彼此可以承认也必须承认的契约关系建立起来的。它不是在其中任何一个人的领导下组织起来的，也不是在其中任何一个人的指挥下运转的，甚至也不是仅仅由几个"大师"组成的，它更像一个现代的"公民社会"，其中任何一个人都以自己的方式与这个社会整体相联系，并与其他的个体发生着这样或那样的关系。这个"社会"本身要求中国现当代学院知识分子要有一个对自己在现实社会中的权利和义务的独自形成的明确的意识，要求中国现当代学院知识分子要有能够以自己的力量维护自己的合法权益并以自己的合法权益为中国现实社会的存在和发展尽到自己应尽的义务的意识。这是对每一个中国现当代学院知识分子的思想要求和道德要求，也是对中国现当代学院知识分子的学术要求。严格说来，处在这样一个"公民社会"中的中国现当代学院知识分子，与处在中国古代社会结构中的书院知识分子，是没有直接的可比性的：中国现当代学院知识分子并"不一定"是比中国古代书院知识分子具有更高社会地位、具有更显赫社会名声的人,并"不一定"是皓首穷经、将自己更多的生命消耗在文山书海中的人,甚至在个人的道德、智慧和才能上,也并"不一定"是比任何一个中国古代知识分子都更加纯粹的人。中国现当代学院知识分子的特征几乎只有一个,即能够自觉运用自己的知识和思想与全体国民一起更好地承担起中国现实社会存在和发展的任务。他是一个"公民",并且应该是一个自觉的公民。他是整体中的"一个"(一个将自己的知识和思想参与到社会整体中并发挥自己的独立作用的人),而不再是"一个"中的整体(一个无所不知、无所不晓因而也能为社会做好一切的人)。——"出人头地"不再是中国现当代学院教授和学者的特征,他们是在与其他社会成员的联系中发挥自己的独立作用的。

仅从"个体"而言,这似乎大大"降低"了对中国学院知识分子的要求,并且随着中国高等教育事业的发展和专业化程度的不断提高,这种要求还在不断"降低"着。但在"整体"上,它却极大地提高了对中国学院文化、中国学院学术的要求,因为它几乎将中国现实社会、中国现实社会文化发展所需要的全部知识和思想的传承和生产的任务,都"首先"放到了它的头上,使它必须像一个负重的乌龟一样驮着整个中国社会和中国社会文化艰难地向前爬行。中国现当代社会、中国现当代社会文化的所有发展成果,我们都可以在中国现当代学院文化、中国现当代学术中找到根据,而中国现当代社会、中国现当代社会文化发展中的所有缺陷和不足,我们也能在中国现当代学院文化、中国现当代学术中找到原因。(孙中山曾经提出过一个"知难行易"的哲学命题,虽然未必是完全正确的,但如果以此观察和分析中国现当代学院文化、中国现当代学术所担当的认识自然、认识社会、认识自我、认识世界的任务,不能不说还是有其片面的真理性的。)而这些似乎被"矮化"了的个体学院知识分子之所以能够构成大大"强化"了的中国现当代学院文化、中国现当代学术的整体功能,其根本原因就在于它是以现代"公民社会"的形式构造起来的,它是在中国社会和中国社会文化内部首先形成的一个现代公民社会的"内核"。它作为一个结构体从产生之日起就是依照西方高等教育的体制建立起来的，而不再像中国古代书院一样仅仅是政治官吏的培训机关。

如果允许我再"狗尾续貂"地多说几句，那么，我想说的是，中国现当代学院知识分子所构成的这个中国社会、中国社会文化"内核"的"公民社会"，对于整个中国社会、中国社会文化的现代化发展是有至关重要的价值和意义的。因为中国古代社会是一个集权主义的社会，是一个主要依靠专制政治权力维持相对平衡和稳定的社会。在这样一个社会上，已经拥有了政治权力的社会集团或其中的大多数人，是不可能自觉自愿地放弃自己手中所可能拥有的专制权力而将自己降低到一个普通公民的立场上意识自己和规范自己的，并且在广大社会群众还没有自觉的公民意识，还不能以自己的力量维护自己的合法权利并在此基础上为整个社会尽到自己应尽的社会义务的时候，政治权力的执掌者也不可能仅仅依靠现代社会人的权利和义务的标准治理整个中国社会，也不可能以一个普通公民的姿态与广大社会群众平等相处。与此同时，当政治权力的执掌者并不以现代社会的人的权利和义务为标准治理整个社会民众的时候，广大尚处于文盲、半文盲状态的社会民众是不可能独自形成自己的"公民"意识，形成自己关于人的权利和义务的自觉意识的。在这个历史当口上，中国现当代学院知识分子则处在一个特殊有利的地位上。在中国现当代社会上，它是唯一完全丧失了控制社会的政治权力、经济权力同时也脱离了专制政治权力、经济权力的直接控制而拥有了自己独立存在和发展的社会空间的社会阶层，中国现当代学院知识分子不但应该有足够的智慧和才能在自己生存和发展的基础上形成自己的现代"公民"意识，形成自己关于现实社会人的权利和义务的自觉意识，而且能够依靠自己现有的社会地位和影响力，依靠自己现实的文化活动和学术活动，将这种意识逐渐强化起来并在现实关系中坚持下去，使政治家在与自己的关系中逐渐意识到尊重公民个人权利的必要性和可能性，意识到自己对于现实社会应尽的义务和责任；使广大社会公众也在与自己的关系中逐渐意识到自己在现实社会上理应享有的社会权利和在获得了这种权利之后对现实社会应尽的义务和责任。实际上，这不仅是从哥白尼、培根、笛卡尔、牛顿、伏尔泰、卢梭到康德这些西方近代知识分子在西方文化史上所发挥的主要历史作用,也是他们那些彪炳史册的学术著作的主要特征。——中国现当代学院知识分子既不再可能仅仅作为中国现当代社会的"圣人"或"才子"而高踞于整个中国社会之上或游离于中国社会之外(因为他们必须以自己实际的学术活动为现实社会和现实社会文化开辟生存和发展的新空间),也不再可能仅仅作为中国现当代社会的"奴隶"或"奴才"而被整个社会完全踩在脚下或排斥在中国社会之外(因为他们的学术活动是与中国社会和中国社会文化的现实存在和发展紧密联系在一起的)。不论中国现当代社会、中国现当代文化在其发展过程中遇到了并将会遇到怎样的艰难曲折,由中国现当代学院知识分子共同构成的这个"公民社会"的不断壮大并将自己的影响向中国社会、中国社会文化整体的浸润与扩散,都是中国现当代社会、中国现当代社会文化发展的主要途径和形式。

在这里,我们试图解决的实际只有一个问题,即如何分析和评价中国现当代学院文化与中国现当代学术的问题。中国现当代学院文化、中国现当代学术再也不是中国古代书院的"圣人文化"和"国师学术",而是依照西方近现代高等教育体制建立起来的一个由各种不同的系科和专业共同构成的复杂多变的结构体。其中任何一个独立的学院知识分子,都不但是整个中国现实社会中的"个体",同时也是这个结构体中的"个体"。就其"人",都不是、也不可能是整个现实社会的人的"楷模"。中国现当代学院知识分子的人格模式已经丧失了作为全社会人的"楷模"的资格,已经丧失了成为"圣人"的可能;就其"学问",都不再是、也不可能是现实社会知识和思想的总汇,所传承的都不再是、也不可能是全人类以及一个民族文化的"经"和"道"。任何一个中国现当代学院知识分子的学术,不论其成就如何伟大,都只是中国现当代学院文化和中国现当代学术的一个独立的构成成分,都只能在与其他各种不同的学术成果的联系和区别中具体地、实际地发挥自己的独立作用和意义。在一个压倒一个、一个否定一个的平面比较中像黑瞎子掰棒子那样地分析和评价的方法已经不适于研究和描述中国现当代学院知识分子和他们的学术成就了。

中国现当代学术是以其整体的结构功能在整个中国社会及其历史发

展过程中发挥自己的社会作用的。在这个结构中,"学识"是其基础,"史识""胆识"是其主要表现,其中尤以"胆识"对于人类和一个民族的社会和文化发展具有最关键的意义。

五

顾颉刚、傅斯年这代学院知识分子在中国现当代学术史上的地位和作用,首先应当在与梁启超、章太炎、王国维、严复这样一些近代学者的联系和区别中得到观察和了解。而在这里,我们首先应当强调的,则是中国"前"学院学术与中国现当代学院学术的联系和区别。毫无疑义,梁启超、章太炎、王国维、严复这些近代学者的学术对于此后的中国现当代学院学术都有不可磨灭的巨大影响,梁启超、王国维在晚年还曾接受吴宓的邀请进入清华大学研究院,成为名副其实的现代学院教授,但尽管如此,他们的思想和学术仍然不完全属于中国现当代学院学术,仍然主要是中国古代书院文化的产物,而真正意义上的中国现当代学院学术,是从顾颉刚、傅斯年这代学院知识分子开始的。为了叙述的方便,我们先从章太炎说起。

我们知道,鲁迅是章太炎的学生和同乡,在早期曾受章太炎思想和学术传统的深刻影响,而在五四新文化运动中则走上了一条与其不同的思想道路和文化道路。他在《关于太炎先生二三事》一文中说:"我以为先生的业绩,留在革命史上的,实在比在学术史上还要大。……我的知道中国有太炎先生,并非因为他的经学和小学,是为了他驳斥康有为和作邹容的《革命军》序,竟被监禁于上海的西牢……"①"我爱看这《民报》,但并非为了先生的文笔古奥,索解为难,或说佛法,谈'俱分进化',是为了他和主张保皇的梁启超斗争,和'××'的×××斗争,和'以《红楼梦》为成佛之要道'的×××斗争,真是所向披靡,令人神旺。前去听讲也在这时候,但又并非因为他是学者,却为了他是有学

---

①鲁迅:《且介亭杂文末编·关于太炎先生二三事》,载《鲁迅全集》第6卷,人民文学出版社,1981,第545页。

问的革命家，所以直到现在，先生的音容笑貌，还在目前，而所讲的《说文解字》却一句也不记得了。"①"考其生平，以大勋章作扇坠，临总统府之门，大诟袁世凯的包藏祸心者，并世无第二人；七被追捕，三入牢狱，而革命之志，终不屈挠者，并世亦无第二人：这才是先哲的精神，后生的楷范。"②如果用我现在讨论的这个论题理解鲁迅对章太炎的这个总体评价，鲁迅分明是说章太炎是一个有"政治胆识""革命胆识"的知识分子，他在文化上的"胆识"也表现在他在政治斗争、革命斗争过程中所写下的文章（"战斗的文章，乃是先生一生中最大、最久的业绩。"③）而他的"学识"、他的"学术"，则不在他的"胆识"之列。也就是说，他的"学识"与"胆识"分处于不同的领域，不属于一个完整统一的思想系统。

章太炎思想这种"胆识"与"学识"两相分离的状态，实际是很容易理解的。章太炎早期于诂经精舍师从清代大学者俞樾精研儒家经典，历时八年，是他一生"学识"库藏中最丰富、最坚实的基础部分。尽管清代学者更是将儒家经典作为一种学问而研求的，其中已经包含着精严的治学态度和方法的多方面的学术训练，与宋明儒学空谈理念、心性的学风不同，但儒家文化传统在整体上就不是一种改良的、革命的文化传统，而是一种维护现实封建统治秩序的文化传统。他后来离开诂经精舍而参加康梁领导的维新运动，旋即又离开维新派而从事推翻清王朝的革命运动，更是在他对现实社会状况的亲身感受和体验的基础上建立起来的纯个人的现实追求，从而引导他走上了一条与传统儒家知识分子完全不同的人生道路。在这条人生道路上，他有着自己更具直感、直觉性质的具体人生感受和体验。这些感受和体验，与他在诂经精舍求学期间在

---

①鲁迅：《且介亭杂文末编·关于太炎先生二三事》，载《鲁迅全集》第6卷，人民文学出版社，1981，第546页。

②鲁迅：《且介亭杂文末编·关于太炎先生二三事》，载《鲁迅全集》第6卷，人民文学出版社，1981，第547页。

③鲁迅：《且介亭杂文末编·关于太炎先生二三事》，载《鲁迅全集》第6卷，人民文学出版社，1981，第547页。

接受儒家经典基础上建立起来的"学识"体系并没有直接的因果联系。但是，他在实际革命斗争和政治斗争中产生的这些带有直感、直觉性质的人生感受和体验，在中国当时的历史条件下，却没有可能形成像卢梭的《社会契约论》或马克思的《共产党宣言》那样的相对系统、完整的思想学说，所以当他离开实际的革命斗争和政治斗争而重新以"学者"的身份显身于世的时候，他就不能不重新回到他在诂经精舍求学期间已经建立起来的那个"学识"体系之中去了。这是他的"学识"，但却不是他的"胆识"；是他通过阅读和研求前人的著作而获得的，但却不是在他的实际社会人生道路上的亲身感受和体验。在这个"学识"体系中，最大限度地包容了他的关于中国古代文化的知识和思想，但却失落了他的有声有色的现实社会人生，也失落了他在这个有声有色的现实社会人生中所亲身感受和体验到的中国近现代历史上的几幕虽然坎坷崎岖但却撼天动地的大戏。总之，他的"胆识"是建立在与他在诂经精舍积累起来的"学识"基础不同的基础之上的，而他的"学术"则更是建立在他在诂经精舍所积累起来的丰富扎实的"学识"基础之上的。二者是不同性质的"识见"，构不成一个浑融的思想整体，但又同时是章太炎一生思想的不同组成部分。

就"学术"，梁启超与章太炎分属于中国古代儒家学术传统的不同派别，章太炎接受的是俞樾的古文学派的学术传统，梁启超接受的是廖平、康有为的今文学派的学术传统。但在由中国古代学术向中国现当代学院学术的转型过程中，他们都表现出"胆识"与"学识"相互分离的特征。

实际上，梁启超与鲁迅评价中的章太炎一样，至今被大多数中国人所记起的更是那个办《时务报》宣传维新变法主张的梁启超，更是那个"笔锋常带感情"的新文体创立者的梁启超，更是那个提倡诗界革命、小说界革命的梁启超，更是那个首倡"新民说"的梁启超，也更是那个联络蔡锷新军粉碎了袁世凯帝制复辟梦想的梁启超。直至现在，我们在中学校园里还能经常听到集体背诵他的《少年中国说》的声音，可见他在中国社会上的影响是永久而又广泛的。但是，所有这些，都是与他的政治革新的愿望和要求联系在一起的，因而也是他政治上的"胆识"，是他在对现实政治状况的感受和体验的基础上产生的纯属个人的社会人生追求，而不是仅仅依靠传统儒家文化经典的阅读和思考就能自然拥有的"学识"。与此同时，他在自己政治革新追求的道路上，也有着大量新的思想火花，也有着各种不同的新的思想见解，但这些思想的火花、思想的见解，却没有、甚至也不可能构成西方发达资本主义国家所有的那种相对完整系统的政治结构和相对完整系统的政治思想体系，所以当他从现实政治革新的道路上退下来而转入到专业的"学术"研究中来，他就不能不重新回到他在万木草堂以及此前所接受的"学识"的基础上来了。在这时，儒家的伦理道德传统和中国固有的学术传统、特别是清代的学术传统，就又成了他思想的主体架构，他在中国政治革新实践过程中萌生出来的各种与中国固有文化传统截然不同的思想因素，在这个时候，就像一些不合规则的思想的毛刺一样，成了他意欲打磨掉的多余的乃至是有害的东西。——"多变"，而其中并没有一贯的逻辑，就成了梁启超一生思想的总体特征。

梁启超在《亡友夏穗卿先生》一文中曾这样回忆他和他那一代学人的思想历程。他说："这会想起来，那时候我们的思想真'浪漫'得可惊。不知从哪里会有恁么多问题，一会发生一个，一会又发生一个。我们要把宇宙间所有的问题都解决，但帮助我们解决的资料却没有。我们便靠主观的冥想，想得的便拿来对吵，吵到意见一致的时候，便自以为解决了。由今回想，真是可笑。但到后来，知道问题不是那么容易解决，发生问题的勇气也一天减少一天了。"[①] "简单说，我们当时认为，中国自汉以后的学问全要不得的，外来的学问都是好的。既然汉以后要不得，所以专读各经的正文和周秦诸子。既然外国学问都好，却是不懂外国话，不能读外国书，只好拿几部教会的译书当宝贝。再加上些我们主观的理想——似宗教非宗教、似哲学非哲学、似科学非科学、似文学非文学的奇怪而幼稚的理想。我们所标榜的'新学'，就是这三种元素混

---

① 梁启超：《亡友夏穗卿先生》，载吴松等点校《饮冰室文集点校》第6集，云南教育出版社，2001，第3601页。

胡适与"胡适派"

合构成。"①也就是说，他的"新学"没有系统，缺乏解决问题的"资料"，但却是他在中国现实社会历史条件下形成的真实的"理想"，是自己满怀着希望和憧憬意欲实现的社会目标。后来重新回到自己拥有的"资料"中来，但这些"资料"却不是实现自己现实理想追求的"资料"。这与章太炎走过的思想道路是大同小异的，都呈现出"胆识"与"学识"两相分离的特征。

章太炎、梁启超走过的思想道路，用鲁迅的话来说就是"原是拉车前进的好身手"，后来却成了"拉车屁股向后"②的中国知识分子。这用"胆识"与"学识"的区别来解释就是：他们政治上的"胆识"是向现实和未来开放的，是从他们这里开始拥有了自己的意义而没有到他们这里结束其意义的一种"识见"，而他们的"学术"则是向现实和未来封闭的。对于中国古代的历史和文化，对于过去的人和事物，是曾经有意义的，但这种意义并不是一种永恒的意义，对于现实社会和未来的社会其意义是能够发生变化的，是必然发生变化的。儒家的"投壶之礼"，在古代是一种礼仪形式，在当时也曾有其存在的价值和意义，但我们现代的人却不必学习它，更不必将其一代一代地传承下去。实际上，中国传统儒家的一整套在封建等级关系基础上建立起来的伦理道德关系都是这样。——在过去有价值的，在现在和未来不一定也有价值。

王国维则与梁启超、章太炎都不同：在政治上，他从来就不是一个"拉车前进的好身手"，因而我们也不能说他就是一个"拉车屁股向后"的人，因为他实际上从来就没有拉过政治这辆"车"。不论是在辛亥革命之前的中国社会，还是在辛亥革命之后的中国社会，在政治上，他都是我们中国人常说的那种"书呆子"式的人物。他像当时所有的读书人那样走着一条"读书做官"的路，但他真正爱的却是"书"而不是"官"，他活在他"书"的世界里，活在他的"学问"里，同时也是活在他自己

---

① 梁启超：《亡友夏穗卿先生》，载吴松等点校《饮冰室文集点校》第6集，云南教育出版社，2001，第3602页。

② 鲁迅：《花边文学·趋时和复古》，载《鲁迅全集》第5卷，人民文学出版社，1981，第536页。

的内心感受里。在清王朝的统治下,他既不像曾国藩、李鸿章、张之洞那些改革派官僚一样具有治国安邦、建功立业的雄心壮志,也不像那些庸庸碌碌的政治官僚那样具有蝇营狗苟、钻营拍马、结党营私、谄媚求荣的向上爬的做官本领。他既然在清王朝的治下有了自己一个安身立命的风雨茅庐,他就像传统儒生那样将这个风雨茅庐当作当今皇上对自己的赐予,而他当然也是当今皇上治下的一个臣民。他并不以此感到多么荣耀,也没有因此而做过什么伤天害理的事情,因而在辛亥革命之后也不因此而感到有什么耻辱。他不是一个革命者,对辛亥革命后的民国政权没有什么贡献,因而他也没有对这个政权指手画脚的权力,但辛亥革命对他也没有什么恩典,所以这个政权对他也没有指手画脚的权力。这些在生活细节上更有明显的表现:在清王朝的治下,他按照当时的风尚蓄起了发辫,他并不感到这有什么特别的荣光,但在辛亥革命之后,他也并不认为这有什么过错,并不认为自己有必要剪掉发辫。所有这些,对于他,都只是个人情理之中的事情,都只是他个人的好恶,并没有实际的政治意图,不是作为社会政治运动做的。在辛亥革命之前,在中国社会,革新者、革命者是一些"异类",是受到当时社会的歧视和讥笑的;到了辛亥革命之后,反倒是像王国维这样一些前清"遗老"成了"异类",成了当时社会,特别是一些新进青年歧视和讥笑的对象。但是,对于王国维,在政治上只是不那么"趋时"、不那么"与时俱进"罢了,而并非像张勋等复辟官僚,希望皇帝能有一天重新登基坐殿,自己也能恢复昔日的荣光(其实王国维的昔日也并不像那些真正有权势的达官贵人一样"荣光")。

关于王国维的"死",前人有各种各样的说法,但我认为,那些说法,都或多或少地离开了像王国维这样一个政治上的"书呆子"的内心感受。实际上,像王国维这样的人,对于官场上的升降进退,是没有那么认真的算计的,唯有对于世情的冷暖变化,却会有常人所不可能有的极其敏锐的感觉。必须意识到,在以儒家伦理道德为整个国家的文化价值体系的中国社会,当一个封建王朝还没有最终覆灭的时候,这个封建王朝的上上下下仍然还是"忠君、爱国"之声盈耳、"吾皇万岁!万岁万万岁!"的呼声震天的,而一旦它被正式推翻,全国上上下下的人又会立即向新的当权者献媚取宠,而将前朝皇帝弃之如敝屣,因为他已经不是这些臣民的"君"了,人们也不必再向他表示"忠心"了,而对于新的当权者,则是不能不"忠",不能不"孝"的。王国维就亲历了中国人对于前清皇帝的这种"前恭后倨"的态度变化。对于那些冒险犯难,以自己之力推翻了清王朝政治统治的革命者,对于那些在民国时期成长起来的新进青年,甚至对于一向与政治毫无瓜葛的平民百姓,王国维大概不会有什么特别不舒服的感觉,即使他们对他这个前清遗老表现出某些不恭,尽管令他不快,他大概也会有一种内在的理解和谅解,独独对于那些在他看来在前朝曾经亲沐"皇恩"而现在又摇身一变而向新贵献媚的前清官僚们的变脸,他却不能不感到由衷的悲哀。我认为,他之成为前清"遗老",像不食周粟的伯夷、叔齐一样,与其说是对得势时的前清王朝还抱有好感,不如说是对失势了的前清王朝仍怀有"同情";与其说是对自己忠于前清王朝的行为感到自豪,不如说是对那些"趋炎附势"的前清官僚的背叛表示"蔑视"。所有这一切,实际都有一点自欺欺人的性质,但在清王室被逐出皇宫之前到底还是对失势了的清朝王室成员的一点精神上的抚慰,是对那些背叛了清朝王室的前清官僚的一点无言的抗议,但当清王室被逐出了皇宫之后,清王室事实上已经不复存在,他作为一个前清遗老的存在已经变得毫无意义,他内心这点委婉曲折的感情也已经失去了最后的依托。——当然,这只是一个"书呆子"的想法,但对于像王国维这样的一个"书呆子",这不也是极其自然的想法吗?

总之,王国维在政治上是一个没有"胆识",甚至可以说是连正常的政治"识见"也没有的"书呆子",但这并不意味着他在"学术"上也是一个"糊涂虫",也是一个没有"胆识"的人。

我认为,要认识王国维,首先要从他与叔本华悲观主义人生哲学的关系入手。必须看到,他与叔本华悲观主义人生哲学的关系,并不主要是"学识"与"学识"之间的关系,并不是中外两个哲学家共同继承着一个相同的哲学传统,甚至也不能仅仅归结为王国维接受了叔本华哲学思想的"影响",而更是因为王国维在自己社会人生感受和体验的基础上所形成的人生观念和世界观念本身就与叔本华哲学有着极为接近的性质，二者发生的主要不是理论与理论、概念与概念之间的相互交换的关系，而更是心灵与心灵、意识与意识之间的相互沟通的关系，是中国人常说的那种"心有灵犀一点通"的关系。（与之不同的情况我们可以举出朱光潜的《悲剧心理学》。它显然是朱光潜在接受西方悲剧及其理论的基础上编撰出来的一部价值不菲的美学理论著作，但它只是一部学术著作，而并不体现朱光潜自己的哲学观念和美学观念。朱光潜自己的人生哲学不是悲剧性的，他的审美观念也不是悲剧性的。王国维与叔本华哲学的关系并非如此。）在这里，我们应当将王国维对叔本华哲学的态度同他最后的自杀联系在一起进行思考，因为只有将此二者联系在一起，我们才会知道，叔本华哲学在王国维这里，绝对不仅仅是一种"学识"、一种"学问"、一种"理论"、一种"学说"，也不仅仅是一种做学问的方法、一种思维的方式或一种论证的套路，而更是在他个人的人生感受和体验的基础上形成的感受和理解人生、感受和理解现实世界的一种人生观念和世界观念，是与他的心灵糅为一体的东西，而他的"自杀"，也绝对不是他一时的感情冲动，不是在他的现实实利追求得不到满足时向周围世界做出的最后一次绝望的抗争，不是企图用制造一个"悲剧"的方式得到现实世界的同情、理解乃至赞佩和崇拜，而是按照自己的主观意愿对自己生命的一种裁断：他不是用自己的"死"制造了自己的一个"悲剧"，而是用自己的"死"结束了自己生命的"悲剧"。——他的"死"像中国古代诗人屈原的"死"一样，是一种人生哲学意义上的"死"。

只要我们从王国维与叔本华哲学的关系入手认识王国维，我们就会看到，王国维在其人生哲学的根本观念上，已经不属于中国传统儒家文化的范畴。中国传统儒家的人生哲学，不是悲观主义的。"君子坦荡荡，小人长戚戚。"（《论语·述而》）"仁者不忧"（《论语·子罕》），"君子不忧不惧"（《论语·颜渊》），中国传统儒家文化不允许人对自己的人生持有悲观主义的态度，认为那不是"君子""仁者"的人生态度，不是一个正常人的人生态度；中国传统的儒家人生哲学，不是主观意志论意义上的，不是从每个人都有自己不可泯灭的个人的主观意志出发认识世界和世界的本质的，因而也不是悲观主义的。叔本华哲学则既是主观意志论的，也是悲观主义的，是从人的主观意志的角度看取世界的本质、世界的虚妄。王国维与叔本华哲学之间的联系充分说明，在人生哲学这个根本点上，王国维已经自觉或不自觉地背离了中国传统儒家的人生哲学，而具有了自己相对独立的人生哲学观念。——他的学术，不是亦步亦趋地跟着中国传统儒家文化走过来的，而是加进了他自己现实的人生感受和体验的。

在这里，我们首先应当提到他的《〈红楼梦〉评论》。因为他的《〈红楼梦〉评论》可以向我们表明他的悲观主义人生哲学与他的文学批评思想之间的有机联系。首先，他的《〈红楼梦〉评论》向我们表明，王国维对叔本华人生哲学的接受绝对不仅仅是知识论意义上的，不仅仅是他的"学识"，而是渗入了他的美学观念和文学观念层面并构成了他整体的文学批评思想的哲学基础，这在中国文学批评史上是一种独立不倚的批评倾向，一种"胆识"，是有其继往开来的意义和价值的；其次，他的《〈红楼梦〉评论》还能向我们表明，王国维对中国古代文学史的整体观念已经发生了根本性的变化，并且这种变化与他的悲观主义人生哲学有着千丝万缕的联系。如果说，章太炎仍然将小说、戏剧屏蔽在中国古代文学的历史之外，如果说梁启超的小说界革命仍然是在文学为政治服务的层面上提出的，而王国维则是在哲学的、美学的意义上将《红楼梦》提高到它在中国古代文学史所应有的崇高地位上加以评论的。这不但在《红楼梦》的研究历史上具有破天荒的意义，在整个中国古代文学史的研究中也有不可磨灭的价值。

我们从他的《〈红楼梦〉评论》又可以联想到他的《宋元戏曲史》，因为它们都与王国维的中国古代文学史的整体观念联系在一起。而从他的《宋元戏曲史》，我们又会很自然地联想到鲁迅的《中国小说史略》。因为，在中国，小说有"史"，始自鲁迅的《中国小说史略》，而戏剧有"史"，则始自王国维的《宋元戏曲史》。此二者，都是中国文学研究中破天荒的大事，也都是中国文学研究从古代向现代转型的重要标志之一。显而易见，这都不是比别人多读了几本书就能够做到的：其中不仅能够见出他们的"学识"，同时也能够见出他们的"胆识"。

到了他的《人间词话》，我们就不能不想到他的意境理论了。时至今日,在文艺美学上,我们从西方引进了包括新古典主义、现实主义、浪漫主义、形形色色的现代主义与后现代主义的美学理论,也从中国古代继承了儒家的、道家的和佛家的各种不同的美学观念,但真正属于中国近现代知识分子自己独创的美学理论并且至今仍然无法被其他理论代替的,恐怕就是王国维的意境理论了。在这种意境理论中当然可以看出王国维对中国古代佛学理论的继承,但我认为,其中具有关键意义的,仍然是他的主观意志论的人生哲学观念。在这里,我们应当注意到这样一个事实,即:在中国古代小说中,王国维拈出了一部《红楼梦》;在中国古代诗词中,王国维拈出了一个李煜。二者都是被他作为艺术美的极品加以推崇的。显而易见,二者都体现了王国维对悲剧美的推崇,而李煜词的悲剧美,分明只能在主观意志论哲学的基础上才能得到更为充分的感受、理解和阐释,它与佛家"人生皆苦"的客观唯心主义悲剧观有着明显的区别。

　　王国维对于中国古代历史(严格说来,是对于中国古代文化史)研究的贡献,是当代学术界所公认的,但在这里,我认为更有必要将它与王国维在上述文学研究诸领域的贡献区别开来。这个区别是非常明显的,即在上述文学研究的领域,王国维并没有仅仅停留在对其历史事实的钩稽、发掘、整理和叙述上,同时还注入了王国维在其现实社会人生感受和体验基础上形成的仅仅属于自己的人生观念、社会观念和世界观念。正是这种仅仅属于自己的人生观念、社会观念和世界观念,使他并没有停留在人人可知和可见的已有的历史事实上,而同时也在其历史事实的基础上见出了前人所未曾见也不能见的意蕴、意义或价值。也就是说,这种研究不仅仅具有"客观性",同时也具有"主体性"。其"客观性"是"主体性"把握中的"客观性",是浸透了"主体性"的"客观性";其"主体性"是把握了"客观性"的"主体性",是被"客观性"充实了的"主体性"。就其事实,它仍然是"客观"的,但这种"客观"的事实却是被有效地组织进了研究者主体文化心理结构中,因而也呈现出了新的意蕴、意义或价值的。《红楼梦》是一部客观存在的中国古代小说作品,但王国维的《〈红楼梦〉评论》却不是仅仅指明了《红楼梦》的存在,不仅仅钩稽、挖掘、整理了与《红楼梦》相联系的一系列客观事实，同时还以自己的人生哲学观念从中见出了前人所未曾见出也不可能见出的意蕴、意义或价值，从而也将《红楼梦》从传统道学家的"诲淫诲盗"的痰唾中清洗出来，使其放射出了艺术的光辉。王国维在中国古代文化史研究中的贡献，却属于另外一种形态：它是直接建立在他对中国古代文化历史事实的广泛而又深入的把握和了解的基础之上的。在这个范围内，他的贡献是多方面的，也是难能可贵的，但也仅止于此。我们在王国维的中国古代文化史的研究中，看到的更是一个学识渊博、勤于耕耘也善于耕耘的王国维，一个对中国古代文化典籍充满热情、对中国古代文化传统充满信心的王国维，但却不是一个在现实社会人生中感到了悲观和绝望的王国维，不是在现实社会人生中亲身感受和体验到了中国固有文化传统不论是在清王朝官僚体制的内部，还是在更广大的社会群众之中都正在经受着从各个不同角度发出的极其严峻挑战的王国维。也就是说，他给我们呈现出的中国古代文化史，严格说来，更是中国古代文化典籍和文化遗存物所呈现出来的那个外在于王国维的客观的中国古代文化史，而不是王国维用自己的心灵感受和体验到的中国古代文化史。它更是王国维的"学识"，而不是他的"胆识"。

实际上，王国维在中国古代文化史研究中的贡献，更属于梁启超所说的中国古代历史文献学的范畴。梁启超说："我们是有五千年文化的民族，我们一家里弟兄姊妹们，便占了全人类四分之一；我们的祖宗世世代代在'宇宙进化线'上头，不断地做他们的工作；我们替全人类积下一大份遗产，从五千年前的老祖宗手里一直传到今日没有失掉。我们许多文化产品，都用我们极优美的文字记录下来。虽然记录方法不很整齐，虽然所记录的随时散失了不少，但即以现存的正史、别史、杂史、编年、纪事本末、法典、政书、方志、谱牒，以至各种笔记、金石刻文等类而论，十层大楼的图书馆也容不下。拿历史家眼光看来，一字一句，都藏有极可宝贵的史料。又不独史部书而已，一切古书，有许多人见为无用者，拿它当历史读，都立刻变成有用。章实斋说：'六经皆史。'这句话我原不敢赞成，但从历史家的立脚点看，说'六经皆史料'，那便通了。既如此说，则何止六经皆史，也可以说诸子皆史，诗文集皆史，小说皆史。因为里头一字一句都藏有极可宝贵的史料，和史部书同一价值。我们家里头这些史料，真算得世界第一个丰富矿穴。从前仅用土法开采，采不出什么来，现在我们懂得西法了，从外国运来许多开矿机器了。这种机器是什么？是科学方法。我们只要把这种方法运用得精密巧妙而且耐烦，自然会将这学术界无尽藏的富源开发出来，不独对得起先人，而且可以替世界人类恢复许多公共产业。"①用我们这个论题中的概念来说，我们从这些史料中所获得的知识和思想，都属于"学识"的范围。但这样的"学识"，既可以增益我们的知识和思想，也可以将我们"埋"起来，使我们失去对自我、对自我所面对的现实世界的意识。我们说王国维在政治上是一个"书呆子"，其实也就是说，他太把他在中国古代文化典籍和其他遗留物品中呈现出来的中国古代文化史，就直接当成了在中国现实社会活动着的政治的、思想的和生活的实际历史，这使他根本无法对中国现实社会和现实社会的人做出更符合自己内心愿望和要求的理性判断，在这些大量的政治的、思想的和生活的现实事物和人面前，他就不能不显得有些"呆头呆脑"了。实际上，在王国维中国古代文化史的研究中呈现出来的那个中国古代文化史是一部真实的中国古代文化史，而在鲁迅《灯下漫笔》《春末闲谈》《我之节烈观》等杂文中揭示出来的中国古代文化史也是一部真实的中国古代文化史，只不过王国维并没有将自己对中国现实社会、中国现实社会文化、中国现实社会的人的感受和体验注入自己对中国古代文化史的了解和认识中去，而鲁迅则将自己的这些感受和体验注入到了他对中国古代文化史的了解和认识中罢了。

  王国维在政治上是个"书呆子"，而严复在政治上则是一个绝顶精明的人，但他们都没有踩对中国近代政治历史的步点。王国维之所以没有踩对步点是因为他就不想踩对，他对中国政治与西方政治的差别太不清楚；严复之所以没有踩对步点是因为他太想踩对，他对中国政治与西方政治的差别看得太清楚了。实际上，太清楚与太不清楚其结果往往是一样的，因为任何一种文化都是一个浑融的整体，彼此之间的界限也是极

---

① 梁启超：《治国学的两条大路》，载吴松等点校《饮冰室文集点校》第6集，云南教育出版社，2001，第3341页。

胡适与"胡适派"

其模糊的,太清楚与太不清楚都可能与现实的真实状况存在相当大的距离。在政治上,此二人都是没有"胆识"之人,但在学术上,此二人又都是有其"胆识"的,都是抓住了别人所没有、甚至也不可能抓住的历史契机的。王国维的"胆识"来源于他对中国现实社会和中国现实社会人的亲身感受和体验,来源于他是一个真正的"诗人";严复的"胆识"来源于他对西方社会和西方社会思想的观察、了解、感受和体验,来源于他是一个真正的"思想家"。这在有形与无形中决定了他对世界学术名著的翻译。不难看到,他对世界学术名著的翻译,在整个中国翻译史上都是有划时代意义的,它标志着以佛经翻译为主体的中国古代翻译史向以西方学术名著和文学名著翻译为主体的中国现当代翻译史的转变。中国古代的佛经翻译建立在中国古代翻译家对佛教人生哲学的亲身感受和体验的基础上,严复西方学术名著的翻译建立在严复对西方社会和西方社会思想的亲身感受和体验的基础之上。对于他们,这些作品都不像他们在私塾教育中学到的儒家经典那样只是作为"学识"而接受过来的,而是有他们自己的独立感受和体验的,是有自己的主体性的,因而也具有"胆识"的性质。但是,严复的这种"胆识",与王国维的"胆识"一样,是"学术"层面的,而不是政治层面的;是认识层面的,而不是实践层面的。而在政治实践领域,他遵从的仍然是他在传统的儒家教育中作为"学识"接受过来的那套政治观念和伦理道德观念。他是将中国社会和中国社会思想与西方社会和西方社会思想分为两"橛"看的,他并不认为西方的那些思想学说,也适用于中国的"国情"。总之,在严复身上,"胆识"和"学识"也是两相分离的。

梁启超、章太炎、王国维、严复这种"胆识"与"学识"两相分离的特征,归根到底,仍然是中国古代书院文化自身矛盾的产物。如前所述,中国古代书院文化,就其整体,就是培养政治官僚的,所以梁启超、章太炎、王国维、严复首先踏上的都是中国政治的平台,只不过梁启超、章太炎在中国传统政治向中国现代政治转型过程中走上的是政治革新与政治革命的道路,这使他们实际地离开了中国传统儒家知识分子"读书做官"的道路,而对19世纪与20世纪之交的中国社会和中国政治有了仅仅属于自己的独立感受和体验,并在这种感受和体验的基础上有了自己与传统儒家知识分子不尽相同的政治意识和政治见解，有了自己的"政治胆识"，而王国维、严复在政治上走的仍然是中国传统儒家知识分子"读书做官"的道路，并且一直蜷缩在清王朝固有政治体制的内部感受和思考当时的中国社会和中国政治，没有也不可能做出中国传统儒家知识分子所无法做出的政治实践和与政治实践有关的政治思想方面的贡献。但是，中国古代的书院文化尽管是培养政治官僚的，但它到底还是一个教育机构，到底还是以传承知识和思想的方式为现实政治服务的。中国古代的政治统治者利用传统儒家思想为自己建立并逐渐完善了自己的封建专制统治制度，因而也将传统儒家思想逐渐改造成了维护自己的封建专制统治秩序的思想工具，但即使传统儒家教育所传承的知识和思想本身也不可能完全适应于现实专制政治统治的需要，作为一种知识和思想它随时都有可能与他种知识和思想结合在一起而突破自身的藩篱，发展出另外一种新的知识的或思想的系统。梁启超、章太炎从儒家"治国、平天下"的政治抱负发展出现代政治改良、政治革命的思想，王国维、严复则从对儒家知识和思想的兴趣出发而对他们所能够接触到的所有知识和思想都表现出了认知的热情，从而也突破了中国传统儒家的知识和思想的束缚，在学术上表现出了自己富有"胆识"的一面。但是，不论是梁启超、章太炎，还是王国维、严复，他们赖以生存和发展的仍然是中国现实社会的"政治"这个平台。在当时的这个平台上，既不能更有效地容纳政治革新与政治革命的思想，也无法更有效地容纳现代各种不同学科的知识和思想。能够同时容纳此二者并使其得到相对正常生长和发展的，只能是中国现当代学院文化和中国现当代学院学术。

  中国古代书院文化和中国古代书院学术不是一个相对独立的平台，更不是一个相对独立的文化平台。它首先是"政治性"的，其"学术性"是从属于"政治性"的。中国现当代学院文化和中国现当代学术则是一个相对独立的平台，并且是一个相对独立的文化平台。它首先是"学术性"的，其"政治性"是从属于"学术性"的。

六

尽管现在看来，顾颉刚的《古史辨自序》存在着许多难以令人满意的地方，我们也可以从各种不同的角度对之进行批评，但我认为，我们仍然可以将其当作中国现当代学院知识分子的一个学术宣言来阅读，因为它体现的恰恰是中国现当代学院知识分子的一些基本特征，从而也将中国现当代学院学术与中国古代书院学术从根本上区别开来。

其一，也是我们最容易觉察到的，就是顾颉刚首先是将自己作为一个实至名归的中国现当代学院学者进行设计的，而不是首先将自己作为一个政治官僚进行设计的。梁启超、章太炎、王国维、严复这些近代知识分子都有，也不能没有自己的政治身份。他们像绝大多数中国古代儒家知识分子一样，从进入中国古代书院读书的那一天起，就注定了是以"修身、齐家、治国、平天下"的政治官僚的标准接受教育的，他们所掌握的每一种知识和思想至少在其观念上都是隶属于这个整体人生目标的。中国现当代学院教育与中国古代书院教育的一个根本差别，就是中国现当代学院教育本身不再仅仅是培养政治官僚的，而是培养中国现实社会存在和发展所需要的各种专业人才的。所以像顾颉刚、傅斯年这代学院知识分子从进入高等院校选择了自己的系科和专业那一天起，选择的就是自己的学术身份，而不是自己的政治身份。他们的学术不但可以，而且通常是没有自己固定的政治归属的。顾颉刚在其《古史辨自序》中，自始至终谈的都是自己的"学识"和"学术"，它向我们表明：顾颉刚不但在实际上，而且也在意识中，抛弃了中国古代书院知识分子"读书做官"的人生道路，他几乎是将一个实至名归的中国现当代学院教授和学者作为自己终极的人生目标进行追求的。这个身份和身份意识的转变，是中国现当代学院知识分子思想意识和学术意识的一个根本转变，它也标志着中国现当代学院文化、中国现当代学院学术已经成为中国社会和中国文化的一个与政治平台相联系但却不相同的独立的文化平台。

其二，顾颉刚《古史辨自序》还向我们表明，中国现当代学院文化、中国现当代学院学术的学科意识已经是顾颉刚的基本学术意识之一。他说："中国的学问向来只有一尊观念而没有分科观念的。"①这句话虽然简单，但却击中了中国传统书院文化和书院学术的要害。中国古代书院教育不但是为现实政权培养治国、治民的政治人才的，同时还是以"孔孟之道"作为其不可动摇的思想纲领的，所以不论随着时间的推移和历史条件的变化，中国古代书院文化和中国古代书院学术中已经容纳了多少复杂的内容，但这些复杂的内容在中国古代书院文化、中国古代书院学术中都像拴在同样一根绳上的蚂蚱一样，不可能脱离中国传统儒家思想的根本原则而沿着自身的逻辑自由地繁衍生长，从而形成各自独立的学术传统，并以自己独立的力量推进中国社会和中国社会文化的发展。即使被当代儒学家重新视为文化盟友的佛教文化，在中国古代也只能作为中国传统儒家文化的一种必要的补充而存在，一次次有组织的毁佛、灭佛运动将佛教文化的传播在质和量上都抑制在一个极其有限的发展水平上。在中国古代更不可能有脱离开儒家文化传统的独立的数学、物理学、化学、天文学、政治学、社会学、心理学、法学等等学科及其学术传统。中国现当代学院学术则不同。在中国现当代学院文化、中国现当代学院学术中，每一个系科都是独立的，都有自己独立的学术基础和独立的追求目标，也都有自我评价的独立的价值观念和价值标准，它们是各自与中国现实社会的不同需要联系在一起的。所有这些不同系科和专业的联系不在它们的上部，而在其根部，它们是共同建立在社会常识或公理基础上的，而在它们之上，却不存在一个像中国古代书院文化那样的至高无上的"圣人"或"道"的东西，所以它们的发展空间也是永无止境的。这种学科意识，是中国现当代文化、中国现当代学术之所以能够成立的关键之一，它也构成了每一个中国现当代学院知识分子的学术身份。

其三，也是最重要的，就是顾颉刚的学术主体性的建立。在中国古代书院文化、中国古代书院学术中，具有主体性的不是学者，不是知识分子本人，而是他们必须掌握的知识和思想，是我们现在所说的"文

---

① 顾颉刚：《古史辨自序》上，河北教育出版社，2000，第45页。

化"。因为那时所指的知识和思想,那时的"文化",就是"孔孟之道",就是传统儒家的整个思想系统,其中所有的知识和思想,都只是"孔孟之道"的一些构成成分。在这样一个对象面前,学者、知识分子是没有,也不应当有其主体性的。他们要用这样一些知识和思想构成自己的思想,而不能用自己的思想改变(所谓"篡改")这样一个思想系统。它是外在于学者的一个"道",学者的任务是"求"道、求"知"道,而不是"改"道、"发现"道、"发明"道。到了中国现当代学院文化、中国现当代学院学术这里,情况就有了根本性的变化。如果说"文化"(知识和思想)是座桥,中国古代书院知识分子就是护桥的。他们保护的是孔子、孟子早已造好了的那座桥,而中国现当代学院知识分子则是造桥的。他造的这座桥是他自己设计的,不是古人替他设计的,因而这座桥的成败得失都是属于他自己的,是他自己的劳绩,是他自己智慧和才能的表现,其责任也是由他个人来承担的。他也研究古人已经造好的桥,也不会轻易破坏古人早已造好的桥,只要是一个货真价实的学院学者,都不会像"文化大革命"中的"革命小将"那样只想烧掉别人已经写好的书,而不想自己去写一本更新、更好的书。所以他们不会去破坏传统,但也不会空洞地赞美传统。对于他们,已有的是需要保存的,但不是需要膜拜的。——继承传统是为了超越传统,传统不是一成不变的东西。

顾颉刚《古史辨自序》给我们留下的最深刻的印象,就是他对中国古代书院文化、中国古代书院学术及其在晚清学术界的表现的反思和批判。他以自己的感受和理解分析、批判了以章太炎为代表的古文学派的学术传统,分析和批判了以康有为为代表的今文学派的学术传统,并且特别强调了自己的个性和追求。他说:"再从个性上看,我是一个桀骜不驯的人,不肯随便听信别人的话,受他人的管束。我又是一个历史兴味极浓重的人,欢喜把一件事情考证得明明白白,看出它的来踪和去脉。我又是一个好奇心极发达的人,会得随处生出了问题而要求解答,在不曾得到解答的时候只觉得胸中烦闷得不可耐。因为有了这几项基本的性质,所以我敢于怀疑古书古史而把它作深入的研究,敢于推倒数千年的偶像而不稍吝惜,敢于在向来不发生问题的地方发生出问题而不丧气于他人的攻击。"①

其四，就是顾颉刚对于科学方法论的自觉追求。在20世纪20年代，中国学术界曾有过一个科学与玄学的论战，但我认为，这个论战实际并没有接触到科学方法论在中国现当代学术研究中之所以重要的根本原因。实际上，科学方法论对于中国现当代学术研究之所以重要，其根本的原因不是因为存在着科学与玄学的差别，不是因为有的学科是需要实证的，而有的学科则主要依靠抽象理念的演绎，而是因为在中国古代书院文化和书院学术中，承认一个至高无上的"圣人"和"道"的存在。这个"圣人"，这个"圣人之道"，是高悬于所有知识分子、所有学者之上的，是一个绝对完美的人，绝对完美的真理。对于知识分子，对于学者，它是有绝对权威性的，是不容置疑的。对它不能"证伪"，因而"证实"也是多余的，这就从根本上否定了"求证"的必要。不必"求证"，自然也不需要科学方法论，甚至也就没有真正意义上的科学研究了。中国现当代学院文化、中国现当代学院学术，其本身就是从事科学研究的，自然需要研究，研究对象的价值和意义就不是完全确定的。直至现在，中国知识分子仍然好用"国粹"指称"中国文化"。实际上，既然都是"粹"，就不需要研究了。需要研究的，就是不完美的，就是"粹"与"不粹"混杂在一起的。在这时，就需要研究；需要研究，也就需要用合理的方法进行研究。所以，对于中国现当代学院文化、中国现当代学院学术，方法论，其中也包括科学方法论的问题，就成了一个不能不重视的问题。

我们之所以必须重视顾颉刚在其《古史辨自序》中所表现出来的这几个方面的特征，就是因为，它们体现的绝不仅仅是顾颉刚个人的特征，而更是中国现当代学院文化、中国现当代学院学术的总体特征，同时也是我们这些中国当代学院知识分子、中国当代学者和教授的特征（不论我们自己意识到还是没有意识到）。梁启超、章太炎、王国维、严复这些近代知识分子不是没有对中国社会、中国社会文化的发展做出自己杰出的贡献，他们的学术成就也不是没有对中国现当代学术的成长和

---

① 顾颉刚：《古史辨自序》上，河北教育出版社，2000，第94页。

胡适与"胡适派"

发展产生巨大的影响,他们的意义和价值至今都是为其他人所无法代替的,但尽管如此,我们却不能以他们的标准衡量顾颉刚、傅斯年这代学院知识分子的学术思想和学术成就,因为他们的标准就不是衡量中国现当代学院知识分子及其学术成果的标准。在政治上,尽管中国现当代学院知识分子之中还会有极少数人像梁启超、章太炎、王国维、严复一样登上现实社会的政治舞台,一展自己的政治雄姿,并像梁启超、章太炎一样既是一个饱读诗书的学者,也是一个在政治斗争的旋涡中叱咤风云的人物,但对于绝大多数学院知识分子而言,它却不是一个必然的要求,不是一个评价的标准,并且若是像王国维这样满腹经纶的"书呆子"和严复这样的精于算计的读书人,从政倒不如不从政;在学术上,尽管我们在中国现当代学院知识分子之中还会常常挑出几个像梁启超、章太炎、王国维一样的人物,并冠以古今贯通、中外贯通的"学术大师"的名称,但在系科林立、分工细密的中国现当代学院文化和中国现当代学院学术中,能够成为实至名归的这样一个学院知识分子,几乎成了根本不可能的事情。并且越是治"国学"的人,面对历史悠久、成分复杂、屡有变迁的中国社会和浩如烟海的中国文化典籍,没有学科意识,不想从一个方向入手,老是拿着过去那个"敬惜字纸"年代的人们吹捧知识分子的一些空话、大话作为标准,力图把自己变成一个无所不知、无所不晓的万花筒或万金油式的人物,越是容易成为一个社会的废人——一个新时代的孔乙己。

如果说陈独秀、胡适、鲁迅、周作人、李大钊、钱玄同、刘半农这些五四知识分子的出现,标志着中国知识分子开始作为一个独立的社会阶层出现在中国社会和中国文化中,标志着中国文化已经脱离开中国的政治平台而成为一个独立的文化平台(因为这些知识分子既不是作为当时军阀政府的附庸而出现的,也不是作为后来的国民党或共产党的革命政治力量而出现的,而是作为一些有着自己的独立感受和体验、独立思考和要求的知识分子而出现的。他们进行的是一场思想的和文化的革命,而不是一场政治的和经济的革命),那么,顾颉刚、傅斯年这些学院教授和学者的出现,则标志着中国现当代学院知识分子开始作为一个独立的社会群体出现在中国社会和中国文化中,标志着中国学院文化已经脱离开中国的政治平台而成为一个独立的学院文化平台（他们也像陈独秀、胡适、鲁迅等五四知识分子一样，既不是作为当时军阀政府的附庸而出现的，也不是作为后来的国民党或共产党的革命政治力量而出现的，而是作为一些学院教授和学者而出现的。他们是在中国现当代高等教育的基础上从事教学和科研工作的一批知识分子）。

但是，这两批知识分子到底是不同的。他们之间的不同在于：陈独秀、胡适、鲁迅这代五四知识分子是以自己的"胆识"为中国文化、中国文学开辟了一条全新的道路，而顾颉刚、傅斯年这代学院知识分子则是在陈独秀、胡适、鲁迅这代知识分子开辟的新文化、新文学的道路上成长起来的一批青年知识分子，在更大的程度上是新的"学识"决定了他们新的学术追求，而不是较之陈独秀、胡适、鲁迅那代知识分子有了更新的对中国社会、中国文化以及现实社会人生的感受和体验。——他们的学术见解是他们的"学识"，而不是他们的"胆识"。

关于自己学术思想的生成和发展过程，顾颉刚有一个具体而生动的概括说明。他说："更从境遇上看，要是我不生在科举未废时，我的幼年就不会读经书。要是我的祖父不给我随处讲故事，也许我的历史兴味不会这样的深厚。要是我不进新式学校，我也未必会承受这一点浅近的科学观念。要是我在幼年没有书籍的嗜好，苏州又没有许多书铺供我闲游，我也不会对于古今的学术知道一点大概，储藏着许多考证的材料。要是我到北京后不看两年戏，我也不会对于民间的传说得到一个大体的领略。要是我不爱好文学、哲学、政治运动，在这种方面碰到多少次的失败，我也不会认识自己的才性，把我的精力集中于考证的学问上。要是不遇见子水和太炎先生，我就是好学，也不会发生自觉的治学的意志。要是不遇见孟真和适之先生，不逢到《新青年》的思想革命的鼓吹，我的胸中积着的许多打破传统学说的见解也不敢大胆宣布。要是北京大学不征集歌谣，我也不会因写录歌谣而连带得到许多的风俗材料而加以注意。要是我没有亲见太炎先生对于今文家的痛恨，激动我寻求今文学者著述的好奇心，我也不会搜读《孔子改制考》，引起我对于古史的不信任的观念。要是我不亲从适之先生受学，了解他的研究的方法，我也不会认识自己最近情的学问乃是史学。要是适之、玄同两先生不提起

胡适与"胡适派"

我的编集辨伪材料的兴趣,奖励我的大胆的假设,我对于研究古史的进行也不会这般的快速。要是我发表了第一篇文字之后没有刘楚贤先生等把我痛驳,我也不会定了周密的计划而预备作毕生的研究。要是我不到北京大学研究所国学门服务,没有《歌谣周刊》等刊物替我作征求的机关,我要接近民众的材料也不会这样的容易。总括一句,若是我不到北京大学来,或是子民先生等不为学术界开风气,我的脑髓中虽已播下了辩论古史的种子,但这册书是决不会有的。"①

我认为,当我们每一个当代学院知识分子读到顾颉刚这样一段自我成长经历的叙述的时候,都会有一种从内心涌起来的亲切感,因为我们也是这样成长起来的,也是这样走上自己的治学道路的,只不过我们所处的时代不同,所接受的学术传统不同,所学习的专业不同,所处的文化环境不同,所受的文化影响不同,因而所走的具体的学术道路也有不同而已。用中国固有的一个概念来说,顾颉刚、傅斯年这些学院知识分子更是一些"得风气之先"的人物,他们固有的家学渊源、中国最高学府北京大学的求学经历和胡适等五四新文化名人的引导与举荐在他们成长的道路上都起着举足轻重的作用。所有这些,都激发了他们从事自己专业学术活动的主观积极性,都加强了他们对自我智慧和才能的自信力,使他们在与自己同时代的青年知识分子之中成了"佼佼者",成了中国现当代学院学术的领军式的人物。但这与陈独秀、胡适、鲁迅等五四知识分子仍有不同:陈独秀、胡适、鲁迅等五四知识分子是以"反潮流"的精神独自走上中国文化舞台的,因而也依靠自己的力量为自己开辟了一条新文化道路,而他们则更多地依靠了陈独秀、胡适、鲁迅等五四知识分子已经开通了的新的文化道路;陈独秀、胡适、鲁迅等五四知识分子每前进一步都能感觉到在周围的现实社会环境中所蕴藏着的强大的阻碍力量,因而他们也必须在实际地克服着这些阻力的过程中蹚出自己文化的道路,而他们则可以绕过自己学术道路上的很多暗礁而径直地奔向自己的文化目标;陈独秀、胡适、鲁迅等五四知识分子更像旷野中的苗竹,是经历过风吹雨打的,而他们则更像是温室中的花木,是在更

---

① 顾颉刚:《古史辨自序》上,河北教育出版社,2000,第95—96页。

适宜生长的环境中成长起来的。——在很大程度上，五四新文化、新文学运动成了为他们挡风遮雨的墙。但是，这也会影响他们自身思想的深刻性和自身学术研究成果的系统性与严谨性。

原载《社会科学战线》2014年第11期

"谔谔之士"傅斯年
——《谔谔之士：名人笔下的傅斯年、傅斯年笔下的名人》①序

五四新文化运动之后，中国的新文化发展起来，中国文化也在整体上进入了一个崭新的历史发展阶段。但是，中国的新文化不是在统一的形式下发展的，而是通过不断的分化和不断的聚合曲曲折折地发展变化的。作为一个统一的"新文化运动"，几乎只是在1917年至1921年这样一个极短暂的时期才是存在的，即使在这样一个极短暂的时期内，在那时的少数几个新文化运动的倡导者那里，新文化的观念也不尽是相同的。1921年之后，他们之间的不同便公开表现出来，这个统一的新文化运动也就发生了分化，此后的中国新文化是在这种分化的形势下得到了进一步的普及和发展的。大体说来，"五四"的新文化在这个时期向三个不同的方向分化，因而在中国也有了三种不同的文化：一、以李大钊、陈独秀为代表的新的革命文化。它是以马克思列宁主义为自己的思想旗帜的，是以在中国实现社会主义、共产主义为其社会目标的。这种文化在此后经历了由思想启蒙到政治革命的转变和由留学生文化向本土派知识分子文化的转变。1926年，国共两党联合北伐，中国的马克思主义者也结束了自己的思想启蒙阶段，正式以一个革命政党的面目出现在中国社会上。但在当时，在中国共产党内居于领导地位的还是作为思想

---

① 王富仁、石兴泽编《谔谔之士：名人笔下的傅斯年、傅斯年笔下的名人》，东方出版中心，1999年。

启蒙家的陈独秀,陈独秀不是一个成功的政治革命的领袖,在国共两党的联合局面受到破坏之后,他就失去了在中国共产党内的领导地位。此后在中国共产党内居于领导地位的仍是一批像瞿秋白、李立三、王明、博古这样的在国外学习或研究过的人。他们与陈独秀的不同在于他们是一批在苏联留过学,与苏联共产党和第三国际有着直接联系的青年马克思主义者,但他们与陈独秀仍然有着共同性,即他们都是没有实际政治军事斗争经验的知识分子。他们的马克思主义是书本上的,理论上的。到1935年的遵义会议,中国的马克思主义阵营就实现了由留学生文化向本土知识分子文化的转变,毛泽东作为一个具有在中国进行具体的政治军事斗争经验的本土派知识分子取得了中国共产党的领导权,中国的马克思主义文化也进入了毛泽东思想的发展阶段。在毛泽东思想的发展过程中,1949年以前属于在野党的革命文化,1949年以后则成为一种执政党的国家文化。直至现在,产生于五四时期的马克思主义文化仍是在中国内地具有主导地位的文化。它是一个马克思主义的文化阵营。二、以鲁迅为代表的社会文化。这个文化传统是以大量没有固定社会地位,在现代城市社会从事文化活动的文学作家、报纸编辑、新闻记者等知识分子为基础建立和发展起来的。他们在文化上的主要倾向是反对文化专制主义,争取思想的自由和社会的平等。他们是在新的社会条件下进行文化活动的,因而不论他们的实际思想倾向是怎样的,在他们实际地从事自己的文化活动的时候都会与中国传统的文化习俗发生这种或那种的矛盾和对立,与利用旧的文化传统实现自己的政治统治的政治统治集团也有时发生文化上的冲突。鲁迅的思想文化倾向具体地体现了这个文化群体的倾向,因而在这个文化群体中也有超过陈独秀、胡适的更大的影响。鲁迅是作为一个文学作家参加五四新文化运动的。这个运动落潮之后,他继续以独立知识分子的身份从事文学创作,进行社会的思想批评和文化批评。在20世纪30年代的政治分裂中,他参加并领导了左翼文化运动。"左翼"这个文化群体,在整体的思想倾向上,更同情于在当时社会上没有合法地位的中国共产党人,同情于它所领导的政治革命。他们其中的一部分(左翼中的左翼),也直接加入到马克思主义的文化阵营,但左翼文化阵营中的马克思主义者,仍然主要是一些文化活动家,不是实践性的革命家。所以，从总体来说，它还是一个社会文化派别，不是一个政治组织。在1949年之后，它的大部分成员都留在了内地，除受到了整肃的胡风等少数知识分子之外，大多数都被组织到了新的政治结构当中，接受了毛泽东思想的领导，成为中国马克思主义文化阵营的组成部分之一。但作为一种社会文化的存在方式，它并没有在中国社会文化的结构中被消灭，文学作家、编辑、记者、艺术家等等以文化创造为职业的知识分子不但存在着，而且发展着，所以在"文化大革命"结束之后，中国文化中的社会文化派又重新发现了自己的独立性，并开始向着自我独立的方向发展。三、以胡适为代表的新的学院派文化。这个文化传统主要是由当时留学英美的知识分子建立并发展起来的。他们是一批在大学从事教育工作的知识分子，在社会政治思想上，他们的旗帜是民主和科学，因而与当时的专制主义政治体制在思想上、文化上都有难以弥合的矛盾和分歧，但这是一个在中国社会取得了较高文化地位的阶层，他们的工作需要的主要是一个安定与和平的社会条件，因而在20世纪30年代中国文化的政治分裂中，它在整体上远离于中国的马克思主义文化阵营，而倾向于现实的政权。他们中的一部分，直接成了国民党政权中的政治官僚，尽管他们也把西方的民主和科学作为自己的文化旗帜，但在实际思想行为上，不能不维护国民党政权当时所实行的政治专制和文化专制政策。另一部分则在政治上坚持维护现实的国民党政治统治以抵御中国共产党进行的政治革命斗争，但他们仍然对现实政治保持着自己独立的批判态度。而更多的学院派知识分子，则是在国民党和共产党的政治斗争中保持中立，以自己的教育工作和学术研究为业。他们要求科学和民主，但没有实现这一社会目标的实际力量。在1949年以前，只有少数学院派知识分子倾向或加入到了马克思主义文化阵营之中。1949年之后，学院派知识分子的前两个阶层，大都去了台湾或英美等资本主义国家，在台湾地区和海外华人文化中继续发挥着自己的主导作用。而留在内地的学院派知识分子则接受了马克思主义的思想改造，在整体上成了中国马克思主义文化阵营中的一个组成部分。但它同社会文化派的知识分子一样，在其社会存在中是没有消失的，"文化大革命"之后，中国内地的学院派文化也在重建的过程中。

在中国文化的现代大分化中，傅斯年走的是中国现代学院派文化的道路，他一生都服膺胡适，是胡适门下的高足，也是他的知心朋友。但较之胡适，他在当时政治斗争的漩涡里陷得更深。他是那种通过反共抗俄的政治态度与国民党政治统治集团紧密结合在一起并受到了这个政治集团的最高领导者的高度信任的学院派知识分子。由于这种明确的政治立场，当时马克思主义文化阵营的知识分子理所当然地把他视为政治上的敌人，当时社会文化派的知识分子也自然而然地把他视为政治统治的"帮忙文人"，即使在学院派文人中，也有很多人反感于他的不可一世的态度和与政治官僚过于密切的关系。这样，在1949年以后的中国大陆文化界，傅斯年就成了一个不受欢迎的人物。除了他在《新潮》期的文化活动还写在中国现代的文学史上，其他的一切似乎都成了必须抛进历史垃圾堆的东西。但在台湾地区的文化界，他却留下了鲜明的文化印迹，并且没有因时间的流逝而把他的印迹冲淡。在台湾大学的校园里，屹立着他的塑像。在台湾的报纸杂志上，至今仍有纪念他的文章发表。他死后的口碑甚至比他生前的更好。中国大陆的文化界，在近几年，也开始重新关注这个人物。傅斯年的家乡山东聊城重修了他的故居，那里的山东师范学院历史系成立了傅斯年研究室，并召开了一届傅斯年学术讨论会。几种有关傅斯年的著作也先后在内地出版了。在这时，我们不得不重新思考一下这个曾在中国文化史上喷云吐雾的人物。

中国的文化有分裂，也有聚合。绝对的分裂和绝对的聚合都是不存在的。事情往往是这样的：从一个角度上看是分裂的，而从另一个角度上看则是聚合的。你中有我，我中也有你，而你和我又是永远无法完全重合的。由李大钊、陈独秀开创的中国马克思主义的文化传统，以鲁迅为代表的中国现代社会文化传统，以胡适为代表的中国现代学院派文化传统，彼此之间是各不相同的，是有矛盾和斗争的，但是，在每一个文化传统当中，我们又都能看到这么两类知识分子。一类是忠于自己的文化信念的。不论他们持有怎样的文化观念，在整体上属于哪个文化派别，但都不是违背自我内心意愿的，不是对某一种外部压力的简单屈从，因而他们也认认真真地坚持自己的信念，贯彻自己的信念，丰富并发展着各自的文化传统。他们与自己的文化信念是融为一体的，他们是

"谔谔之士"傅斯年

这种文化信念的物质生命，而他们的文化信念则是他们的精神生命，二者都是他们的生命的一个不可或缺的有机组成部分，他们不会牺牲自己的精神生命而仍然感觉到自我生命的完整性，因而也会像保卫自己的生命一样保卫自己的文化信念。他们在文化上不阿谀奉承，不随波逐流，不做违心之事，不出卖朋友、背叛事业。马克思主义文化阵营中的李大钊，社会文化阵营中的鲁迅，学院派知识分子中的闻一多，都是这样一些知识分子。但是，不论在哪个文化派别中，也都有另一类知识分子。他们不论把自我从属于哪个文化派别，表面上拥护哪种文化学说，但他们都不真正地相信它，而只是一种应付当前文化环境的权宜之计。顺利时他们比谁跳得都高，不顺利时他们比谁跑得都快。他们只是拿着一种文化学说从事个人的文化投机，对权势者唯唯诺诺，对弱小者盛气凌人。当面一套，背后一套，阳奉阴违，两面三刀，危机一来，他们首先想到的就是背叛事业，出卖同志，以苟全自己的生命，甚或在自己的文化阵营的毁灭中捞取更大的利益。中国古代有一句话，说是"千人之诺诺，不如一人之谔谔"。前一类知识分子是一些谔谔之士，后一类知识分子则是一些诺诺小人。文化学说的不同，文化阵营的对立，并不能抹杀各个文化阵营中这两类知识分子的差别，任何一种真正的社会事业，任何一种真正的思想学说，都能成于那些谔谔之士而毁于那些诺诺小人。从这个意义上，哪个文化阵营中的谔谔之士都是可敬的，而哪个文化阵营中的诺诺小人都是令人鄙视的。各种不同的文化倾向会因自己的不同追求而分裂，但也会因彼此之间的同构关系而聚合。而傅斯年，尽管与我们不一定属于一种文化派别，一种文化传统，但他却是一个谔谔之士，而非一个诺诺小人。在这里，我们与他有着更亲近的距离，而与那些"同一战壕里的战友"倒可能有着更加遥远的感情距离。

傅斯年是在五四新文化运动中走上中国文化的舞台的，他对五四新文化运动的理解不同于其他各派的知识分子，但他在自己的立场上从来没有背叛过五四，没有在此后时涨时落的复古主义思潮面前放弃对于"五四"文化精神的信仰。他一生坚决反对恢复儒家文化的思想统治，反对绝对地排斥外来文化，反对用片面弘扬中医的方式排斥西医，反对用片面弘扬京剧的方式排斥现代话剧。他在政治上是坚持反共抗俄立场的，但这只是他的政治立场，而不是阿谀当时政治统治者的手段。他是唯一一个敢于在蒋介石面前跷起二郎腿说话的知识分子，在当时的蒋宋孔陈四大家族中，被他痛诋的就有两家——孔祥熙和宋子文，而他亲自发动了对宋子文的"弹劾"运动，并且取得了成功。他的开办中央研究院历史语言研究所、出任北京大学代理校长重建抗战后的北京大学、担任台湾大学校长期间对建设台湾大学的贡献以及他在历史研究中取得的成就，就更不能用他的具体政治立场予以抹杀。他是一个百分之百的民族主义者、爱国主义者，甚至在他的恩师胡适发表了对侵华日军的妥协言论之后，他也公开表示反对并要退出《独立评论》的同人团体。他是一个谔谔之士，不是一个诺诺小人。不论我们在具体问题上可以批评他的多少缺点，但在这一点上，他理应受到我们的尊敬。

1998年10月8日于北京师范大学中文系

单演义先生与中国现代文学研究学科的建立与发展

今年（2009年）是单演义先生100周年诞辰，逝世20周年，我们怀着由衷感佩的心情缅怀先生一生的学术成就和劳绩。

一

中国现代文学研究学科是一个年轻的学科，它是中华人民共和国成立之后大学中文系课程改革的产物。这个学科的建立，标志着从五四新文化运动以来的中国新文化已经正式成为中国文化中的一个新的文化传统，从五四新文学运动以来的中国新文学也已经正式成为中国文学中的一个新的文学传统。这个学科的建立，已经不像五四新文化运动一样，是从北京大学一个大学逐渐扩大到全国各地的，而是由全国各地的大学中文系共同兴建起来的，除北京和上海的李何林先生、丁易先生、王瑶先生、唐弢先生、贾植芳先生、钱谷融先生之外，还有东北师范大学的蒋锡金先生，山东大学的孙昌熙先生，山东师范大学的田仲济先生，南京大学的陈瘦竹先生、陈白尘先生，武汉大学的刘绶松先生，扬州师范学院的吴奔星先生，安徽师范大学的任访秋先生，福建师范大学的俞元桂先生，中山大学的饶鸿竞先生，四川大学的华忱之先生等等，在古都西安的西北大学，则是单演义先生。这是一代人。有赖这一代人的共同的努力，才将中国现代文学史的教学普及到全国各地的大学，中国现代文学研究这个新兴的学科也得以建立起来，发展起来。

在创建了中国现代文学研究学科的这代学人中间，李何林先生是最早从事中国现代文学研究资料的搜集整理工作的专家、学者，从20世纪20年代末开始，他就开始专门从事中国新文学研究资料的搜集整理工作，先后编成《鲁迅论》《中国文艺论战》等书，20世纪30年代末他又出版了中国第一部中国现代文艺思想史著作《近二十年来中国文艺思潮论》，奠定了他在中国现代文学研究中的权威地位。除李何林先生之外，这些中国现代文学研究界的元老级人物，大都是从两个领域来到中国现代文学研究界的，像唐弢先生、贾植芳先生、陈白尘先生等，以前都是从事文学创作的，本身就是作家，中国现代文学研究学科成立之后，他们则主要转向了中国现代文学研究，而单演义先生则与王瑶先生同属一类，他们都是从中国古典文学的研究转向中国现代文学研究的。也就是说，中国现代文学研究学科，具体说来，是在两个学术传统及其之间的互渗关系中演化、发展而来的，其一就是中国现代文学作家带着自身的创作经验在新的历史条件下对中国现代文学三十年发展历史及其具体文学创作的反思和审视，其二就是中国古典文学学者带着中国固有的学术传统在新的历史条件下对中国文学在现代历史上的演变与发展及其具体文学创作做出的考察和研究。这二者是相互交叉的，但在依稀之中仍能见其差别。单演义先生属于后一个传统。

"予自束发讽籀，即喜研诵先秦诸子，追肄业东胶，侍高晋生先生讲席，尤酷嗜南华真经……"①单演义先生早年师从著名古典文学学者高亨、蒋秉南、萧一山等先生，专治《庄子》，先后完成《庄子通论》《庄子荟释》等著作。《庄子荟释》是在高亨先生的授意下编纂而成的，凡33卷，共400余万字，可谓是皇皇巨著，至今尚没有如此宏富的《庄子》荟释之作。1948年，单演义先生先将《庄子荟释》中的《庄子天下篇荟释》出版，时人认为该书"功力勤，罗致富，既踵前修之轨迹，又示楷式于方来"，"其津逮学人，当不在王（先谦）郭（庆藩）二氏之下

---

① 单演义：《庄子天下篇荟释·自序》，台湾空庭书苑有限公司，2007，第3页。

也"。①我是在2007年台湾重新出版了单演义先生这部旧作之后才看到该书的，当时我已经有感于"旧国学"对现代文化的排斥倾向而提出"新国学"的主张，自己也开始读一点先秦诸子及其有关的研究著作，关于庄子的，除章太炎、胡适、罗根泽、钱穆、郭沫若、吕思勉、李泽厚等人的论说之外，对郭象的《庄子注》、成玄英的《南华真经疏》、王先谦的《庄子集解·庄子集解内篇补正》、郭庆藩的《庄子集释》、王叔岷的《庄子校诠》、陈鼓应的《庄子今注今译》等都有所涉猎，深知张芝友先生所说并非过誉之词。直到那时，我对单演义先生的旧学功底和治学功力才有了一个较为真切的认识。

单演义先生就是带着这样一个治学传统进入中国现代文学研究界的，但其中也不是没有从中国古代学术传统向现代学术传统过渡的轨迹。众所周知，"庄子学"除在魏晋时期曾作为显学而得到中国学人的重视之外，其后则一直受到儒学思想传统的压抑，只是作为民间宗教教义而成为附会各种神仙道术的玄言妙语，直到清代乾嘉学派的考证学传统发展起来，先秦诸子之学（其中也包括"庄子学"）才重新得到中国学人的重视，于是有晚清王先谦的《庄子集解》、郭庆藩的《庄子集释》之作，体现了清代乾嘉学派"庄子学"的最高成就。单演义先生的《庄子荟释》赓续的显然就是王先谦、郭庆藩，特别是郭庆藩的荟释传统，但在此基础上又有所推进。在孙道升先生为单演义先生《庄子天下篇荟释》所写的序言中，即认为单演义先生该书"一变中国学者注疏之陋规，为千数百年注庄者辟一新纪元，创一新体例。恢恢乎有远略矣！"②并将其与"西洋焦威德（Jowett）之移译柏拉图对话全集"相类比。孙道升先生所说的"创一新体例"就是开"玄义"，就是对文本的思想意义做出自己的阐释和分析，这就与中国现代学术传统有了对接的可能。

假若我们从另外一个角度观察单演义先生的庄子研究，我们就会看到，在他的中国古代学术传统与他后来选择的中国现代学术传统之间，

---

①张芝友：《庄子天下篇荟释·跋》，台湾空庭书苑有限公司，2007，第189页。
②孙道升：《单著〈庄子天下篇荟释〉小序》，载《庄子天下篇荟释》，台湾空庭书苑有限公司，2007，序1。

原本是存在着相互过渡的桥梁的，即不论是他原来钟爱的庄子学说，还是中国现代文学的作家与作品，在本质上都不是国家主义的，不属于国家意识形态的范畴，他也不将其作为国家的意识形态来研究。在当前，有一种五四文化断裂说，实际上，这是没有深入到绝大多数中国知识分子内在心灵感受和审美感受中去，仅仅依靠逻辑推论而做出的一个似是而非的理论判断。如果说五四时期中国文化确有断裂的话，也只是儒家思想从国家意识形态的高度降落到与其他思想学说平等的地位上来，实际上，真正从内心就将儒家伦理道德视为决定中华民族的根本命运并不惜自己的身家性命也要保卫儒家道统的中国知识分子，即使在官僚知识分子之中，也是极个别的人，而最广大的知识分子，则是在多元的中国文化中成长起来的。先秦诸子思想学说，特别是庄子哲学，是在百花齐放、百家争鸣的文化背景上生成与发展起来的思想学说，本质上就属于中国独立知识分子的社会思想，而不是一种国家的意识形态。儒家伦理道德经过改造之后成为一种国家的意识形态是到了汉代董仲舒提出"罢黜百家、独尊儒术"之后的事情，这与"五四"以后中国文化的社会化发展趋势并不是矛盾的。所以，在五四新文化运动之后，中国的青年知识分子，即使研究传统国学的，也往往同时接受新文化的影响，对鲁迅、郭沫若这些著名现代作家的作品抱有好感，而这也是中国古代学术传统之所以能够向中国现代学术传统过渡的根本原因。单演义先生也是这样：庄子原本是重自由、讲平等的，他对庄子哲学的热爱并没有妨碍他对鲁迅、郭沫若等现代作家作品的热爱。单元庄先生在回忆他父亲早年的经历时说："父亲虽蒙习旧学，却于新体诗文及现代文学，特别是鲁迅作品颇为爱好。30年代在家乡执教，就多授鲁迅、郭沫若诗文。抗战初期，在战区中小学教师服务团编辑教材时，曾创作发表了许多抗日救亡诗文。执教西北大学后，父亲曾为益仁会计学校教授国文。此间编选出版了《大学文选》，内收现代文学大家的许多优秀代表作。"[①]单演义

[①] 单元庄：《〈庄子天下篇荟释〉重刊版序》，载《庄子天下篇荟释》，台湾空庭书苑有限公司，2007，第5—6页。

先生自己也说："我在抗战以前，就爱读鲁迅先生的著作。"[①]

单演义先生走的就是这样一条从中国古代学术传统到中国现代学术传统演变、发展的道路。

二

实际上，直至现在，在中国的学术传统中还是有这样两种不同的学术理路的，其一我称之为"实中求是"的理路，其二我称之为"是中求实"的理路。

我们经常讲"实事求是"，实际上，这个"事实"就是"实"，就是所谓"客观存在"；这个"求"就是研究者的研究；这个"是"就是研究者通过研究得出的规律，得出的理性的判断。统而言之，"实事求是"就是从客观存在的事物中研究出所谓规律来，得出理性的结论来。我们经常认为，这个"实事求是"的原则就是唯一正确的原则，并且所得到的结论也是万无一失的。但在这里，关键是一个"求"字：谁来求？求什么？怎样求？在中国古代，宋明理学实际上也是走的一条"实"中求"是"之路。他们通过对儒家经典的阐释，得到的是"存天理、灭人欲"的思想结论。这个结论并不是先秦儒家提出来的，而是他们通过对先秦儒家经典的研究得出来的。五四新文化运动时期的中国知识分子，从近现代历史发展的需要出发，根据西方近代自由、平等、博爱的思想原则，对包括宋明理学在内的儒家思想进行了全面的颠覆，得出的是儒家伦理道德"吃人"的结论。实际上他们用的也是"实"中求"是"的理路。时至今日，很多研究者通过对五四新文化运动以及此后中国社会变迁的研究，得出的又是五四新文化运动导致了中国文化断裂的结论，运用的同样是"实"中求"是"的理路。社会历史的事实太多，人与人的差异太大，所依据的理论又千差万别，所以同样是"实事求是"，得出的结论也各不相同。这样的研究理路，反映着中国知识分子阶层思想的变

[①] 单演义：《关于最早油印本〈小说史大略〉讲义的说明》，载《鲁迅小说史大略》，陕西人民出版社，1981，第119页。

迁和发展，但却不一定是千真万确、一成不变的。

从清代乾嘉学派的学术传统延续至中国现代学术传统的是我所谓的"是中求实"的学术理路。这里的"是"不是求出来的，是研究者自我感到的，它是一个前提。段玉裁首先认为许慎的《说文解字》是一部有价值的书，然后通过自己的考证与注解将其含义搞得更加实在，撰写出了他的《说文解字注》，我将这种学术理路称之为"是中求实"。五四新文化运动之后，胡适做学问的方法就是这种"是中求实"的方法。他首先认为中国古代小说是值得研究的，于是就考证小说作者的生平，写出了《〈红楼梦〉考证》《儿女英雄传考证》等等中国古典小说考证的学术著作来。这样的学术理路，并不表现为理论的变化，但其中同样体现着作者思想观念的变化。不过这种变化不是通过其理论建树表现出来的，而是通过他研究什么表现出来的。胡适考证的是中国古代的小说，说明他不再像传统文人那样，将小说视为没有文化价值的"闲书"了。

时至今日，中国现代文学研究学科已经成为一个阵容庞大的学科，其"学术成果"之丰富已非第一代中国现代文学研究者所可望其项背。但是，第一代中国现代文学研究者却有一个十分突出的特点，是我们这些后代中国现代文学研究学者所不具有的，即，虽然他们经历了较之我们这些后代学者更加多得多的历史的磨难，虽然他们的命运也是各不相同的，但直至"文化大革命"结束之后，在他们之中，几乎没有任何一个人怀疑过五四新文化运动的价值和意义，没有放弃过对鲁迅及其作品的热爱。这里的原因可能是多方面的，但其中一个最根本的原因则是不可否认的，即他们对新文化、新文学以及鲁迅作品的感受和认识不是在1949年之后的政治环境中形成的，而是在此之前已经形成的。也就是说，这是他们心目中已经认定之"是"，他们此后的研究就是在这个"是"中求"实"，将这个心中之"是"转化为读者可以接受的思想和文本，将"感到"的能够"说"或"写"出来。必须看到，这恰恰是我们中国现代文学研究学科之成为一个独立学科的命脉所在，是中国现代文学研究学科的基础架构。只是到了后来，五四新文化、新文学以及鲁迅的作品，才是作为一种历史知识被接受的。境遇不同了，现实感受不同了，中国现代文学研究成了一门"学问"，理论的成分就大了起来。其中

单演义先生与中国现代文学研究学科的建立与发展

有一些研究者是按照当时主流意识形态的需要（所谓"批评标准"）"客观地"评价这些历史事实和文学作品的。他们感到自己是"事实求是"的，但他们所求之"是"却不是他们独立发现之"是"，而是当时主流意识形态所认为之"是"。新文化、新文学以及鲁迅的作品，之所以仍然得到他们的肯定，是因为他们还没有发现它们与当时主流意识形态的内在矛盾，而一旦当这种矛盾公开暴露在他们面前，他们对五四新文化、新文学以及鲁迅作品的看法就会发生变化。实际上，直至现在，中国现代文学学科还是没有自己独立的话语的：在毛泽东时代，我们使用的是当时的主流意识形态的话语；"文化大革命"结束之后，我们使用的更是西方的理论话语。到了现在，中国古代主流意识形态话语又开始大量涌进中国现代文学研究学科。理论的话语像走马灯一样从中国现代文学研究学科的外部涌进来，我们对中国现代文学及其作品的看法也像走马灯一样变来变去。研究在热热闹闹地进行着，但像自然科学研究那样能够积淀下来的东西却是少而又少。俄国的社会在一个世纪之中发生了两次大动荡，但列夫·托尔斯泰的文学地位却没有发生根本的变化，因为俄国知识分子的文学语言与俄国社会主流意识形态的语言并不是完全相同的。而在我们中国现代文学研究学科中，甚至连鲁迅都一会儿正过来，一会儿反过来，理论一变，评价便变，没有一个相对确切的定位。总之，"实"中求"是"的学术理路是重要的，但在我们没有自己学科的独立话语系统的时候，它也往往会使我们走上自我异化之路。

我们之所以必须分清这两种不同的学术理路，因为它直接牵涉到我们对包括单演义先生在内的第一代中国现代文学研究者的感受、认识和评价。我们看到，不论是李何林先生，还是单演义先生，都不是那种理论家型的人物，但我们却必须看到，恰恰因为他们那一代人紧紧地咬住了"实"的东西，才真正完成了为我们中国现代文学研究学科奠基的工作。如果说我们的学问是以"虚"取胜的，他们那代人的学问就是以"实"取胜的。在他们那一代人开始中国现代文学研究的时候，不但还没有一部完整、系统的中国现代文学史，甚至连新版的《鲁迅全集》也还没有出版，几乎每一个中国现代文学研究者都要首先从搜集、整理研究资料入手。在这里，单演义先生在研究中国古代文化时所受到的严格的学术训练，是起到了重要的作用的。正像他研究《庄子》时首先编写了几百万字的《庄子荟释》，在他研究鲁迅的时候，也是从重新搜集、整理有关资料开始的，并且表现出同样"贪多务得、细大不捐"的精神，在20世纪50年代中期就编写出了几百万字的《鲁迅行年考》《鲁迅年表》《鲁迅研究的书目提要》《鲁迅思想的分期与发展道路》。这些资料，至今未曾出版，显然是为教学和今后的研究所做的资料准备工作。直到晚年，他编辑出版的《鲁迅与郭沫若》《鲁迅与瞿秋白》《茅盾心目中的鲁迅》和与人合作编选的200余万字的《郑伯奇文集》，都表现出他于"是"中求"实"的学术理路。傅斯年在他的《历史语言研究所工作之旨趣》中提出历史学家要"上穷碧落下黄泉，动手动脚找东西"[①]，单演义先生实践的就是这样一个做学问的路数。

在这里，我想特别提出单演义先生的三项研究成果，表面看来，它们小而又小，但它们却都像钉子一样钉进了鲁迅研究的历史，突出体现了他的学术研究的"实"的特征。其一，当然是他的《鲁迅讲学在西安》。于1957年由长江文艺出版社出版，是新中国成立之初少数几部鲁迅研究著作之一，此后多次修订，多次再版。"我几十年来，曾费了较大的精力，广泛寻找有关报刊书籍，多方询问有关人士。我对于鲁迅在西安期间的点滴事迹的新发现，都是很珍视的，都使我感到十分欣喜。"[②]其中的历史资料，是单演义先生一手从历史上"打捞"出来的。有他的努力，就有这些历史资料的存在；没有他的努力，这些资料早就在历史上蒸发掉了，后人再搜集也搜集不到了。20世纪70年代初，山东师范学院聊城分院（现聊城大学）薛绥之教授主编鲁迅生平资料丛书的时候，《鲁迅在西安》一册就是邀请单演义先生编写的，曾作为内部资料印行于世。"文化大革命"结束之后，天津人民出版社正式出版了薛绥之教授主编的这套书，名为《鲁迅生平史料汇编》，《鲁迅在西安》部分依然由单演义先生编选。此后，陕西人民出版社又出版了《鲁迅在西安》的单

---

① 傅斯年：《历史语言研究所工作之旨趣》，载《傅斯年全集》第4册，台湾联经出版事业公司，1980，第264页。

② 单演义：《鲁迅在西安·后记》，西北大学出版社，2009，第166页。

行本，现在则有西北大学出版社的最新版本。由此可以证明，单演义先生这一研究成果，已经成为鲁迅生平研究中一个不可或缺的部分。与该书同一性质的还有《康有为在西安》，虽然并非现代文学研究著作，但同样看得出单演义先生一贯的学术风格。其二，鲁迅《小说史大略》的发现与整理出版。《小说史大略》是鲁迅1920年在北京大学和北京高等师范学校（后称北京师范大学）讲授小说史时所发的最早的油印本讲义，此后又有四号字排印的讲义《中国小说史大略》，二者都是由北京大学第一院新潮社出版发行的鲁迅《中国小说史略》的前身。迄今为止，这两种讲义本各仅发现一册，其中油印本的讲义就是单演义先生发现并整理出版的，是研究鲁迅《中国小说史略》的十分宝贵的参考资料。其三，杜荃即郭沫若的考证。1928年的革命文学论争是中国现代文学史上的一个大公案，以杜荃为笔名发表的《文艺战线上的封建余孽》则是这个大公案中的一个小公案，它攻击鲁迅是一个"封建余孽"，是"二重的反革命"，是"法西斯蒂"，成为中国现代文学史上不能不提到的一篇文章。至于"杜荃"到底是谁，文学史家却讳莫如深，经过详细考证确定杜荃就是郭沫若的，就是单演义先生。虽然仅仅是一个笔名的考证，却是一个永久性地改写了中国现代文学史的举动。

　　以上三项，都是给单演义先生带来国际影响的贡献，因为它们"实"。

　　然而，如果没有他对鲁迅及其作品的由衷的热爱，这"实"也是"实"不起来的。

三

　　求"实"与求"是"是两种不同的学术理路，但都要"求"。不"求"，是什么也得不到的。求"是"是与重"理"结合在一起的，要在理论上有所开拓，才能从"实"中发现出被遮蔽的"是"来，才能推进人的认识，提高人的认识水平；求"实"是与重"事"结合在一起的，因为只有在"事"中，才能贯彻这个"实"，使这个"实"充实到自己已经认定的那个"是"中去，将那个"是"扩大起来，发扬起来。求

"是"者重"理",重"理"更多地表现为重自己,重自己的理论论述,希望别人能够理解自己所依之"理",并因这"理"而信其所"是",这"是"也是他自己"求"出来的,其发挥作用的范围主要在专业知识分子中间;求"实"者重"事",重"事"更多地表现为重他人。他们之"是"是他们对他人及其作品的真实感受,他们要将这种真实感受传达给更多的人,而他们通过学术所求之"实"只是他们所认定的"是"的一鳞半爪或某些方面,不足以体现他们所认可之"是"的全部,所以必须从"事"入手,去做大量的实际工作。李何林先生反复强调要学习鲁迅、宣传鲁迅、普及鲁迅,就是要通过做"事"而不主要通过"学术"而将鲁迅的思想及其作品普及到广大的社会群众之中去。实际上,单演义先生实践的也是这样一条路线。所以,我认为,单演义先生在"事"中所成就的,较之他在"文"中所成就的更加伟大,也更加重要。

学术是与知识分子个人的声望联系在一起的,所以在纪念一个学者的时候,人们格外重视他的个人的学术贡献。其实,对于人类,对于社会,一个人永远是渺小的,一个人的学术贡献也永远是渺小的。一个人的学术贡献假如不与人类的社会事业联系在一起,即使表面看起来多么伟大,也是空虚不实的。正是在这个意义上,一粒种子要比一个铅球更加伟大,更加沉重,因为它是生长的基础,发展的原点。

在20世纪50年代的大学校园里,是很少有人看得起讲授中国现代文学的教授和学者的,甚至连很多的大学生,也认为中国现代文学学科的教授和学者是没有多大学问的人,但到"文化大革命"后期,恰恰是中国现代文学研究界,首先撑起了中国文艺复兴和中国学术复兴的大旗,将中国的文学艺术和学术研究推向了一个新的发展阶段。其中,就有西北大学鲁迅研究室及其主办的《鲁迅研究年刊》的贡献。

1966年开始的"文化大革命",在"文化"上,是一个两报一刊社论的时代;在"文学"上,是一个革命样板戏的时代;在"学术"上,是梁效、石一歌的时代。但到20世纪70年代,学术就开始咬破政治的外壳而有了破茧而出的趋势,而在其中扮演着主要角色的就是中国的鲁迅研究。在20世纪70年代初,我正在山东聊城四中教书,我是通过三个渠道而嗅到了中国学术的味道的:其一是山东师范学院聊城分院(现在的聊

单演义先生与中国现代文学研究学科的建立与发展

城大学)薛绥之教授正在编辑中的《鲁迅杂文中的人物》,我参加了其中外国人物的编写工作。在这时,薛绥之教授的《鲁迅作品教学异议》也开始在全国各地内部印行的语文教学刊物上陆续发表并广为转载。其二是王世家先生在黑龙江爱辉县教师进修学校主办的《读点鲁迅丛刊》,它吸引了北京、上海和全国各地的鲁迅研究专家的鲁迅研究文章。其三就是西北大学鲁迅研究室主办的《鲁迅研究年刊》。在当时,还有两家出版社出版鲁迅研究丛书:其一是由李福田先生主持的天津人民出版社的鲁迅研究系列丛书,其二是由王平凡、姜民生两位先生主持的陕西人民出版社的鲁迅研究丛书。

在这里,我提到了西北大学鲁迅研究室及其主办的《鲁迅研究年刊》和陕西人民出版社出版的鲁迅研究丛书,实际上,这是与单演义先生从新中国成立初就勤勤恳恳从事的鲁迅教学与科研活动有直接关系的,是他的"事"上的功夫,是他所做的大量工作的积累。在全国,西北大学是第一个成立了鲁迅研究室的高校,在成立之初,它几乎是单演义先生一手操办的。正是在这个鲁迅研究室的基础上,到了"文化大革命"的后期,才成为包括单演义先生、刘建军先生、阎愈新先生、张华先生、蒙万夫先生等学术中坚力量在内的一个学术力量雄厚的鲁迅研究室,并具有了自己独立飞翔的力量,创办了具有国际、国内广泛影响的《鲁迅研究年刊》。在当时,几乎全国各地最有影响的鲁迅研究专家都在这个刊物上发表过文章,它也是首先将世界各国的鲁迅研究成果介绍到国内来的学术刊物,其开放的胸襟和创新的气度一点也不亚于现在的学术刊物。我是单演义先生的学生,我没有权力将这样一个群体完成的事业完全归属于单演义先生,但至少可以说,西北大学鲁迅研究的种子是他播下的。他播下了这颗种子,这颗种子发了芽,最终长成了一棵比单演义先生本人还要高大的树。

关于陕西人民出版社王平凡、姜民生两位先生主持出版的鲁迅研究丛书,众所周知,都是与单演义先生的策划分不开的。他不但帮助联系作者、组织稿件,即使在经济上也多有资助。

这是一个中国学术复兴的时代,这个学术复兴是以中国的鲁迅研究为龙头的。在这个时代,包括单演义先生在内的第一代中国现代文学研究者起到的已经不是冲锋陷阵的作用，但却是他们一生劳绩的最好的说明，是他们开辟并坚守了的这个文化阵地真正显示了它的独立开拓精神的一个历史时刻。在此后的学术发展中，单演义先生成为中国现代文学研究会、中国鲁迅研究学会的早期成员之一，成为中国现代文学研究会的理事、名誉理事，中国鲁迅研究学会的理事。他发起并筹办了陕西省现代文学研究会、陕西省鲁迅研究会，并担任了陕西省现代文学研究会会长、陕西省鲁迅研究会名誉会长。对于我们这些学术后辈，这些可能仅仅是一些职务，一些头衔，而对于像单演义先生这样的第一代中国现代文学研究者，实际上是他们几十年劳作的结果。我想，在首批陕西省现代文学研究会会员之中，恐怕很少不是从单演义先生的课堂中走出来的，在首批陕西省鲁迅研究会会员中，恐怕很少没有在单演义先生家里做过客，得到过他的实际的帮助和支持的。

单演义先生一手开辟了中国西北地区现代文学研究和鲁迅研究的学术阵地。——我认为，这才是单演义先生一生的最伟大的贡献。

四

"实"中求"是"之人，因为这个"是"是自己"求"出来的，是不同于当时世俗的见解的，所以在一个时期之内往往十分孤立，如果在这种情况下他还要坚持己见，不同流合污，就容易养成一种"孤傲"的性格。其实，这种"孤傲"也是一种"真"，一种自己真实思想的表现形式，但因为不被人理解，所以在世人眼里，就不觉其"真"了。而当他的思想观点已经得到社会多数人的肯定，多数人并不认为他的思想有什么特异之处，便也不感到其人"孤傲"，也不存在一个"真"与"不真"的问题了。文求"是"、行为"理"、人尚"独"，可以说是这类中国学人的总体特点。在五四时期，陈独秀就是坚持这类学术理路的人，所以在五四思想革命运动中，他受到的攻击最猛烈，但他的贡献也最大。在中国现代学术事业中，我们应当容受这类的学术理路，更应当容受这类的人，因为这也是一种真正意义上的学术人格，是社会发展和文化变革过程中不可或缺的学人。在某种意义上，所谓思想自由、学术自由，就是为了对这类学人有更大容受程度而提出来的。

"是"中求"实"之人，因为"是"（肯定）的是别人及其作品，并且也希望自己的读者或听众感受和理解自己所"是"的那个人及其作品，自己是隐在后面的，谁都比自己更重要，唯独自己是不那么重要的。所以这类的人不像理论家那样"孤傲"，反而比一般人更没有架子，更天真幼稚。在别人眼里，不但不觉其多么威严，多么高大，反而有点"愚"，有点"傻"。这类的人，更接近庄子所说的"真人"，在学术上是教授，在生活中却像一个小孩子，对谁都是一片诚心，在一个总是有点尔虞我诈的世界上没有任何自卫能力，处处表现着一个赤裸裸的"真"。文求"实"、行为"事"、人尚"真"，可以说是这类中国学人的总体特点。

我之所以认为以上两种人格都是学术人格，并且都是典型的现代学术人格，就是因为只有到了中国现代社会，学术才真正从现实社会的政治、经济关系中独立出来，成了一个事业。这个事业是为了文化的传承和创造的，只要一个人将其全身心的力量都投入到现代学术事业之中去，久而久之，就成了这两种人中的一种。

在平时，我们往往更重视这两种学术人格之间的比较，但我认为，直至现在，对于我们更加重要的仍然是学术人格与非学术人格之间的比较，而不是不同学术人格之间的比较。中国的现代学术总共才有一个世纪的历史，中国现代知识分子的人数很少，自身不拥有政治、经济的权力，在各个方面都受制于整个现实社会的政治经济权力，真正的学术人格实际是很难建立起来的，即使在中国现代的学术界，这两种学术人格也常常是不被认可的。因为在中国的学术界，除了上述两种学术理路之外，实际上还有一种不成文的"潜"理路，那就是文求名、行为利、人尚权的理路。表面看来，大家都在做学术，但做学术更是为了立身扬名，既不真的为求"实"，也不真的为求"是"。在行为上，人们着眼的更是"利"，既不真的着眼于理论上的开拓，也不真的着眼于学术事业的发展，事实是无伤大雅的事实，理论是已有话语权的理论。这样的人，又大都有点霸气，像艺人那样爱名，像商人那样爱钱，像官僚那样崇拜权力，而从事的却是学术研究。只要与这种人格模式比较起来，上述两种学术人格就显得十分宝贵了。

　　单演义先生为人之"真",凡是接触过他的,恐怕没有人不知道的,但我认为,对于我们后辈学者更为重要的,是必须将这种"真"与其学术热情联系起来。如果我们从单演义先生最早的庄子研究出发,我们就会感到,他的"真",实际是与他不崇拜政治权力、不汲汲于物质实利、不追逐虚幻的名声直接联系在一起的。那么,是什么支撑了他的生命意志的呢?是什么使他像小孩子那样永远乐观向上,永远朝气蓬勃的呢?还不是他对学术的那种痴迷和沉醉吗?即使在他受到胡风事件的牵连而被停职审查期间,他还完成了60万字的《庄子索引》的编撰工作;即使在"文化大革命"被批斗的时候,他回到家里仍然照常进行自己的研究工作。我们都是在"文化大革命"结束之后进入学术界的,在那个时候,我们认为"文化大革命"已经结束,中国的文化从此就走上了坦途,"咸与维新"了,像单演义先生这类在"文化大革命"前从事学术研究的知识分子,代表的只是他们自己那个时代,对于我们已经没有多少启迪的意义。但时至今日,当我们重新回顾我们全部的中国现代文学研究的历史的时候,我们就会看到,包括单演义先生在内的第一代中国现代文学研究者尽管使用的是大量的政治的话语,但他们却用这些话语支撑起了一个真正的文化运动和文学运动——五四新文化运动和新文学运动,支撑起了一个真正伟大的文学家——鲁迅,而在我们自以为摆脱了国家主流意识形态的束缚的时候,我们却用我们自以为是真正现代的文学理论消解乃至颠覆了中国现代唯一一个由中国知识分子独立发动的文化运动和文学运动,消解乃至颠覆了在这个运动中涌现出来的一个伟大的文学家鲁迅。这种悖论式的历史是怎样发生的呢?我认为,它实际就发生在我们的"真"与"不真"的人格模式上。单演义先生那一代中国现代文学研究者身处主流意识形态笼罩了整个中国社会的文化环境中,但他们对中国现代文化和文学的热爱是真诚的,对鲁迅及其作品的热爱是真诚的,他们用政治的语言阐发的是五四新文化运动和新文学运动的意义和价值,是鲁迅及其作品的意义和价值,使那些千方百计用政治意识形态否定五四新文化运动和新文学运动、否定鲁迅及其作品的倾向没有真正浮到水面上来,而在我们自以为已经拥有了真正的文学语言

单演义先生与中国现代文学研究学科的建立与发展

的时候,关切的却未必是中国现代文学的发展,而在很大程度上只是我们自己的所谓学术创新和学术影响。就这样,我们一步步跟着社会的潮流走向了对我们中国现代文学学科的消解和颠覆,因为整个中国社会的思想潮流并不是文学的潮流,而是政治经济的潮流。而我们自己,实际也被这个日益膨胀起来的名、权、利的社会所异化了。

鲁迅说:"泥土和天才比,当然是不足齿数的,然而不是坚苦卓绝者,也怕不容易做。"①

在中国现代文学研究学科的历史上,包括单演义先生在内的第一代中国现代文学研究者,就其总体特点,更像是泥土,而不像天才,但也正是他们,奠定了中国现代文学学科的最初的基础,并将其坚守到"文化大革命"结束之后。我们纪念他们,更重要的是不要忘记他们给我们开辟的这个中国现代文学研究学科,要把这个学科建设得更加坚实和稳固,更加开阔和疏朗,而不要被来自任何方向的狂风恶浪所颠覆,所破坏。

原载《西北大学学报(哲学社会科学版)》2010年第1期

---

① 鲁迅:《坟·未有天才之前》,载《鲁迅全集》第1卷,人民文学出版社,1981,第169页。

他擎着民族精神的火把
——纪念李何林先生一百周年诞辰

　　自李何林先生逝世之日起,作为他晚年的学生的我,就想写一篇系统论述他一生学术成就的文章。我认为,这是我的心愿,也是我的责任,一个学生对自己的导师应尽的责任。但我没有写,不是不想写,不能写,而是我始终没有找到一种语言,一种形式,一个陈述李何林先生一生学术成就的角度。我无法用文字把我感觉、感受中的李何林先生表现出来,至少用现在通行的学术语言不行。

　　每一个人都是在他自己那个时代站立起来的,是在他和他的前后两三代人中活动着的,我们是在他那个时代和他那个时代的人群中看到他的身影,看到他的作用和意义的。在李何林先生的那两三代人中间,也就是在我们的那些学术前辈之中,王瑶先生是一个更典型的文学史家,在他一生的著述中,表现着他宏富的文学史知识,表现着他对中国现代文学整体发展的宏观把握和精细感受。相对于王瑶先生,李何林先生没有表现出那么宽广的研究幅度,也没有那么多的学术研究著述。唐弢先生则不但是一个现代文学研究的专家,而且还是中国现代文学史上的一个著名的杂文家,中国当代文学史上的著名散文家,他的学术著作也带有他作为一个散文家的特点,流转明丽的语言,优雅畅亮的抒情,即使他的史料类的文章,写得也是那么亲切耐读。李何林先生则几乎没有写过专门的文学散文作品,他的学术文章也极少有直抒胸臆的抒情文字。

他擎着民族精神的火把

在我们的学术前辈中，陈涌先生是马克思主义文艺理论修养最深厚的学者，他的鲁迅小说的研究，不论是在艺术感受力的深度上，还是在理论把握的高度上，都开创了一个新的时代。而李何林先生则几乎不对鲁迅作品进行新的理论开拓，他只是阐释鲁迅作品本身，用注释，用提示，用史实，用鲁迅自己的论说。他几乎像一个冬烘先生那样为我们讲解着鲁迅作品的一字一句，一章一篇……

但是，这并没有影响李何林先生在我们心中的重量，在我们眼前的形象。对王瑶先生、唐弢先生、陈涌先生等所有这些学术前辈，我都是尊敬的，尊重的，但李何林先生在我心中的重量却更沉更重，在我眼前的形象却更高更大。这是师生亲情吗？不是！李何林先生向来是一个不太重视亲情的人，他对我们这些学生的爱护并不比对其他任何一个爱好文学的青年更大更多；这是师生学统吗？不是！在所谓学统上，虽然陈涌先生会对我嗤之以鼻，但我向来是把自己归到陈涌先生的学统之下的。我爱李何林先生，尊重李何林先生，不是因为他是我的导师，我不是把他作为我的导师来爱，来尊重的，而是把他当作一个人，一个中国人，一个中国知识分子来爱，来尊重的。

毫无疑义，李何林先生是一个学者，一个教授，但我渐渐感到，李何林先生却不是以一个教授、一个学者的形象来塑造自己的。甚至他的学术著作，也不带有展示自己学术风采的味道。我想，假若李何林先生从来都不是作为一个普通意义上的学者或教授意识自己和塑造自己的，假若我们从他的著述中感到的不是一个通常意义上的学者或教授的风采，我们怎能通过所谓学术成就的论述表达出我们对李何林先生的真实感受和真实感情呢？

在这时，我想到了高尔基笔下的丹柯的形象。丹柯把自己的手伸到自己的胸膛里，掏出了他那颗燃烧的心，当作火把举起来。他是举着他的心灵走路的人。李何林先生举着鲁迅，举着鲁迅的作品，实际上就是举着自己的思想，自己的心灵。他是把鲁迅，把自己的心灵，当作思想的火把举着的一个人，一个中国的知识分子。我们看到了他的心灵，就看到了鲁迅；我们看到了鲁迅，也就看到了他的心灵。我们是跟着他的心灵的火把走出了思想的黑暗的。但他的身影也就隐在了他所举着的火把的光芒里，因为他不愿用自己的身影遮住他的心灵的光芒——鲁迅的光芒。

李何林先生是在一个风雨飘摇的时代诞生在中国社会的，他出生在一个贫苦的家庭里，靠着一个偶然的机缘才获得了受教育的机会。我也出生在一个农民的家庭里，我也是这样一些家庭中能够获得受教育机会的极少数人之一。我知道，像这样一个从底层走出来的知识分子，首先怀抱的不是一个当学者的愿望——实际上，我们在获得受教育的机会的时候，还不知道学者和教授为何物——而是一个能为社会做更多的事的愿望。文化首先使我们看到的是社会的不公正，是下层社会群众的苦难，是改变社会这种不公正现象的愿望和要求。但也正因为如此，在我们的想象里，中国的知识分子，特别是那些我们十分敬仰的大学者、名教授、著名诗人和作家，都是一些充满社会正义感的知识分子，都是代表着中华民族光辉未来的社会精英。我认为，大概正是这样的心理原因，使李何林先生首先成了一个革命者，一个社会黑暗的反抗者。因此他是这样理解知识分子的，也是这样塑造自己的。但他作为一个革命者，并不是要领导一场革命，并不是要自己成为革命的领袖，也不是为了革命胜利后的飞黄腾达。他的革命，实际就是反抗黑暗的意思，就是要担当社会正义的意思。这就使他有了与鲁迅更接近的思想和灵魂。共同的反抗黑暗的愿望和共同的社会责任感，把李何林先生与鲁迅的作品连接在了一起。

李何林先生参加了八一南昌起义和自己家乡的"文字暴动"，受到当地政府的镇压后逃离家乡，来到北京，避居于未名社。在这时，他开始搜集整理新文学论争的史料。我认为，正是在这种更切近地了解中国新文学和中国现代知识分子的过程中，李何林先生发现了鲁迅，发现了鲁迅的独立价值，同时也发现了自己，发现了自己真正所希冀的，真正所愿望的。因为正是鲁迅作品，更充分、更鲜明地表达了李何林先生自己内心的真正愿望。鲁迅——就是他的心灵，就是他的心灵所渴望的思想和人格的表现。

在旁观者看来，李何林先生对鲁迅的态度带有一种个人崇拜的性质，有的学者甚至不无讽刺意味地戏称李何林先生为"鲁迅党"，但这在

他擎着民族精神的火把

李何林先生，却也是自然得再自然不过的事情。李何林向这个世界要求的并不是"学问"，并不是"学术成就"，他要求的是思想，是精神，是人格，是一种能够在黑暗中反抗黑暗的精神，一种能够在愚昧中注入健全的理性的思想，一种能够撑起中华民族的苦难而又在苦难中执着追求的人格。他能在哪里找到这些东西呢？在鲁迅作品中，并且只能在鲁迅的作品中。在当时的中国，新文化已经退潮。论学问，胡适是一个杰出的学者，但胡适已经越来越高地登上了"学问"的庙堂，而李何林先生所寻找的则是在地上挣扎奋斗的人们，是在学问的庙堂之外艰难跋涉的行者；周作人也是一个有学问的人，一个"读书破万卷，下笔如有神"的小品散文大家，但周作人的小品散文渐渐少了人间烟火气，渐渐加浓了冲淡和平的茶香味，而李何林先生所希冀的则是"敢说，敢笑，敢怒，敢骂，敢打"的"精神界战士"，是在"象牙塔"之外披荆斩棘的思想先行者。他自己并不想当学者，当名人，所以他也不是按照学者和名人的标准寻找自己所敬所爱的作品，所敬所爱的知识分子的。正像当时的青年知识分子有的独重胡适，有的独重周作人，李何林先生则独重鲁迅。假若说这也算"个人崇拜"，我们哪一个人不是个人崇拜者呢？

在当时的中国，一个革命的知识分子，几乎理所当然地是一个马克思列宁主义的信仰者，但我认为马克思列宁主义在李何林先生这里，似乎永远没有脱离开他对鲁迅、对鲁迅思想的感受和理解。与其说他是通过马克思列宁主义感受和理解鲁迅的，不如说他是通过鲁迅感受和理解马克思列宁主义的，他极少脱离开鲁迅单独阐释马克思列宁主义，倒是更经常地通过鲁迅作品来阐释革命的理论。也就是说，构成他思想的主体的是鲁迅和鲁迅的作品，而不是马克思列宁主义理论本身，这使他的思想从一开始就有了与创造社、太阳社那些"革命文学"的倡导者不同的特征：后者是以马克思列宁主义理论的标准衡量鲁迅及其作品的，而他则是通过鲁迅及其作品接受和理解马克思列宁主义的理论的。中国时世如转轮，中国的知识分子有时用马克思列宁主义理论反对鲁迅，有时又用鲁迅及其作品反对马克思列宁主义理论，而李何林先生，则不论外面刮的是东风还是西风，都未曾把马克思列宁主义理论截然地分成两截，因为他从来也没有脱离开鲁迅及其作品接受和理解过与之毫无关联的另一种理论学说，也没有脱离开革命和革命理论接受和理解过与之毫无关联的另一个鲁迅，在他的感受中，这二者实际是同样一种思想，同样一种追求。只要我们站在李何林先生的立场上，我们就会感到，有什么必要把这二者分开呢？有什么必要非要把二者对立起来呢？

李何林先生是通过鲁迅及其作品接受和理解马克思列宁主义理论的，也是通过鲁迅及其作品接受和理解中国的知识分子的。他亲近和理解冯雪峰，还不是因为冯雪峰较之创造社、太阳社那些知识分子更同情、更理解鲁迅的价值吗？他尊敬和赞扬瞿秋白，把瞿秋白列为仅次于鲁迅的第二大文艺理论家，还不是因为瞿秋白是革命阵营中最理解和尊敬鲁迅的吗？还不是因为瞿秋白写了那篇著名的《〈鲁迅杂感选集〉序言》吗？在所有这些表现里，我们能感受出点什么来呢？我认为，我们至少能够感到，他不是因为那些革命者、那些革命领袖高度评价了鲁迅及其作品，自己才去肯定鲁迅及其作品的，而是因为那些革命者和革命领袖接受和理解了鲁迅，他才接受和理解了那些革命者和革命领袖的。实际上，鲁迅才是他的灵魂、他的思想和他的追求。我认为，只要理解了这一点，我们也就理解了李何林先生一生的思想选择和人生选择。很多人是因为毛泽东肯定了鲁迅才去肯定鲁迅的。李何林先生不是！

从学术研究的眼光看来，李何林先生的《鲁迅论》《中国的文艺论战》，特别是他的《近二十年文艺思潮论》，都是为后来的中国现代文学研究奠定了最初的基础的重要史料集和理论著述，但在我看来，李何林先生似乎并没有想到怎样编写中国现代文学史的问题，他所关注的，他所解决的，似乎始终是一个我们应当怎样感受鲁迅、怎样理解鲁迅和怎样评价鲁迅的问题。他举起的是鲁迅的火把，而不是整个中国现代文学的火把。他把鲁迅的火把越来越高地举起来，举起来，一直举过了自己的头顶。在所有这些论著中，他让人看到的不是自己，而是鲁迅，而是鲁迅的思想和人格。我过去曾经想，李何林先生占有了这样一些史料，有了他的《近二十年文艺思潮论》，1949年之后为什么不独立撰写一部《中国现代文学史》或《中国现代文艺思想史》呢？在这样一种想法中，带有一点为李何林先生惋惜的意思，但在现在，我不再为李何林先生感到惋惜，因为我知道，李何林何尝想过要当一个现代文学研究的学者和

他擎着民族精神的火把

教授呢？何尝想过要在中国学术史上占一个自己的位置呢？他爱鲁迅，他尊敬鲁迅，他要在众声喧哗的中国现代文学的圣坛上，把鲁迅的价值突出出来，这就是他的全部愿望和要求，这就是他要做的一切。对于他，这里没有什么不完满的地方，也没有什么值得惋惜的缺憾。

李何林先生热爱鲁迅及其作品，尊敬鲁迅的为人，但李何林先生似乎又疏远着现实中的鲁迅。他没有像很多爱好文学的青年那样给鲁迅写信，向他表示对他的尊敬和爱戴，他也没有拿着他编的《鲁迅论》去拜访鲁迅，并且向鲁迅解释他编辑《鲁迅论》的真正原因。他一生没有见过鲁迅，没有接受过鲁迅的馈赠，也没有馈赠过鲁迅什么礼品和鲜花。他与鲁迅活在同一个世界上，而又各自走着自己的路。他对鲁迅的冷淡也正像鲁迅对他的冷淡。当鲁迅看到李何林先生编的《鲁迅论》的时候，分明是把李何林先生等同于那些依靠名人而出名的青年知识分子的，分明是怀疑李何林先生是带着欣赏的眼光收编那些攻击鲁迅的文字的。但李何林先生从未主动向鲁迅表白自己的心迹，即使在多年之后看到鲁迅的有关文字时，也没有愤慨于鲁迅的"多疑"和"猜忌"。在这里，表现着李何林先生与鲁迅的关系，并不是中国人通常很在意的人情关系，李何林先生心目中的鲁迅，并不是现实生活中那个作为文化名人的鲁迅，不是一个他需要讨好和崇拜的鲁迅，而是一种思想，一种精神，一种追求，一种风格，它们活在鲁迅的作品中，而不仅仅活在鲁迅这个人的肉体中。李先生对鲁迅的崇拜不是我们通常意义上的个人崇拜、权力崇拜，而是一种思想信仰。这信仰属于鲁迅，也属于李何林先生自己。

1949年，多数的左翼知识分子迎来了自己的"胜利"，多数的非左翼知识分子则迎来了自己的"失败"。"失败者"小心翼翼，准备接受新社会的"改造"，大概也有很多人悔恨自己为什么没有早早地预见到革命的胜利。"胜利者"则有些气盛心壮，似乎这个革命的胜利已经充分证明了自己的远见卓识，似乎中国历史的发展已经尽在自己的把握之中。李何林先生的感受如何呢？他似乎没有明确地表述过自己的心情，但至少从他的行为表现看来，他以更加平静的心态迎来了这场革命的胜利。就其革命的经历，他并不比别人的更加逊色，他参加过八一南昌起义，他领导过家乡的文字暴动,他曾经与李公朴、闻一多这些著名的民主人士一起反抗过国民党的政治统治,他曾经冒着重重危险宣传鲁迅的思想,宣传左翼的文艺观念,他曾经屡次受到国民党政治统治的压迫,被列入国民党特务的暗杀名单……但所有这一切,在李何林先生那里,似乎都已经成了过去,成了并不重要的东西,用现在的一个时髦词语来说,他自己将自己"边缘化"了。"政治"胜利了,他返回到教育;北京成了政治的中心,他应邀去了"天津"。

在现在,在中国的知识分子中,似乎有着一种固化了的成见,那就是李何林先生太"左",他一向"左",极端"左","左"得可怕。我不知道这种成见是怎样形成的,但人们似乎忘记了刚刚过去的历史事实:从1949年到1976年这个漫长的历史时期里,李何林先生不是以"左"的面目出现在中国社会、中国文坛的,而是以"右"的面目现身于世的。"右"成了那个历史时期李何林先生的基本政治标识。在批判胡风"反革命集团"的斗争中,李何林先生是被政治审查的对象;在"反右派"的斗争中,他是冯雪峰等"右派分子"的同情者;接下来,这个在中国现代文化史上的老无产阶级的阶级论者,在中国当代文化史上却成了全国著名的"资产阶级人性论"的宣扬者,并受到了全国性的大张旗鼓的批判。只是当"文化大革命"结束后,我们都"右"了下来之后,李何林先生才又一次成了"左"派。

实际上,综观李何林先生的一生,我们可以这样概括他的一生的"行状",即:

当绝大多数中国知识分子喜爱"右"、亲近"右"、唯恐自己不"右"的时候,李何林先生是"左"派,并且从来没有"右"过;而在绝大多数中国知识分子喜爱"左"、亲近"左"、唯恐自己不"左"的时候,他却"右"了起来,并且人们也不吝把"右"的帽子扣在他的头上。但李何林先生没有抱怨过自己的命运,他毅然地走着自己的路。

我认为,在这里,我们看到的,是鲁迅,是鲁迅的思想、鲁迅的精神、鲁迅做人的一贯的风格。为什么他始终没有把胡风当作自己的"敌人"?为什么他始终坚持着冯雪峰、瞿秋白的文艺思想?为什么他始终与某些政治官僚保持着特定的思想距离?为什么他在任何的政治压力面前

他擎着民族精神的火把

都敢于坚持自己的思想立场？这不正是鲁迅在中国现代文化史上已经用作品和言行公开告诉给我们的吗！关键仅仅在于，我们放弃了鲁迅，而李何林先生始终没有放弃鲁迅，没有放弃鲁迅的思想旗帜和人格精神。

他高举着鲁迅的火把，在当代中国。

他不是作为一种学术、一种技术高擎着鲁迅的，而是作为中华民族现代精神的标识高擎着鲁迅的；他不是作为一个他者高擎着鲁迅的，而是作为自己的心灵、自己的思想和自己的精神的生动体现者高擎着鲁迅的。鲁迅就是他的心灵、他的思想的追求和人格的追求。他用自己的生命高擎着鲁迅，就是用自己的生命高擎起了中华民族的精神。

这才是李何林先生，是我们感受和理解中的李何林先生。

李何林先生走了，我们这些弟子们还活在世界上。我们将有我们自己的人生，我们将有我们自己独立的人生道路。但我们不能忘记李何林先生，不能忘记他在他的时代所走过的、所完成的。让他继续活在我们之中，活在我们的心里。

2004年6月2日于北京

原载《北京师范大学学报（社会科学版）》2004年第4期

学科魂[1]
——《樊骏论》之第一章

樊骏先生走了，走的是我们每一个人都得走的一条路，所以也没有多么巨大的悲痛，只是心里有点沉重。

这点沉重，实际也不是由于"死亡"的压迫，而是突然感到了自己的一个无法推卸的责任，一个必须履行的义务。从与樊骏先生通信，到樊骏先生离世，已经整整三十年的时间。在这三十年间，至少在我的感觉里，一直受到樊骏先生的呵护，不论是在学术上还是在生活上，但出于各种考虑，除了一些空洞的个人的感谢之外，我却没有说过关于樊骏先生学术和人品的任何一句话，倒是樊骏先生却多次提到我，并给予我热情的鼓励和奖掖。现在，樊骏先生走了，各种顾虑也随着他的离去而成为不必要的。所以，不论是对于死者还是对于生者，我都必须真诚地、无私地陈说出我心里的樊骏先生。

一

实际上，大概在最近二十年的时间里，我的脑海里就常常萦绕着我

---

[1] 本文是作为纪念文章写的，为避免引经据典的学究气，本文不做详尽注释，仅在括号内随时略加说明。樊骏先生的文章均见樊骏著《中国现代文学论集》，人民文学出版社，2006。

学科魂

生造的一个词:"学科魂"("中国现代文学研究学科之魂")。这个词,我是无言地用于樊骏先生的。

每一个研究学科,都是由这个学科的诸多具有独立个性的研究者以及他们具有独立个性的具体研究成果构成的,学术应该是完全自由的,每一个研究者的具体研究活动也应该是完全自由的,它是一个学科的生命的源泉,也是一个学科能够繁荣发展的前提条件。但是,一个学科又是一个整体,一个独立的研究领域,不论任何一个独立的富有个性的研究者,不论任何一个独立的富有个性的研究成果,又都是能够彼此联结并构成这个学科的整体本质特征的因素。这就有一个学科的精神、学科的"魂"的问题。如果其中一个或由几个具有独立个性的研究者所构成的小的结构体,不但具有自己独立的研究个性,其个性同时还是能够起到联结其他所有独立的富有个性的研究者及其独立的富有个性的研究成果的作用,我们就会感到这个研究者或简单的结构体就是这个学科的精神的体现者,就是这个学科的"魂"。正是在这样一个意义上,我们感到孙中山的"三民主义"就是中国现代社会革命的"魂","五四"《新青年》同人所倡导的"科学、民主、自由、平等"的文化思想就是整个中国新文化的"魂",鲁迅及其文学的追求就是中国新文学的"魂",毛泽东思想就是中国共产党领导的中国政治革命的"魂"。我们中国现代文学研究学科在整个中国现代文化中没有上述文化领域那么重要的历史地位,对整个中国社会的发展也没有那么巨大的影响力量,它只是中国学院学术研究领域中文学这个研究领域的一个学科,并且是一个最年轻的,规模较小、影响力也较小的学科,但"麻雀虽小,五脏俱全",它同样是有自己的精神,自己的"魂"的。

时至今日,我们已经不太注意我们这个学科刚刚诞生时的情况,但要体验一个事物的内在精神和灵魂,不了解它诞生时的情况是不行的。一个新生婴儿的父母都是中国人,并且他诞生在中国这块土地上,他终其一生就再也不可能完全摆脱掉他与中国人的内在精神联系。一个人是这样,一个学科也是这样。这是一个"出身"问题。这个"出身"问题虽然不是一个事物的全部问题,但至少也是诸多重要问题中的一个。

我们这个学科,是在中华人民共和国成立之后建立起来的一个新的文学研究学科，在这里，我认为，我们必须意识到的有这么两点：其一，它是在这个新的政治权力的直接支持下建立起来的；其二，它是在这个新的政治权力的支持下建立起来的一个"文学研究"学科。对于第一点，我们当代的中国现代文学研究学科的研究者大概是不太乐意记起的，也是不太乐意承认的，但这却是一个不容忽视的历史事实。它同样是浸透进我们这个学科的学科精神并构成我们这个学科的本质特征的因素。为什么我们这个学科首先产生在中国大陆，而不是首先产生在台湾？在这里，至少又是有两个方面的原因：其一是中国新文化、特别是中国新文学在整个中国文化中实际地位的卑下和实际影响力的微弱。这决定了它还无力仅仅依靠自己的力量而支撑起自己的存在和发展，而必须从现实的国家政权那里获得直接的政治权力的支持。用句形象的比喻，我们学科实际是一个"不足月"的孩子，极早地在现实政治权力的催生下诞生了。其二就是当时现实的政权之所以直接地、主动地支持了我们这个学科的成立，是因为我们这个学科的存在本身与中国共产党领导的政治革命在精神上就有相互呼应的关系，并因此发生着各种不同形式的社会交叉。没有这种呼应和交叉的关系，一个国家政权是不可能直接地、主动地促成一个文学研究学科的建立的。这种精神上的呼应关系，用我们过去常用的概念来说，就是"革命精神"上的呼应关系：中国共产党领导的政治革命运动是在中国政治领域发生的一个革命运动，而中国新文学则是在中国文学领域发生的一个革命运动，二者在"革命精神"上有着共时性的呼应关系，因而相互之间也发生着多方面的交叉。若用我们现在常用的一个更切近的术语，我们也可以用社会弱势群体对社会强势群体的反抗来表述：中国共产党领导的政治革命是当时中国社会上弱势政治群体对当时中国社会上强势政治群体的反抗，中国新文学则是当时中国社会文化中弱势知识分子文化对中国社会上强势知识分子文化的反抗。这决定了二者之间有着相互同情和理解的广阔渠道，因而也在诸多方面有着相互的支持和配合。

  从中华人民共和国的成立到1976年"文化大革命"的结束可以说是中国现代文学研究学科的初成期。在这个历史时期，樊骏先生从一个大学中文系毕业的学生而成为中国现代文学研究学科的一名青、中年学者，他以自己的方式经历了这个学科的风风雨雨而得到自身的成长，但显而易见，在那个时期，他还不是中国现代文学研究学科的灵魂式人物。在那时，作为中国现代文学研究学科灵魂式人物的，我认为，可以举出我的博士生导师李何林先生。

在1949年之后的中国现代文学研究界，学术成果最丰硕的并不是李何林先生，而是王瑶、唐弢等诸位学术前辈，但我为什么独独认为他更能体现中国现代文学研究学科的精神和灵魂呢？我认为，只要考虑到当时中国现代文学学科之所以能够存在并得到特定程度上的发展的两个主要条件，我们就会感到，李何林先生及其研究活动实际是更能体现那时中国现代文学研究学科的精神和灵魂的。我们说中国现代文学研究学科是在当时国家政治权力的支持下建立起来的一个新的文学研究学科，这就内在地决定了当时中国现代文学研究学科的基本理论范式：它的理论基础是作为当时国家政治意识形态的毛泽东思想，特别是毛泽东的文艺思想，而作为它的本体研究对象的则是中国现代文学。在这里，当我们回到作为一个中国现代文学研究者的本我的李何林先生的时候，就会感到，不论在其学术思想的外在表现上，还是在其内在精神的实际构成中，李何林先生都是这两种文化因素的有机构成体。现在的人们大都认为李何林先生很"左"，但他的"左"是真"左"，而不是假"左"；他的"左"就是他的本色，而不是装出来的，更不是为了得到权势者的青睐而给自己涂上的一层文化的油彩。他参加过八一南昌起义，在家乡组织过文字暴动，避难未名社期间开始搜集中国现代文艺论战的历史资料，可以说是以一个革命者的身份，带着自己固有的革命精神和革命体验着手中国现代文学研究的，他的鲁迅观和中国现代文学观并不是对毛泽东文艺思想的被动接受和消极服从，而是形成于毛泽东文艺思想正式形成之前，是从他的阅读感受中自然孕育出来的。除了关于五四新文化的领导权的观念之外，他在1949年之后坚持的所有文学主张，几乎全部是他固有的文学主张，不是对现实国家政权的政治意识形态（现在常常称为主流意识形态）的搬用和抄袭。从有形的研究模式来说，他的文学研究模式几乎与当时占主导地位的政治化模式是完全相同的，甚至较之在别的研究者那里表现得更加机械，更加生硬，但他的研究活动却与当时流行的研究活动有着本质上的不同：如果说当时占主导地位的研究活动（其中也包括很多中青年学者的研究活动）是通过对中国现代文学作家及其作品的研究具体阐释和论证着作为当时国家意识形态的毛泽东思想、毛泽东文艺思想的正确性，他则是用当时作为国家意识形态的毛泽东思想、毛泽东文艺思想具体阐释和论证着鲁迅及其文学创作的价值和意义。在别人的研究中，实际上越来越失去了中国现代文学本体的完整性，而在李何林先生的中国现代文学研究中，却始终保持了他在1949年前早已形成的中国现代文学的整体性观念，他始终没有将以胡风为首的原"七月派""希望派"诗人和文学家，将丁玲、艾青、萧军、冯雪峰、邵荃麟等依照国家主流意识形态的政治标准被打倒的新文学作家从他的中国现代文学的整体性观念中抹去，并在"文化大革命"结束之后成为主动为这些作家的存在权利和存在价值进行呼吁的知识分子。

必须指出，李何林先生之作为当时中国现代文学的魂灵式的人物存在于中国现代文学研究学科的内部，其本身就是当时中国现代文学研究学科不具有自己完全独立的文化地位、不具有自身的自由性的表现，并且这也影响到中国现代文学研究学科向着更加完整和更加丰满的方向发展的可能性。在李何林先生中国现代文学观念的整体格局中，周作人、徐志摩、戴望舒、梁实秋、林语堂、沈从文、张爱玲、钱锺书都不具有自己完全独立的文学地位，但从中国现代文学本体意义的角度，他们恰恰是不可忽略的。李何林先生的中国现代文学观是革命的文学观，但任何时代的文学都不可能仅仅有革命的文学，同时也有不是革命文学的文学，而且正因为有的文学不是革命的文学，革命的文学才有自己独立的品格和独特的价值。文学研究的学科，首先要求的是"文学研究者"，而不是"革命的文学研究者"。"革命的文学研究者"也可以成为文学研究队伍中的一员，但其标准却不能成为文学研究学科的基本标准和主要标准，更不能成为文学研究的唯一标准，这正像"贫下中农"也是国家的公民，但却不能以贫下中农的标准要求每一个国家公民一样。

"文化大革命"结束之后，中国当代文化发生了一个显著的变化，中国现代文学研究学科的面貌也为之一新，李何林先生的文学研究仍然作为中国现代文学研究中的"一家"而发挥着自己重要的历史作用，但却已经不是中国现代文学研究学科的主要精神支柱。

中国现代文学研究学科开始脱离国家政治权力的襁褓，作为一个独立的文学研究学科而存在和发展起来。

二

在任何一个历史的转折关头，都给那个时代的先锋人物、特别是青年一代的先锋人物带来无限的期望，因为未来永远是朦胧的、不明确的，历史的转变给人们提供了无限广阔的遐想的空间，好像它能满足任何一个人的任何一种美丽的幻想，并像一团火炬一样引导着他们去追求，去奋斗，去创造属于自己的人生。在这时，人们总是感到："黑暗即将过去，光明就在前面。"但是，人类的历史永远不会简单到只是光明代替黑暗的历史，不是经过一代人的努力就能够完成的历史，而是一种历史的合理性代替另外一种历史的合理性的历史，是跨过这个困难而迎来那个困难的历史，并且它对于不同的人也有着各自不同的意义：历史的笑脸永远不是对着每一个人的。

在这里，就需要我们每一个人都必须思考自己的命运和前途，并且在对自己的历史和现实的认识中为自己开辟前进的道路：盲目地信从别人是没有前途的，盲目地反对别人也是没有前途的。——一个人是这样，一个学科也是这样。

从中国现代文学研究学科建立伊始，我们中国现代文学研究学科就是以毛泽东的《新民主主义论》《在延安文艺座谈会上的讲话》，特别是毛泽东对鲁迅的崇高评价作为基本的理论指针的，由此而及于整个毛泽东思想，而及于整个世界范围的马克思列宁主义文化。——我们中国现代文学研究学科是在整个世界范围的马克思列宁主义文化舞台上获得自己的存在价值和意义的。必须指出，这在我们中国现代文学研究学科的建立与建立之初的存在与发展过程中绝对不是毫无意义的，它不但赋予我们以存在的现实感，同时也赋予我们以存在的先进感；它不但赋予我们在中国文化中的先进感，同时也赋予我们在世界文化中的先进感。在整个现代世界的文化舞台上，我们中国现代文学研究学科永远不是孤独的，即使遇到这样或那样的困难和挫折，也认为只是自己和自己这个狭小的文化环境出了问题，而不在我们这个学科本身。但是，就是在这种大而化之的乐观主义之中，我们中国现代文学学科的路却没有越走越宽广，越走越光明，而是越走越狭窄，越走越黑暗，到了"文化大革命"，我们就走进了一个死胡同，几乎走到了我们生命的绝境。

"文化大革命"结束之后，我们中国现代文学研究学科重新生成并呈现出某种程度的繁荣发展的局面，像中国大陆绝大多数文化领域的情况一样，直接表现为过去被我们奉为指导思想的马克思列宁主义、毛泽东思想绝对统治地位的动摇。于是我们常常认为，马列主义、毛泽东思想就是"文化大革命"前中国现代文学学科悲剧命运的总根源，只要遗弃了马列主义、毛泽东思想对我们思想的影响，我们中国现代文学研究就会有自己光明的前景。但是，这对于有些研究领域似乎是顺理成章的，但对于我们中国现代文学研究学科，却像一身不太合身的衣服一样，穿在身上有点捉襟见肘的感觉。这里的原因是不难理解的：从20世纪20年代末，中国现代作家大量向"左"转就是一个不争的历史事实，而对五四新文化、新文学运动在中国文化发展史上的作用和意义有着最充分的认识和评价的，也正是作为中国共产党主要领袖人物的毛泽东，并且这成为他的思想的主要组成部分之一。1949年之后，中国大陆各高等院校中国现代文学史课程的开设、中国现代文学研究学科作为一个独立的学科出现在中国大陆学术界，莫不有赖于毛泽东思想、毛泽东文艺思想的理论支撑。

我们必须意识到，不论是"文化大革命"以及此前的历次政治运动，还是"文化大革命"结束之后的"改革、开放"，都是发生在全国范围内的思想文化的大变动，并且是国家意识形态自身的变动，而不是由任何一个特定文化学科的发展和变化引起的，更不是以任何一个特定文化学科的力量所能够抗拒的，它对不同文化领域、不同文化学科的影响作用实际是极为不同的。与此同时，"文化大革命"是发生在国家政治中心地带的意识形态的大裂变，"文化大革命"的结束则是这个大裂变过程的终结，而在这一过程中，国家政治意识形态的本体发生了一个根本性的转变。这种转变直到20世纪90年代就有了一个更加清晰的轮廓

学科魂

——它由以社会政治形态为主体的意识形态转换为以社会经济形态为主体的意识形态,文学与文学研究、特别是我们中国现代文学研究学科实际已经在这种国家意识形态自身的转变过程中逐渐从国家意识形态的本体中被分离出来,既不再直接受到国家政治权力的支持和保护,也不再像过去那样直接受到国家政治权力的约束和控制。当然,这是一个过程,在这个过程中同样会有各种各样的事情发生,但这个转变过程却是千真万确的。

我之所以不厌其详地说了以上这些话,我认为,这对于我们更加真切地感受和理解樊骏先生是有关键意义的。"文化大革命"结束之后的中国文化界,是一个风起云涌的文化界。各种各样的潮流,各种各样的思想,各种各样的主义,各种各样的旗帜,风云际会,波诡云谲,而樊骏先生却绝对不是一个风云人物,我们甚至就无法给他一个醒目的名目:他既不是一个马克思主义者,也不是一个反马克思主义者;既不是一个现实主义者,也不是一个现代主义、后现代主义者;既不是一个国家主义者,也不是一个自由主义者;既不是一个激进主义者,也不是一个保守主义者;既不是一个"国粹派",也不是一个"西化派"……他只是一个没有定语的中国现代文学研究者,他重视的始终是中国现代文学研究自身。

但是,只要我们平心静气地思考一下我们中国现代文学研究学科以及我们每一个中国现代文学研究者的任务和命运,我们就会感到,恰恰就是樊骏先生这样一个没有定语的中国现代文学研究者,才真正体现了我们中国现代文学研究学科的本质特征,才反映着中国现代文学研究学科能够不断得到延续并发展的根本需要,同时也是我们中国现代文学研究学科在整个中国文化舞台上所能够发挥自己作用的基本形式。我们中国现代文学研究学科是一个学术研究的学科,我们中国现代文学研究者就是从事中国现代文学研究的。中国现代文学自身就是一种历史性的存在,我们对它的研究是对这个历史性存在的感受、认识和阐释,除此之外,还有什么呢?正像世界上不存在革命的生物学和反革命的生物学、民主的生物学和专制的生物学一样,我们中国现代文学研究也不存在革命的中国现代文学研究和反革命的中国现代文学研究、民主的中国现代文学研究和专制的中国现代文学研究。中国现代文学史上的"革命文学"实际只是部分文学家对自己政治倾向性的一种界定，此后成为像毛泽东这样的政治革命家从现实政治需要出发对文学创作提出的希望和要求（这对于一个政治革命家而言，是完全可以理解的），但它不是对文学本身的研究，更不能作为评价文学作品的唯一标准（既不能像1917年那样将所有自称"革命文学"的文学作品都视为正确的、优秀的，也不能像后来一些人那样将所有自称"革命文学"的文学作品都视为错误的、低劣的）。总之，中国现代文学研究学科的灵魂就是没有附加语的中国现代文学研究本身。

显而易见，在中国现代文学研究学科的历史上，樊骏先生并不属于李何林先生的学术传统，而更属于王瑶先生的学术传统。李何林先生更是带着中国现代政治革命的传统进入中国现代文学研究界的，唐弢先生更是带着中国现代创作家的传统进入中国现代文学研究界的，而王瑶先生则是带着中国现代学院派学者的传统进入中国现代文学研究界的。在1949年至1976年我称之为毛泽东时代的历史时期里，李何林先生的学术传统起到了中国现代文学研究学科的精神支柱的作用，但他的学术传统却带有更明显的过渡性特征，不具有为后辈广大青年学者直接传承的可能性，而具有这种可能性的则是王瑶先生的学术传统。这里的原因是不难理解的，在整个人类的历史上以及在一个民族的历史上，政治革命仅仅发生在极短暂的历史转折时期，在这样一个转折时期，像李何林先生这样的学者既有自己政治革命的经历，也有自己的学术积累，使其在政治、学术两个侧面都拥有自己的资本，可以在历史转入和平发展时期以后承担更大的压力，支撑更大的场面，这是王瑶先生这样的学者出身的学者所不可能做到的。但是，历史一旦转入和平时期，不断进入学术界的就不再是像李何林先生那样经历过"血与火"的考验的学者了，而是像王瑶先生这样一些一直从事着学术研究的学者了。他们没有政治革命的经历，他们没有能力直接影响国家政治文艺政策的制定与贯彻，所以必须像王瑶先生一样，主要依靠自己的学术支撑自己的学术，支撑自己的文化观念乃至精神生命。学术的意义就是他们存在的意义，学术的价值就是他们存在的价值。但是，他们虽然像王瑶先生一样，也是学者出身的学者，但在现实国家政治面前，却没有也不应当有王瑶先生所不能没有的异己感觉和原罪感觉，王瑶先生之选择了学术，不是根据当时中国共产党领导的政治革命的需要，不是现在的国家政权对他提出的希望和要求，而这些青年学者之从事学术研究，则既是个人的选择，也是现实政治的一种需要；既是个人兴趣之所在，也是新的国家政权对他们的希望和要求。在他们这里，政治与学术、国家与个人仍然是有区别的，但这种区别却不应成为价值判断的主要标准，因为谁也不能说从政的就是革命的，从事学术研究的就是不革命乃至反革命的。由此可见，对于像樊骏先生这一代的中国现代文学研究者，忠诚于中国现代文学研究自身既是最基本的，也是最高限度的人性要求，是他们人性成长和发展的基本表现形式。世界上没有任何一个人有权利要求他们必须成为一个这样或那样的政治派别的人物，但人们却有权利要求他们必须忠诚于自己所选择的中国现代文学研究这项社会的事业，并为这项社会事业的存在和发展做出自己正面的努力。所谓忠诚于中国现代文学研究，就是要忠诚地面对中国现代文学史自身，忠诚地面对中国现代文学史上的作家及其作品，忠诚地面对中国现代文学史上发生的各种不同的文学现象和文学事件，逐渐深入地感受、了解和理解它们，并忠诚地将自己对它们的感受、了解和理解表达出来，不为任何外在的目的而歪曲地表达自己感受和体验中的这些历史的事实。在这条学术研究的道路上，一个人仍然可以走这样或那样的曲折的道路，存在这样或那样的失误，任何一个人都不是一个天生的圣人，但只要他能够忠诚于自己所从事的这项社会的事业，他就会不断成长与发展起来，并在任何一个历史的当口都能找到自己继续前进的道路。

　　表面看来，忠诚于自己所从事的学术研究，并不是一个多么困难的事情，但在中国的现实历史条件下，特别是对于在毛泽东时代从事我们中国现代文学研究的学者们来说，却也不是一个多么轻松的事情，因为中国向来是一个权力化的社会，而不是一个文化化的社会。中国有文化，但文化在任何一个具体的社会环境条件下，都不可能起到决定性的作用，即使文化上的真理，也必须用权力来保卫。没有权力，任何一种文化都是一句空话。五四新文化，在其本质上就是一种离开权力关系的文化，是当时极少数独立知识分子倡导的文化。文学，是在作者和读者之间实现的一种精神上的交流，是超越于权力关系的；科学，是作者和读者之间实现的理性上的交流，也是超越于权力关系的。在严重的民族危机动摇着现实社会固有的权力关系的现实社会上，五四知识分子企图通过这两种具有超越性的文化的革新改变中国社会的整体面貌，为中国人开出一条新的文化道路。但当时的现实社会却依然是一个权力化的社会，不论是没有文化的下层劳动群众，还是有文化的上层政治社会，都既不急需这样的文学，也不急需这样的理性，当时的新文化与新文学只在少数充满好奇心和求知欲的青年学生中发生过一些皮毛的影响。即使他们到了1919年之后，也都感到了现实权力关系的压迫，其后的中国历史，就仍然是政治的历史，是政治上的革命，是围绕社会政治权力进行的大博弈，新文化自身也被卷入了各种形式的政治权力斗争的漩涡，分不清哪些是政治权力之间的斗争，哪些是文化上的斗争了。实际上，这二者原本是有本质上的区别的：五四新文化面对的主要是中华民族的精神危机，追求的是心灵内部的革命；而政治革命面对的是中华民族的社会政治危机，追求的是外部社会政治权力关系中的革命。1949年中华人民共和国的成立，正式结束了从晚清开始的中国现实社会的政治危机，但它仍然是通过不同政治势力之间的大博弈实现的，其结果则是愈加强化了中国社会的政治权力关系。如前所述，正是在新文学革命与中国共产党领导的政治革命之间在革命精神上的相互呼应关系以及由此发生的大面积交叉，中国现代文学研究学科在当时国家政治权力的直接支持下诞生了，但它一诞生，就与现实的政治权力关系发生了各种不同形式的差异和矛盾：在现实国家政治权力关系中居于有权地位的，在中国现代文学史上可能乏善可陈；而在中国现代文学史上具有重要地位的，可能在现实的国家政治权力关系中处于被排斥的地位。这就将中国现代文学研究者置于了两难的境地：是忠于现实的政治权力，还是忠于中国现代文学研究自身？换言之，是主要关注自己在现实政治权力关系中的命运和前途，还是主要关注自己对中国现代文学研究事业的作用和意义，就成了中国现代文学研究者两种不同的人性的抉择。

任何一代青年学者都是在前一代学者所提供的知识图景的基础上逐

学科魂

渐建构自己的知识图景的，并且任何一代青年学者也都不能不重视自己与现实社会的协调关系以求得自身的存在与发展，但以上两种不同的人性抉择仍然是有巨大的差异的：那些忠诚于自己所从事的中国现代文学研究事业的人，是在逐渐完善自己对中国现代文学史的感受和认识的基础上积累自己的知识和才能的，这样的知识和才能尽管也会受到现实社会关系状况及其变化的某些影响，但其主体是具有稳定性的，它不但不会被任何现实社会关系的变化所颠覆，并且还会在现实社会关系的变化中得到进一步的丰富、完善和加固。他们也会重视当时社会所普遍使用的理论话语，但这种理论话语在他们的言论中不会成为霸权话语，不会成为对读者的威慑力量。而那些忠于现实的政治权力的人，却不是在完善自己对中国现代文学史感受和认识的基础上积累自己的知识和才能的，而是在现实政治权力需要的基础上积累自己的知识和才能的，这样的知识和才能具有极大的不稳定性，任何现实关系的变化都会将其从根本上颠覆，使其不能不有一个十分僵硬的转折。他们特别重视当时流行的权威性理论话语，并将这些话语转变成霸权性话语，包起自己，吓唬别人。

不难看出，樊骏先生即使在毛泽东时代的政治风浪中，也始终是作为一个忠诚于中国现代文学研究的青、中年学者走过来的，他并没有白白地度过那个时代。在那个时代里，他积累的不是自己的政治权力，不是自己的霸权性话语，而是自己从事中国现代文学研究的知识和才能，这使他在面临"文化大革命"结束后的新的历史机遇的时候，几乎是顺其自然地走进了一个新的历史时期。

2011年9月8日于汕头大学文学院
原载《中国现代文学研究丛刊》2012年第1期

中国现代文学:它的存在就是它的意义
——樊骏先生的中国现代文学史观

在当代的中国现代文学研究者中间,没有哪一个人比樊骏先生更像中国传统的文弱书生,但在我的阅读感受中,却没有哪一个人的文章像他文章那样透露出我们中国现代文学研究学科所应有的决绝坚韧的学术气质。如果说,迄今为止我们中国现代文学研究者的文章中都多多少少带有一点求人同情、求人理解、求人重视、求人赏识,甚至求人可怜的味道,樊骏的文章却没有任何仰人鼻息的求乞者的气息。他的文章,在外部特征上的表现是细密而严谨,在内部特征上是有一种至大至刚的气象。这实际上是与他对中国现代文学研究学科存在价值和意义的整体感受及认识密切相关的。

在一个人的个性成长和发展的阶段,他首先感到必要的是,将个体自我从整个人类社会生活的背景中凸显出来,让整个人类社会意识到他作为一个人和个性的存在。也就是说,自我表现的性质与个性层面是中国现代文学研究的主要特征。这是人性的必然,也是人类文化生成的基本形式。如果没有人希望将自己从平庸的现实生活中升华出来,从一般的群众中突出出来,人类的文化是无从建立起来的。同时,一个人个性的发展,在不同的领域又是有不同的具体状况的。粗略说来,在那些具有严格现实规定性的领域,例如政治、经济等领域和那些已经有极其严密的价值系统和评价系统的文化领域,其个性的发展是极其明确但也是

中国现代文学：它的存在就是它的意义

极其有限的。但是，在那些没有极其明确的价值系统和评价系统的文化领域里，个性的发展几乎有无限广阔的自由空间，但同时也有极大的不确定性。在这些领域中，一个人个性的发展需要同时伴随着对别人、对别个个性的更多的同情和了解，将个性主义同人道主义有机结合起来。自己的个性扩展到何种范围，就必须将人道主义扩展到何种范围，做到心中有"我""自我""个人"，同时心中也有"人""他人""众人"，将"人"与"我"统一在自己的心灵中。如果自我个性、个人的发展失去了对别个个性、众人的同情和了解，就会导致自我膨胀，这在人性上的表现是志大而才疏，在文化上的表现则是体大而中空。因此，所有那些自以为能够代表我们这个"崛起的大国"抵御西方文化的侵略，并将我们的中国文化推向世界的书斋知识分子，与所有那些自以为能够将西方民主、自由的价值观念普及于中国社会而实现中国文化的现代化或后现代化的书斋知识分子，在理论上势必会滑向体大而中空的一途。因为，不论其中哪一种文化路向，都要依靠全民族每一个人的共同努力，需要政治、经济、文化领域的各项事业的实际变化和发展，并在其中包含着几乎无限复杂的情况，而所有这些，都不是依靠一个简单的文化理念就能够解决的。樊骏经过毛泽东时代的个性成长阶段，在进入"文化大革命"后新的历史时期的时候，他的个性的发展已经基本超越了以自我表现为主的阶段，而将个人的发展同整个中国现代文学研究学科的发展有机地结合了起来。到了这个时期，我们已经几乎看不到他仅仅为建立自己的学术威望而撰写文章，更多的是属于"为他人做嫁衣裳"的打杂作品。但正是在他将自我的主观意志消融在中国现代文学研究学科整体发展的愿望之后，他看到的才是这个学科真正的价值和意义，而不再仅仅是哪一个人或哪一派别的人施展个人才能、发挥个人社会作用的空间。我认为，如果我们能够细心倾听樊骏先生在他的关于中国现代文学研究的论述中所传达出来的声音，我们就会听到他不断重复着的这样的一些意义和内涵：

我们中国现代文学研究学科存在着！

我们中国现代文学研究学科的存在是有价值和意义的！

我们中国现代文学研究学科存在的根据是中国现代文学史，是谁也抹杀不了的一个客观的历史性的存在！

我们中国现代文学研究学科存在的意义和价值，是因为这个谁也抹杀不了的客观的历史性地存在着的中国现代文学史，这是有研究的价值和意义的！

我们中国现代文学研究学科的存在价值和意义，不必由任何其他的人或任何其他的学科从外部赋予我们，是不假外求的！

显而易见，一个人文章的至大至刚之气归根到底来源于这种不假外求的感觉，这种对自我存在价值和意义的不可移易的坚定信念。这正像一个精细的工匠，对自己精心制作的一件器皿的质量是有清晰的了解和精心的估量的，他不想以此大发横财，但也不想卖给那些不懂行的人，从而辱没了这件产品的真实价值。所以，他是不会计较别人的评头品足的。他自己既不会大吹大擂，也不会自轻自贱，他会耐心地等待识货的人来以公平的价格买走自己的制品，并因为这件制品找到了一个合适的去处而感到放心和满意。我们中国现代文学研究学科，在"文化大革命"前的整个毛泽东时代，都是依照为政治服务的原则看待自己的学术研究，所以我们即使面对的是一个明白无误的历史事实，也建立不起确定无疑的价值感觉。我们的每一个学术研究成果，都有待于别的人按照现实政治的需要做出自己极难预料的评价，都有待于别人依照马列主义、毛泽东思想的理论标准做出自己无法估计的质量鉴定。"文化大革命"结束后的中国现代文学学科的再生过程，使像樊骏这类真正忠诚于自己学术事业的知识分子首先意识到学术价值与政治价值是并列的两种价值，其最后的检验标准是我们民族的社会生活的本身。中国现代文学学科的存在依据不是现实政治的需要，而是因为中国现代文学史是中国全部文化史中的一个历史性的客观存在。一个民族是必须了解并熟悉自己的历史的，是必须从自己的历史中汲取自己存在和发展的历史经验的，因而，中国现代文学研究学科的价值和意义是直接建立在中国现代文学史的历史性的客观存在之上的，而并不取决于任何其他人和其他学科主观上的好恶。也只有在这一前提下，中国现代文学研究学科的价值和意义才真正取得了不假外求的性质。我们中国现代文学研究者只要遵循严格的科学研究和学术的基本规范，就不必战战兢兢地等待着别人对

中国现代文学：它的存在就是它的意义

我们的裁判和评价，就不必再期待着别人的理解、同情乃至可怜！我们有直面我们研究对象的权利！我们有在严肃的研究之后直接表达自己感受和理解的自由！樊骏先生文章中的至大至刚之气，就是在这种不假外求的价值感觉中自然流露出来的。

五四文学革命"比以往任何一场文学革命运动远为完整和彻底"，"由此诞生了与传统文学完全不同的新文学"。①也就是说，中国现代文学史虽然是整个中国文学史的一个历史阶段，但这个阶段却是一个具有自己完全独立的文学特征的历史阶段，是不容任何人将其与中国古代文学史完全混同的历史阶段，也是不容任何人将其随意抹杀的历史阶段。对于这个历史阶段的文学，我们有进行独立研究的必要。这就是我们中国现代文学研究学科存在的根据之所在，也是这一学科存在的价值和意义之所在。换句话说，它的存在就是它的意义，因为它的存在就是对中国现代文学史的研究。除此之外，我们不必再寻找任何其他的存在根据，也不需要仰仗任何其他的人或任何其他的学科从外部赋予我们价值和意义。

在这里，应该着重指出的是，樊骏在"文化大革命"结束后的中国现代文学研究观，不但超越了"文化大革命"前毛泽东时代为现实政治服务的中国现代文学研究观，同时也超越了"文化大革命"结束后至今很多研究者依然未曾超越的翻案文学的中国现代文学研究观。众所周知，中国的"文化大革命"既不发生在中国学院派知识分子的主体意志之中，也不结束在他们的主体意志之中，而是在政治上的"改革开放"路线中结束的，亦即是不同政治倾向博弈的结果。在政治上为一大批现当代作家平反昭雪的过程，同时也成为在文学上为他们翻案的过程，因而翻案文学成为当时中国现代文学研究复兴的主要形式，在"文化大革命"结束后的中国现代文学研究的繁荣发展过程中起到了举足轻重的作用，其潜在的影响延续至今。但是，严格说来，翻案文学归根到底仍然属于政治文学的范畴，并以反向的形式传承了"文化大革命"前为现实政治服务的文学观念，因为它仍然是顺应着现实政治的需要而产生并发展着的一种文化形式，其立论的根据仍然在其政治的立场和观点，而非

---

① 樊骏：《"五四"新文学的诞生》，《中国社会科学》1989年第4期。

文学的价值和意义。这种翻案文学有其基本的思维形式和论证形式，所体现的思想也有自己的特征。它的基本的思维形式是逆向思维，其基本的论证过程是证伪过程。一句话，一切都反过来想，反过来说（而能够反过来想、反过来说的前提是已经与现实政治的需要没有根本性的矛盾和冲突）；在论证过程中只要证明了反方观点的不合理性，就认为已经证明了己方观点的合理性。它之所以在"文化大革命"结束后的中国现代文学研究学科的重生过程中发挥了巨大的历史作用，就在于在毛泽东时代几乎是用一种抽象的文化理念打倒了除鲁迅之外的所有中国现代文学作家，它起到的是将所有这些作家重新定格为我们的研究对象的作用（实际的人身解放是在政治生活中进行的）。但是，这在无意间又将中国现代文学研究者变成了中国现代作家的替身演员，并将中国现代文学史上的思想矛盾转化成为中国现代文学研究学科内部的思想矛盾、学术矛盾。为胡风翻案的成为胡风的替身，为周扬翻案的成为周扬的替身，替丁玲翻案的成为丁玲的替身，替沈从文翻案的成为沈从文的替身。中国现代文学史上的矛盾一个都没有减少，反而以更加单纯的形式转化到我们这些后代中国现代文学研究者的身上来。与此同时，在翻案文学中，我们使用的方式往往是以现实的、一个个具体的人的人身权利对当时占统治地位的抽象文化理念的否定（现实的、个人的人身权利的被剥夺，首先是在具体社会关系中进行的，是"冤有头、债有主"的，这在我们这个时代是无法厘清的，也不在我们中国现代文学研究者的职权范围之内），这就往往使我们不是将马列主义、毛泽东文艺思想作为在中国现代文学史发展过程中发挥过巨大影响和作用的思想旗帜来进行反思。这造成了后来一两代人根本不读马列主义、毛泽东的著作但却将其盲目否定的、非学术的（对学术上的论敌一定要有人格上的尊重和内容上的熟悉与了解）、非历史的（任何历史文化现象的影响一定有正负等多个方面）和政治文化的（只有在现实的政治斗争中，事物才是尖锐对立的）倾向，这不但传承了消极顺应现实政治意志的学术文化传统，也为后来"新左派"重新回到马列主义、毛泽东思想的立场，进而通过一种抽象的文化理念重新肯定"文化大革命"及此前历次政治运动的合法性与合理性提供了方便的条件。樊骏几乎是没有经过翻案文学阶段就直接进入

中国现代文学：它的存在就是它的意义

"文化大革命"结束后科学研究（学术）层面的中国现代文学研究中来的，这与他始终将中国现代文学史作为一个完整的、历史性的客观存在有直接的关系。他提出将"历史的还给历史"，将中国现代文学学科建设成为"一门真正的科学"。①而对于马列主义、毛泽东思想与中国现代文学史发展的关系，在樊骏的观念中，也一定是我们需要深入研究的课题之一，而绝非是简单肯定与简单否定就能够厘清的。

必须看到，樊骏对"文化大革命"前中国现代文学研究的超越，绝对不是一个三级跳过程中的初级跳跃形式，而是一个根本性的超越。必须看到，文学、科学作为人类文化存在和发展的两种主要形式，是有其永恒性的，是不会完全随着政治制度和文化理念的变化而发生质的变化的。王之涣的《登鹳雀楼》在唐代是一首好诗，到现在仍然是一首好诗；勾股定理在春秋战国时代和毕达哥拉斯的古希腊时代是一个几何学定理，至今仍然是一个几何学定理；《阿Q正传》一旦被创造出来，阿Q就不会再死去，它就像流动在大气中的某种空气成分一样，永远以无法捉摸的形式影响着中国社会乃至人类社会，而中国社会和人类社会却永远不可能将《阿Q正传》重新消解为绝对的"空"和绝对的"无"。也就是说，文学，由真正优秀的文学作品所体现出来的文学的存在是永恒的，具有穿越不同的政治制度、不同的文化思潮、不同的时空结构而持续在人类社会生活中发挥自己影响作用的文化性能，而它之所以能做到这样，是因为它绝非只是某种政治制度、某种文化思潮、某个时空结构的衍生品，它也不会随着它们的消亡而消亡。文学的永恒性也意味着人类有不断阅读它、欣赏它、阐释它、分析它、评论它的愿望和冲动，亦即有对它进行研究的愿望和冲动，也有对它进行研究的现实需要，它表现为人类企图在文学阅读中将所获得的心灵感受提高到理性认识的高度，并通过一种理性形式的语言具体表达出来、传达出去的愿望和要求。这种理性认识、理性形式的语言在不同的政治制度、不同的文化理念、不同的时空结构乃至不同的人的文化心理结构中有着不同的表现形态，正像一个人经过各种不同的化装可以有各种不同的表现形态而其人

---

① 樊骏：《论中国现代文学研究的当代性》，《中国社会科学》1986年第6期。

还是同一个人一样，对某个文学作品和文学现象的感受和认识可以通过各种不同的文学研究形式表现出来，但就其对这个文学作品和文学现象的感受和认识则是相同的。文学是有永恒性的，文学研究也是有永恒性的。在奴隶社会、封建社会有文学和文学研究，在资本主义时代、社会主义时代也有文学和文学研究；人们可以在儒家文化、道家文化、佛教文化的文化理念的基础上感受和解读文学，也可以在人文主义、启蒙主义、马克思主义、存在主义文化理念的基础上感受和解读文学，只要是对实实在在的文学作品及其有关文化现象的实实在在的感受和解读，就都是文学研究，也都是有价值和意义的文学研究。与此相反，不论在任何时代、任何文化理念的基础上以文学以及文学研究为由头做的表面文章，或为实现其他的社会目标和思想目标所做的宣传文章，就都不是文学研究。这正像历代的、各种不同风格的木匠都是木匠，而历代的、各种形式的假木匠都是假木匠一样，是真是假，我们自己心里是明白的。在这里，也就有了一个文学研究者自我评价、自我把持的标准和尺度：你自己能够真切地感到有意义的就是有意义的，如果连你自己也没有真切地感到自己研究活动的价值和意义，不论别人对你的研究活动有着何等崇高的评价，你的研究活动仍然是没有价值和意义的。（当然，一个人对自我的研究活动的认识是可以发生变化的，但这种变化也是一个真实的认识过程，而不是杜撰出来的。）一般的文学研究是这样，我们中国现代文学研究也是这样——文学研究和所有学术研究领域，都是必须首先依靠自我评价机制的领域。

我之所以认为樊骏对"文化大革命"前中国现代文学研究的超越绝对不是一个三级跳过程中的初级跳跃形式，而是一个根本性的超越，还是因为它是从中国现代文学研究的一种异化形式向其自身本质的回归过程，这种回归对于中国现代文学研究学科应该是终极性的，而不具有可逆的性质。如前所述，与文学、学术相关的只有两个相对的要素：主体与客体。文化理念不是消融在主体中，就是消融在客体中，永远不可能有其独立存在的价值和意义。文学是主体在所有那些极难确定的外在事物的影响下，用语言构筑起来的一个主体想象中的世界，它是以主体自我感到精神上的满意或相对满意为限度的，任何尚未完全消融于主体意

中国现代文学:它的存在就是它的意义

识之中的文化理念都会造成对文学创作的破坏性影响,而任何已经消融于主体意识中的文化理念都已经不再是这种文化理念的本身。所以,正像任何根据共产主义理念的要求写出来的文学作品一定不会完全符合共产主义理想一样,任何按照自由、民主的文化理念写出来的文学作品也绝对不会完全符合自由和民主的社会理想。一个平时有着健全的理性的人的非理性精神状态才是一种最佳的文学创作心态,创作主体必须完全沉醉在自己所描写或抒写的对象里,正像热恋中的情人不会想到他热恋的对象是不是一个真正的马克思主义者或真正的自由主义者一样,一个真正的文学作家在描写自己的描写对象的时候,也不会理会它符合还是不符合人类的共产主义理想或社会民主的理想。同样,在科学研究(学术)中,也只有主体和客体的关系,它是主体对客体的认识,认识的结果只是客体自身更充分的呈现,其呈现的程度也是以主体感到已经达到或基本达到了自己预期的研究效果为限度的。在这个过程中,任何现成的文化理念,任何已知的公理和定理,都是为这个特定的认识过程服务的,并且只出现在发现真理的过程中,它既不是研究的前提,也不是研究的结果。我们既不能说我是研究某个真理的(真理既然是真理,就不需要研究),也不能说通过我的研究证实了某个公理或定理。所有的研究都从怀疑、从没有确定性的认识之中来,而其结果则是怀疑的消除或减少,就是有了确定性或相对确定性的认识。不论是马列主义、毛泽东思想中的共产主义理想,还是当代西方文化中的自由、民主的文化理念,只有在其原创者的思想学说中才是科学的,而一旦离开那些原创者的思想学说,都只能是教科书里的教条,是我们需要掌握的文化知识,是我们"学习"的对象,既不是我们"研究"的起点,也不是我们"研究"的终点。总之,所有的文学创作都必须是具体文学作品的创作,所有的物理学研究都必须是对具体的物理现象的研究,所有的文学研究都必须是对具体的文学作品和文学现象的研究,是在研究主体能够清醒地把握的范围之中的,因而其价值和意义也是具体而明确的。只要意识到这一点,我们就会意识到,樊骏对"文化大革命"前为政治服务的中国现代文学研究观和对"文化大革命"后翻案文学的中国现代文学研究观的超越,就是中国现代文学研究观的最终的也是最根本的超越,就是中国现代文学研究学科的一次真正的革命,就是中国现代文学研究学科走向成熟的标志。因为它实现的是中国现代文学研究学科向自身本质的回归,是从一种被异化了的研究观念中重新回归到真正的研究活动中来的过程。这个过程是不可逆的。正像"反对个人迷信"就是反对对个人的迷信,不是反对了对这个人的迷信之后还需要去迷信另外一个人一样。什么是科学?科学就是人类自我求知的手段和过程,就是使人能够做到"知之为知之,不知为不知",并且能够将部分"不知"转化为"知之"的活动形式。正像一个物理学家必须能够判断自己所做的科学实验的价值和意义以及已经成功与否一样,任何一个中国现代文学研究者也应该知道自己所进行的研究活动的价值和意义以及成功与否。中国现代文学研究学科的价值和意义是不假外求的,是不需要任何外在的文化理念作为检验自己成败的标准的。

樊骏的《我们的学科:已经不再年轻,正在走向成熟》写于1994年,发表于1995年。①说实话,在当时,我对樊骏的这篇文章有点不太理解。众所周知,20世纪80年代的中国大陆,流行的是"文化热",是中国现当代历史上极少出现的文学、哲学社会科学知识分子"扬眉吐气"的时代,而到了20世纪90年代,这种"文化热"就变成了"经济热""金钱热"。"文化"("消费文化"除外)又一次降到了冰点之下,极少有人关心了。樊骏在其《〈中国现代文学研究丛刊〉:又一个十年(1989—1999)》中也曾谈到,当时《中国现代文学研究丛刊》订数锐减,几度面临停刊的危险。②中国现代文学研究者,特别是我们这些第三代中国现代文学研究者,又一次遭到政治上的重创,正处在元气大伤的精神低迷状态中。樊骏这篇文章,一反他平时对本学科研究现状的冷处理状态,反而流露出更多的热情和自信,这是使我感到极不自在的原因。直到21世纪初,我才逐渐感到樊骏这篇文章所暗示出来的他的中国

---

① 樊骏:《我们的学科:已经不再年轻,正在走向成熟》,《中国现代文学研究丛刊》1995年第2期。

② 参见樊骏:《〈丛刊〉:又一个十年(1989—1999)——兼及现代文学学科在此期间的若干变化(上)》,《中国现代文学研究丛刊》2000年第2期。

中国现代文学：它的存在就是它的意义

现代文学研究观念的深刻性。他分明是与我们立于正好相反的立场上感受和评价中国大陆的中国现代文学研究的状况的：如果说我们是在个人的历史境域中看待整个中国现代文学研究的历史命运，樊骏则是在中国现代文学研究的整体历史命运中看待我们个人的历史境域。从个性发展的角度观察，个性层面的中国现代文学研究者中间的每一个人以及他们共同持有的"五四"的"自由和平等、科学和民主"的文化理念都是有无限发展的权利及其可能性的，但是，我们又是有着五千年古代文明的中国，新文化和新文学才有不到一个世纪的历史，这注定了我们每一个人个性发展的空间不能不是极其有限的。政治上的改革开放为我们中国现代文学研究者的个性发展提供了一个狭窄的隙缝，但它归根到底不是为了我们这些从事中国现代文学研究的知识分子各自发展自己的个性的，而是为了从"文化大革命"动荡不安的政治混乱中摆脱出来，进而重新恢复"文化大革命"前曾经有过的安定和平的政治局面，首要的也是社会经济的恢复和发展，而不是我们这些知识分子的思想个性的张扬。在"文化大革命"所造成的严重经济破坏中普遍感到经济困窘的广大社会群众，甚至包括我们从事哲学社会科学研究的知识分子自己，恐怕就没有几个人是真正关心我们的中国现代文学和中国现代文学研究的，没有几个人是关心我们知识分子的个性发展的。所以，当我们在"改革开放"的旗帜下同新时期的知识分子一起逐渐挣脱了"文化大革命"及其以前的那种抽象文化理念的束缚和禁锢之后，我们的所谓"自由和平等、科学和民主"的文化理念在整个国家政治领域和广大社会群众的现实社会生活中也失去了实际的精神感召力，而只成了我们几个孤零零的哲学社会科学知识分子的思想独立的旗帜。个性，是不会自行停止其发展的，是求进而不求退的。实际上，在"文化大革命"刚刚结束，"文化大革命"及其以前的那种抽象的文化理念还威胁着每一个人的人身安全的时候，我们将我们的"自由和平等、科学和民主"的文化理念讲到哪里，哪里就像吹进了一股清风，即使人们并不知道我们的葫芦里到底卖的是什么药，但也会感到新奇、新鲜和刺激，特别是对自己的未来充满信心的青年一代，都不能不为之倾倒。但是，到了社会政治局面相对安定下来，一个以政治为轴心、以经济为脉络的新的社会秩序基本建立起来，我们的"自由和平等、科学和民主"的文化理念对于更广大的社会群众，甚至对于广大的社会青年就没有多么大的实际意义了，甚至也没有了新鲜感和诱惑力。在这时，它向任何一个方向哪怕迈出的只是一小步，也会像一个小偷将自己的头伸入了人家的门窗一样，会受到房主人的沉重一击。严格说来，只有到了这个时候，个性，才真正成了"个性"，才成了只有在自己的思想立足点上能够感到其价值和意义而并不受整个社会的青睐和欢迎的"个别之性"，有个性的人也成了孤立之人，但这却不是我们这些个性层面的中国现代文学研究者当初所理解的"个性"。所以，我们当时感到的只是个性的受挫，而恰恰是樊骏先生，通过我们受挫的个性却更清晰地看到了个性的价值。他在我们20世纪80年代的亢奋中感到了危机，同时也在我们20世纪90年代的低迷中感到了坚挺。如果说，20世纪80年代我们的亢奋更多的是政治上的亢奋，那么，20世纪90年代我们的坚挺则更是学术上的坚挺。实际上，进入90年代的中国现代文学研究学科并没有放弃学术，而是更多地回到了学术；不是更加动摇了我们的学术观念，而是更加坚定了我们的学术观念。如果说，活跃在20世纪80年代的第三代中国现代文学研究者充满了更多的社会热情，活跃在20世纪90年代的第四、第五两代的中国现代文学研究者则充满了更多的学术热情。这与"文化大革命"前历次政治运动之后所呈现出来的状态几乎是截然相反的。即使从我这个鲁迅研究者的眼里，也能够发现那些企图贬低乃至颠覆鲁迅在中国文化史上地位和作用的人，越来越远地离开了严肃的学术研究而满足于单纯的政治嘲笑乃至诋毁，而年轻一代的鲁迅研究者虽然更多地丢失了20世纪80年代的社会热情，但却更多了小心翼翼的学术研究和探讨。总之，中国现代文学研究学科没有在这一次的社会大动荡中被瓦解，反而更多了冷静的思考和低调的研究。从个性成长和发展的角度言之，这实际上标志着中国现代文学研究学科已经从青年时期的热情走向中年时期的冷静，正像鲁迅所说的"看见自己了：就是我决不是一个振臂一呼应者云集的英雄"[①]，从

[①] 鲁迅：《〈呐喊〉自序》，载《鲁迅全集》第1卷，人民文学出版社，2005，第439—440页。

中国现代文学:它的存在就是它的意义

整个中国现代文学研究的状况视之,就更是如此。樊骏的感受和判断不但不是错误的,反而表现出他的独到和深刻。我认为,我们每一个中国现代文学研究者,不论在任何一个历史时期,不论遇到任何一种社会文化的变局,都必须牢牢记住樊骏先生在这篇文章中所暗示给我们的这样一种意识、一种思想:我们中国现代文学研究学科过去是,现在是,将来仍然是中国学术中的一个学科,它不是中国当代学术的全部,更不是中国当代文化的整体,它无法包打天下,更不能决定整个中国及其文化的命运和前途。它有自身的存在根据,有自身为其他学科所无法代替的优长,但也有自身无法克服的局限性,它的最完满的表现形式也像社会中的一个人一样,就是它自身的健康成长,就是它自身的存在与发展,并在此基础上发挥它所能够发挥的社会作用。对它抱有过多的希望,将会使它面临更大的危机,但对它感到绝望和失望,也是大可不必的。

关键在于:它存在着,就有其存在的意义;它的存在就是它的意义。它存在着,就有发展的可能;有存在,有发展,就有前途。——虽然我们谁也无法断定它的前面还有什么。

原载《天津师范大学学报(社会科学版)》2012年第1期

中国现代文学研究的当代性[1]
——《樊骏论》之一章

一

樊骏先生不是一个风云人物,所以也没有风云人物所不能没有的旗帜和口号。在我的印象里,他只提出过一个学术命题:"中国现代文学研究的当代性",也没有引起过太多人的注意。

在当时,我是尾随先锋派人物讲"现代性"的,记得我博士生毕业之后申报的第一个国家课题就是"现代意识与现代文学研究",结果是无疾而终,最后并没有完成,因为到了那时,人们就争论起"什么是现代性"来,结果就有了一个"现代性的大讨论",而最后出来收拾残局的则是"后现代","现代性"就不是一个最先进的标准了。我想,既然人们对什么是现代性还没有一个统一的看法,对我们具体从事中国现代文学研究的人也就意义不大了,因为大家都说"现代性",而每个人说的"现代性"又是各不相同的,势必就会造成概念的混乱,相互理解的渠道就被堵塞了。所以,到了1990年代,我就没有了"主义",反倒是樊骏先生

---

[1] 本文是作为纪念文章写的,为避免引经据典的学究气,本文对相关资料不加详细注释,必要时随手在括号内略做说明。请读者谅解。樊骏先生的文章均见人民文学出版社2006年2月版《中国现代文学论集》,不另加注。

中国现代文学研究的当代性

提出的这个淡而无味的"当代性"更经常地出现在我的脑海里。

时至今日，樊骏先生当初是怎样具体阐释这个"中国现代文学研究的当代性"命题的，我认为已经不太重要，但至少在我现在的理解中，它却几乎能够说明迄今为止我们中国现代文学研究学科所遇到的所有重大问题。

为什么这样一个淡而无味的命题却有这样的生发力呢？我认为，它与在我们当中流行的所有口号都有不同。如果说所有其他口号都是从外部强加给我们中国现代文学研究的，是作为"先进性"的标志而被提倡的，樊骏先生这个命题则是对我们中国现代文学研究学科自身性质和意义的说明，它是一个不能不如此、不会不如此的陈述；如果说其他的一些口号是在特定前提下推论出来的一些"定理"，它则是一个不需推论、不证自明的"公理"。我们这个学科就是在这个"公理"的基础上建构起来的。

"中国现代文学"是我们研究的对象，我们这个研究的对象是历史上的存在，是历史性的存在，是一个已经完成了的过程。但我们这个"中国现代文学研究学科"却是当代学术中的一个学科，是一个正在生成与发展着的学科，是在中国现代文学史这个过程已经完成之后对它的不断追忆与反思。"今天的研究工作终究只能是当代人的思考的成果"（樊骏：《论中国现代文学研究的当代性》），我们是在"当代"对中国现代文学进行研究的，我们每个中国现代文学研究者也是一个"当代人"，是以一个"当代人"的心灵感受了解中国现代文学的，也是以一个"当代人"的眼光看待中国现代文学的，并且是说给、写给当代人的，是以当代人能够接受和理解的方式说和写的。我们之间也有各种各样的差别，各种各样的矛盾和对立，但即使这种差别、矛盾和对立，也是当代人之间的差别、矛盾和对立。有些是从过往历史上延续至今的，有些是刚刚产生的，但不论哪种情况，都是"当代"的，而不是已经不存在的，不是仅仅属于过去的。所以，这个"当代性"不是从中国现代文学研究学科的外部引入我们学科内部的，不是对我们这个学科提出的更高的要求和更美丽的希望，而是我们中国现代文学研究学科自身的性质，是本来如此、不能不如此、不如此就不属于严格意义上的中国现代文学研究的自身性质的表述。

既然中国现代文学研究是当代学术、当代文学研究中的一个学科，这个学科存在的价值和意义就不是历史性的，而是当代性的，是当代社会、当代文化、当代人的一种需要，主要不是为现代作家树碑立传的，不是为现代作家论功行赏的。不论任何一个时代的人，都不是生而知之的；不论任何一个现实的社会，都不是完美无缺的。任何一个时代的人都需要成长和发展，任何一个时代的社会都需要不断丰富和完善，因而任何一个时代、任何一个现实社会的人都是首先通过过往历史上已经存在的文化成果丰富自己、发展自己，并通过自己的成长和发展而丰富和完善自己时代的现实社会的。文学，毫无疑义，是整个人类，也是一个民族的历史上不断积累起的文化成果的一种，而中国现代文学则是这全部文学成果中一个历史时代的文学成果。我们当代人同样需要通过了解它、掌握它而丰富和发展自己。因此之故，才有了我们这个学科，我们这个学科才成了全部当代文化、当代学术中的一个组成部分。我们这个学科就是为了传承中国现代文学成果的，而传承中国现代文学成果则是为了当代中国社会、当代中国人的需要，是我们当代中国人的一种文化实践，其价值和意义不是历史性的，而是当代性的。实际上，这也是一个不言自明的道理，并不是一个深奥难懂的玄理。

真理，都是简单朴素的，但也正是这些简单朴素的真理，却常常被人忘记，因为它们说起来和听起来都是淡而无味的，既不会引起人的惊异，也不会引起人的崇拜，而一旦忘掉了这些简单朴素的真理，人们就会离开事物的本体，被那些堂而皇之的东西引诱到一种似是而非的境地，不但失落了外部的世界，甚至连自我的本体也被自己遗失了。在我称为毛泽东时代的那个时代里，我们中国现代文学研究学科与整个社会上的人一样，是讲马克思主义的，是讲唯物主义的，我们将中国现代文学当作一个完全客观的事实，我们将马克思主义、毛泽东思想当作一种完全客观的真理，一个"放之四海而皆准"的真理，似乎这些客观的事实，这些客观的真理，是不容许我们当代人通过自己的感受和体验而把握，而修正，而丰富和发展的。只要一个权威人物用马克思主义、毛泽东思想将中国现代文学史上的某个作品、某个人物或某个事件给予了一

中国现代文学研究的当代性

个确定性的说明，我们就只能遵从照说，谁也不能越雷池一步，直到这个权威人物倒了台，"证明"了他的话不是马克思主义、毛泽东思想的，不是客观的真理，我们才"幡然悔悟"，于是便回过头来将其打倒，摧毁，砸烂，"扫进历史的垃圾堆"。实际上，这并没有使我们多懂一点理论，多有一点思想，而是连我们的中国现代文学研究学科，连我们自己都遗失了。这样的中国现代文学研究实际上已经不能称其为中国现代文学研究，这样的中国现代文学研究者也就不能称其为中国现代文学研究者！

正是因为毛泽东时代不但没有拯救了我们的中国现代文学研究，甚至也没有拯救了我们自己，所以在"文化大革命"结束之后我们提出了"主体性"的问题，提出了个性解放的问题，尼采的个人主义也在中国风靡一时。它结束了此前文化界"万马齐喑"的局面，带来了"文化大革命"结束之后的思想解放。这在我们中国现代文学学科的研究中，则是大量现代作家和作品的解放，我们中国现代文学的观念也趋于丰满化、完整化。文学史就是文学史，不是政治史，也不是政治思想史，一个时代的文学是由那个时代各种不同倾向的文学作品共同构成的，并且各种类型的文学作品正是在这个整体的文学格局中显示出自己的特色，呈现出自己独特的意义和价值的。但是，如果具体到我们中国现代文学研究学科自身，具体到我们中国现代文学研究者的具体实践，我们就不能不看到，这个"主体性"的问题，这个"个性主义"的问题，充其量只是问题的一个侧面，只是鸟的一翼，只有它，我们还是飞不起来的。为什么呢？因为我们研究的对象是中国现代文学，是文学，而我们从事的则是中国现代文学研究，是学术。较之学术，文学（优秀的文学）具有更高的主体性品格，它与读者的交流是主体性与主体性之间的心灵交汇，是以一个独立个性的形态直接进入世界的，使人发生的是一种直接的感受或感动，这一切又以其发生在一个虚拟的世界中而具有了自己的合理性与合法性。我们说文学是自由的，说的是文学家有想象的自由和表现自己的自由想象的自由。而学术则需要更高的理性的品格，研究者不但要以确定的知识为研究对象，并且还要以确定的方式进行研究。他不能仅仅知道自己，更重要的是要了解别人，了解外部世界，自己的思想产生于了解别人、了解外部世界的基础上,而不是我们平常所说的"本我"。学术也需要自由,但学术的自由主要不是自我表现的自由,主要不是"说真心话"的自由,而是说出真实、说出真理的自由。学术不能主观化,一味地"主观",就不需要研究了,就可以信口雌黄了。不难看出,在"主体性""个性解放"的滥觞中,也造成了大量不负责任、信口雌黄的批评文字:一句话就可以颠覆一个作品,一篇文章就可以颠覆一个思想体系。这样的文字,严格说来,也已经不属于学术研究的范畴。

当我们再回到樊骏先生所说的"中国现代文学研究的当代性"这个命题上来,我们就会看到,我们中国现代文学研究学科从"文化大革命"到新时期的整个历史转变,实际上只是我们学科当代性的一次实现过程,亦即是我们学科自身本质的一次复归:作为一个当代的中国现代文学研究学科,现代的中国文学已经转化为我们的研究对象,而不再是现代读者的直接学习、模仿的对象,或直接厌恶、拒绝的对象,研究的目的也主要不是简单地肯定、拥护,或简单地否定、打倒,而是对它们做出我们所能够做出的新的阐释和解读,做出我们所能够做出的新的分析和认识。中国现代文学对于任何一个现代读者都只是分散地阅读或思考的对象,因为对于他们还根本不可能有一个完整的中国现代文学的观念,他们是彼此互看的。而对于我们中国现代文学研究学科,中国现代文学则是一个整体,我们面对的是一个整体,任何一个部分都要纳入整体关系之中来考察,任何部分都无法代表整体,因而所有中国现代文学作家及其作品原则上都要包括在我们的研究对象的范围之中,研究是没有禁区的。有了禁区,研究对象就不是一个完整的整体了,研究活动就无法正常进行了。这对中国现代文学本身的完整性并无伤害,伤害的是我们当代这个中国现代文学研究学科,是我们当代中国现代文学研究者对于中国现代文学整体的感受和了解。我们也"互看",但主要是在我们当代人与当代人之间的互看,而对于中国现代文学则是"聚看":大家一起观察和了解中国现代文学。一个学科有一个学科的独立研究任务,中国现代文学研究是对中国现代文学的研究,既不是对中国现代政治的研究,也不能包治百病,所以它既不是为现实政治服务的,也不是不为现实政治服务的,它首先只是它自己,有它自身的价值和意义;一个学科

中国现代文学研究的当代性

应该有一个学科的研究平台,这个学科的学术问题是通过这个学科的研究以及相互的讨论、辩驳而逐渐得到解决的,既不必提交到政治的法庭上去,接受政治的终审判决,也不必通过全民投票,实行少数服从多数的原则……不难看出,我们中国现代文学研究学科在从"文化大革命"向新时期转换途中所争取到的所有这一切,都只不过是我们中国现代文学研究学科在当代的发展中所不能不发生的变化罢了,只不过是它自身本质在当代文化发展中的一个实现过程罢了,它是通过我们当代中国现代文学研究者的自身研究实践争取到的,而不是我们的研究对象本身所已经拥有的。在这样一个变化中,中国现代文学研究学科进一步当代化了,它愈益离开了"现代",离开了历史,而走向了"当代",走向了未来,成为中国当代学术文化中的一个名副其实的独立学科,而中国现代文学却被我们更远地留在了历史上,成为我们当代中国文学研究学科的研究对象。

二

实际上,这个中国现代文学研究的当代性的问题,并没有到此为止,因为中国现代文学研究学科要在当代社会存在下去,发展起来,就必须找到自己在中国当代社会持续存在和发展的价值和意义。

一个新生儿诞生了,一开始,他既接受自己父母的养育、保护,也接受父母的束缚、禁锢,但自身的生命又使其不断成长、壮大,以至独立成人,走向社会。但在社会上,像他这样已经具有独立性的生命个体并不仅仅他一人,他必须与其他所有这些具有独立性的个人共享这个社会,既不能独霸这个世界,也不能被其他人挤出这个世界。这就需要他在现实社会找到自己发挥独立作用的空间,既能有益于现实社会,也能维护自己做人的独立和尊严。这不是一件一劳永逸的事情,不是根据一个由理论家、思想家发明出来的理论和"主义"就能实现的,不是有了由政治家、革命家制定出来的一套"制度"就能得到可靠保证的,而是一个人在其一生中随时遇到、随时应对的问题,是一个个"当代性"的问题。一个人是这样,一个学科也是这样。

当我们意识到中国现代文学研究学科的"当代性"的问题时，同时也会意识到中国学术所有学科的当代性的问题。我们中国现代文学研究学科有一个当代性的问题，中国古代文学研究学科也有一个当代性的问题，甚至政治学、物理学、古生物学也都有一个当代性的问题，都是当代学术的一部分，都要在当代社会找到自己存在的价值和意义。所以，这个当代性的问题，既与历史性构成一种历时性的关系：中国现代文学研究学科与其研究对象——中国现代文学是在历时性关系中构成的统一整体，同时也与其他所有同样具有当代性的学科构成一种共时性的关系：中国现代文学研究学科与其他所有研究学科在共时性关系中构成一个更大的学术整体——中国当代学术。这个学术整体是结构性的，既相互渗透，又相互区别；既相互促进，又相互挤压。在这里，就有了一个学科必须随时面对的问题，不断通过自己的研究对自身所面临的所有这些问题做出既合理又明确的反应，以为自己的存在和发展争取尽量广阔的空间。也就是说，我们中国现代文学研究学科在当代社会所面临的问题，绝对不仅仅是一个单方面的社会发展过程中的先进与落后、正确与错误的问题，还有一个与其他各种不同学科的研究活动在其发展过程中随时可能产生的差异和矛盾的问题。对于这些问题，我们中国现代文学研究学科既不能以霸权主义态度粗暴抹杀之，也不能以奴隶主义态度一味迁就之，而必须通过自己的研究活动首先求得学理上的解决。否则，我们的学科终将走向僵化、灭亡的路。不难看出，所有这些，都包括在中国现代文学研究的当代性的问题之中。

人所共知，在从"文化大革命"到新时期的文化转型中，我们中国现代文学研究学科是起到了先锋性的作用的。但必须看到，在这先锋性的作用背后，也是有极其复杂的背景因素的，其中既有我们中国现代文学研究学科从自身——中国现代文学研究汲取的力量，也有从现实政治权力关系的变化和中国近现代政治思想史的思想视角所获得的外部力量的支持，甚至我们从"文化大革命"前的思想路线中冲决出来的力量也仍然主要来自这个思想路线从外部注入我们学科内部的力量。不难看出，如果没有毛泽东对鲁迅及其作品的崇高评价，新时期鲁迅研究是不可能在从"文化大革命"到新时期文化的转型过程中发挥如此显著、如

中国现代文学研究的当代性

此普遍的作用的,而政治上的"改革开放"路线、政治上的"拨乱反正"仍然是中国现代文学研究学科起死回生的基础力量,而在中国当代学术领域的内部,则是中国近现代思想史的最新研究成果为中国现代文学研究学科注入了思想的力量,李泽厚的《中国近代思想史论》在中国现代文学史的历史定位中起了至关重要的作用,也给当时萎靡不振的中国现代文学研究输入了新鲜的血液。但是,所有这些从中国现代文学研究学科的外部注入的思想力量,既能够起到重新激活中国现代文学研究学科的作用,也在中国现代文学研究学科的发展道路上埋伏下了更大的危机。这里的原因是不难理解的:任何不同的学科都有自己不同于其他学科的特定的指向目标和发挥自己独立作用的文化渠道("道"),"道不同,不相为谋"(孔子),过重地依赖外部的力量最终必将导致自身的异化,将自己变成他者的附庸,而失去自身的本质。不论毛泽东对鲁迅及其作品的评价发自于多么真诚之心,又是多么的精准而高屋建瓴,但归根到底是立足于他所领导的中国共产党的政治革命的立场之上的,是服务于其夺取政权、巩固政权的政治斗争的目的的,并且是通过他的政治地位在其政治权力所及的范围发挥自己的影响力量的。在从1949年至1976年的约四分之一个世纪的历史上,毛泽东对鲁迅及其作品的崇高评价不但使鲁迅及其作品免受了覆灭的命运,而且使其得到了超常程度的广泛传播,但这种传播在更大程度上是在政治思想范围内的,是直接附着在毛泽东崇高的政治权力地位之上的。在这个范围内,鲁迅越来越成为一个政治的符号,并不具有实质性的文学内容。其中绝大多数接受者,接受的只是毛泽东对鲁迅的评价,甚至就没有阅读过鲁迅的任何作品,少部分也只是半懂不懂地在中学语文课本中读到过鲁迅的几篇文章。真正读过鲁迅作品的,仍然主要是大学中文系的学生,并且也必须透过一层层的政治意识形态的遮蔽。正是通过毛泽东对鲁迅及其作品的崇高评价,他们每一个人都以为真正懂了鲁迅,而在实际上却对鲁迅一窍不通。在"文化大革命"前,正是在这个庞大的文化力量的基础上,将一批真正亲近鲁迅的作家和评论家驱逐出了文坛,而在"文化大革命"之后,随着毛泽东的"走下神坛",他们又成为新时期中国鲁迅研究者所必须承担的极其沉重的压力,他们从正反两个方面向新时期的鲁迅研究者提出的责难，都是一些似是而非而又极难回答的问题，并将新时期的鲁迅研究栽入一团雾水之中。这些仅仅依靠毛泽东对鲁迅的崇高评价而崇仰鲁迅的人，最终都抛弃了鲁迅。

政治上的"改革开放"，政治上的"拨乱反正"，无疑是中国现代文学研究学科在"文化大革命"之后获得新生的基础力量。没有这个政治上的变化，我们中国现代文学研究者中的任何一个研究者都不可能仅仅依靠自己的中国现代文学研究成果而争取到我们学科的整体复兴。但历史的诡异之处恰恰在于，这个拯救了我们学科的政治改革运动，其总体指向目标却不能不是向自身本质的更加迅速、更加彻底的回归的过程，而国家政治的"富国强兵"的物质性目标与文学艺术的精神性目标在整个人类文化史上都不能不是处于矛盾参差关系中的两种指向目标，这使我们中国现代文学学科更严重地失去了现实政治权力的直接保护而赤裸裸地落入了与各种强势文化学科的不一定平等的竞争中，而在这种竞争中，我们的弱势地位就愈加清晰地显现出来了。如果说"文化大革命"之前反对"厚古薄今"的国家文化政策至少在观念上保留了我们学科的先锋性的学术地位，而这时，这种先锋性的地位不仅受到了从各个方面来的严重挑战，甚至在我们自己的思想观念中也逐渐发生了动摇。

思想史，特别是中国近现代思想史不但是"思想"的历史（并非文学的），同时也是带有强烈进化论色彩的历史（文学的历史是变化的，但却并不总是进化的）。正是在这个层面的进化链条上，五四新文化、五四新文学得到了更高程度的肯定，这给我们在阶级论中总是受到歧视和压制的中国现代文学及其研究者注入了一支强心剂。但这种思想史的叙述脉络并不完全等同于思想史家自身的思想基础，到了李泽厚的《中国现代思想史论》，其叙述脉络就与我们的中国现代文学史的脉络发生了内在的裂痕，而1990年代初李泽厚提出的"告别革命"的口号更公开宣示了他的思想基础是改良主义的，这对于一个思想史家当然是无可厚非的，但对于我们这些以研究与两次政治革命（孙中山领导的辛亥革命和毛泽东领导的中国共产党的政治革命）有着直接呼应关系的中国现代文学的李泽厚的信徒们，却不能没有一种两脚踏空的感觉。

20世纪七八十年代的中国学术，就其总体，是从自身内部汲取力量的，经历过"文化大革命"及十七年现实社会生活磨难和磨炼的中国知识分子，不论在当时是以什么样的文化姿态进入文坛的，不论是保守的还是激进的，都是本色自我的一种直接呈现，在其总体上也呈现着中国现实社会的真实思想面貌。在"文化大革命"之前的大学生中通过硕士研究生、博士研究生阶段的学习涌现出一批新的学院知识分子，在"上山下乡"的回乡知识青年中涌现出一批新的诗人和作家，他们的一个共同的特征就是他们的文化选择带着他们特定的生活体验和精神感受，他们是有了一段人生经历之后才选择了自己的文化道路的，因而他们不会轻易地完全割断与自我真实生活体验和精神感受的联系，也不会轻易地完全割断与中国现实社会生活的联系，而在这两类人的学术研究与文学创作之间，也有相互理解的广阔渠道，呈现着学术与文学共进的姿态，这使我们当时的中国现代文学研究与当时的文学创作也有着相互发明、相互促进的作用。上述两部分人的共同缺点是由于"文化大革命"对学校教育秩序的破坏所造成的思想文化资源的不足，在内缺乏丰厚的中国文化知识的修养，在外缺乏丰厚的西方文化知识的积累，政治上的向外开放，使这时的中国知识分子是带着自己的思想饥渴而向西方文化学习的，但他们的开放更是在自我基础上的开放，更是带着自我在民族社会生活内部所已经积累起的较为丰富的生活体验和已经形成的较为深刻的人生感受而到外国文化中汲取自己所需要的文化营养的。而到了1990年代，主要由这两部分人构成的带有启蒙主义色彩的思想文化潮流由于与"文化大革命"之后急于重建政治新秩序的政治意志发生了直接的冲撞而受到严重挫伤，其后便发生了自身的分化，而继之而起的则是从学校教育中培养出来的青年一代知识分子。他们与上几代知识分子的一个根本区别是没有校外的社会经历和体验，他们的文化观念主要是从学校教育和书籍文本中接受来的。在那时，国家已经基本完成了以政治思想建设为中心向以经济建设为中心的战略转移，中国大陆以人文文化为重心的国家文化也急遽向以物质文化为重心的国家文化转移，科技知识分子迅速取代人文知识分子而成为中国学院文化的主体。人文价值关怀的迅速低落、物质实利主义关怀的迅速增长成为这一代青年知识分子的突出特征。仅就这一代人文知识分子而言，由于以考试为杠杆的中学教育和以升学为目的的家庭教育以及消费文化在社会上的公开蔓延，极大地压缩了中小学阶段自由阅读的时间，中外历史上积累起来的大量文学文本阅读量的不足成为这一代知识分子的严重缺陷，研究生教育的发展更加强了自大学教育开始的专业化分工的倾向，其阅读对象多集中于专业范围之中。但是，这时向西方文化开放的局面已经正式形成，对西方当代思潮的强烈关注和直接接受是这一代知识分子之能够超越前几代知识分子的主要文化资本，人生经历的相对缺乏、历史意识的相对薄弱与文化价值意识的空前炙热化、理性思辨能力的空前加强，使这一代中国知识分子正式完成了从平民知识分子向精英知识分子的转化。20世纪80年代的文化战争是社会地面上的战争，所争论的是我们怎么办的问题，带有很强烈的平民主义特征，因而也无法避免社会功利主义的色彩。1990年代的文化战争是文化天空上的战争，所争论的都是抽象的理念，自由主义者坚守的是"自由"的理念，民族主义者坚守的是"民族"的理念，"新左派"坚守的是马克思主义的文化理念，甚至消费文化也有一些先进的消费主义的文化理念。这些文化理念的一个总体特征就是都有当代西方文化思潮的渊源，有本可查，有理可据，因而也都具有当代学院文化的典型特征。毋庸置疑，1990年代的文化思潮也给我们中国现代文学研究学科带来许多有益的变化，使我们这个原本属于学院学术的学科具有了更加显著的学院学术的特征。但是，在其总体上，我们又不能不看到这种理念化的本质主义的思维方式，都是乖离于我们中国现代文学研究学科的文学研究和历史研究的性质的，它进一步疏离了我们与文学文本、与文学历史现象之间的关系，因为任何一个文学文本都是不能简单地归于一个抽象的本质的，任何一个历史现象都是不可能不带有自己那个时代的独立特征的。1990年代所有这些思想潮流之间都有着尖锐的内在矛盾和冲突，但对于中国现代文学学科却采取了几乎相同的歧视乃至疾视的态度，并从各自的立场出发向早已失宠于主流意识形态的中国现代文学研究学科先后发起过几次具有相当规模的"斩首行动"：一批当代青年作家公开宣布鲁迅已经成为"一具僵尸"；自由主义者向中国社会发出"是鲁迅，还是胡适？"的质问，并明确做出了"回归五四，首重胡适"的结论；甚至"新左派"也是以超越了鲁迅的当代马克思主义文化的姿态向社会发言的。但是，所有这些超越都是依靠一种抽象的文化理念所做出的超越，而不是依靠实际的文学创作对鲁迅做出的文学上的超越。我们可以根据自由主义者"回归五四，首重胡适"的命题发现，1990年代的文化论争，归根到底只是不同文化学科之间争夺文化领导权的斗争：从中国共产党领导的政治革命的角度，"回归五四"，自然是"首重李大钊、陈独秀"，这可以视为毛泽东早已说过的五四新文化运动是无产阶级领导的这一文化命题的另一种说法，1990年代的"新左派"则是当代学院派中的马克思主义文化传统的传人；从中国现当代学院学术传统的角度，"回归五四"，自然是"首重胡适"，1990年代的自由主义者其实是中国英美派学院知识分子文化传统的传人；从中国现代高等教育史的角度，"回归五四"，自然是首重"蔡元培"。由此可见，从我们中国现代文学研究学科的角度，"回归五四"，自然就应当"首重鲁迅"，1990年代各个文化派别向鲁迅发出的挑战，不正是我们这个学科在当代学院学术中实际地位的写照吗？

　　对于一个民族，任何一个历史时期的文化，由于文化视角的不同，是会有各种不同的观感的。1990年代的文化是人文价值日趋低落、物质实利主义倾向日趋加强的年代，所以从我们人文主义学者的角度，很难找到一个完全客观的标准对它做出一种较为客观的评价。我倒认为，我们不妨用中国古代知识分子常用的一种方式概括1990年代中国大陆文化的特征：中国大陆的文化发生的是沉浊者降而为地、轻清者升而为天，一种新的独立的文化宇宙逐渐成形的过程。在这个历史时期，政治不再像毛泽东时代那样只注重那些很难抓牢的有些虚无缥缈的思想意识一类的东西，而将与现实政权建设有着直接利害关系的"富国强兵"的经济目标更加牢固有力地抓在自己的手里。在社会关系中，首先注重培植能够给社会带来物质财富的国营的或私营的工商企业家；在文化关系中，首先注重扶植能够直接服务于经济建设目标的科学技术人才。并以政治为杠杆将所有这些社会力量（政治的、经济的、文化的）更紧密地结合在一起，从而构成了一个像大地一样坚固有力的物质生产与生活的现实，使社会上的每一个青年人必须首先在这个物质生产与生活的现实中为自己找到尽量牢固的立足之地，然后才能试图建立自己精神生活的家园。与此同时，这时的人文文化却以各种清纯透明、一尘不染的文化理念的形式像浮云一样向高空飘升，自由主义者讲的是比鲁迅更加清纯而又洁净的自由主义理念，民族主义者讲的是比鲁迅更加纯粹而又严正的近代民族理念，而"新左派"坚持的则是比鲁迅更加彻底而又坚决的反西方主义、反资本主义的文化立场，并由所有这些文化派别构成了1990年代的文化天空。它们像五彩斑斓的云朵一样在空中飘移，但他们只是一些人文主义知识分子，既不能生产权力，也不能生产物质财富，只能生产"话语"，而他们用"话语"提出的所有问题却都与政治、经济的权力关系有着直接的联系，不论怎么说，都是无助于现实物质生产和生活的实际变化的，但他们又一致漠视像鲁迅杂文那样既能诉诸明白的理性，也能诉诸人的精神，嬉笑怒骂皆成文章的激进主义话语风格，因而它们又与现实的物质生产和生活的地面共成一个和谐的文化宇宙。在这样一个文化的宇宙中，我们中国现代文学学科成了一个悬在半空的浮游物，向下构不成现实社会的物质基础，向上飞不到任何一片抽象文化理念的高空，其先锋性的社会文化地位就可悲地丧失了。

从新时期开始的中国大陆文化，是在"文化大革命"造成的文化废墟上重新起飞的文化，向西方发达资本主义国家的文化开放并以之改革中国大陆现实的政治、经济、文化的体制则是这个时期中国大陆文化发展的主要指向目标。以苏联为首的社会主义阵营的解体，更加强了以美国为首的西方发达资本主义国家文化在整个世界的影响力，也更强化了它对于当时中国大陆文化在政治、经济、文化上的全面优势地位。文化，在其实践上是有历史的具体性的，但在其价值理念上又是可抽象化的，有抽象性的。当时以美国为首的西方发达资本主义国家的文化对中国大陆文化的全面优势地位，将西方文化的基本价值观念上升到普世性价值的高度，成为当时诸多具有开放心态的中国大陆知识分子的基本文化理念，并在此基础上形成了新一轮的西学热和留学潮、出国潮。但是，这种理念上的普世性价值却与现实世界民族分化的现状相矛盾。普世性价值一旦与特定民族在特定历史阶段的特定利益相结合，就会将事情变得异常复杂（其实，这是文化对人的异化的一种主要形式），其中很可能既有抽象文化价值理念上的某些合理性因素，也更有在特定历史阶

中国现代文学研究的当代性

段不同民族实际利益关系上大量极不平等、极不合理的成分，仅仅成为强势国家压迫、剥削弱势国家的口实（理论根据）。实际上，从鸦片战争以来的中西关系和中西文化关系，就一直纠结在这种纷乱如麻的关系中。我认为，必须在这种纠结的复杂关系中理解鲁迅的"拿来主义"。这种纠结关系在中国大陆学院文化的背景上，就有了两个极端性的发展。学院文化是讲"学理"的，而任何"学理"都是一种抽象，都有一个抽象的本质主义理念，并且都是在一个抽象的本质主义理念的基础上构成自己的思想系统的：非此即彼。从1970年代末到1990年代的出国知识分子，由于西方发达资本主义国家对于中国大陆在政治、经济、文化上的全面优势地位，就其总体倾向，是接受西方中心主义的价值观念的，是对到那时为止的中国文化持有笼统的批判态度的，这种文化价值观念也影响了中国大陆整整一两代的青年知识分子，使他们在对中国文化还没有一个较为全面、细致的了解，更没有较丰富的实际人生经历及其体验的时候就直接接受了西方中心主义的价值观念。实际上，他们的这种西方中心主义的价值观念是极其单薄的，其单薄性直接表现为缺乏基本的分析能力。不论在何种条件下，无论巨细，都认为西方与中国不同的就是优越的，即使有明显的弱点也是可以理解的："爱屋及乌"；而中国与西方不同的则是落后的，即使有明显的长处也是无足轻重的："憎屋及乌"。他们这种价值观念的单薄性还表现在其脆弱性上，缺乏坚韧性，容易发生变化。今天还是一个信誓旦旦的西化派，第二天就成了一个头头是道的正统派。到了21世纪，受到"文化大革命"严重破坏的中国大陆经济已经得到了迅速发展，中国大陆的政治形势也度过了因老一代政治权威离世而经历的动荡期和危机期，中国大陆开始以"崛起的大国"的形象出现在整个世界上。大量归国留学生不但受到中国大陆国家政权的格外重视，在经济上也有了较近于西方国家学院知识分子的优厚待遇（主要是一些科技知识分子），基本满足了历代留学归国学院知识分子所向往的"有施展自己才能的机会"的理想，并逐渐成了能执中国大陆文化牛耳的一个精英知识分子群体。中国大陆留学潮、出国潮使滞留西方发达资本主义国家的中国知识分子数量猛增，在这些国家求职变得越来越困难，西方发达资本主义国家的文化对这些知识分子的吸引力越来被现实人生道路选择上的实际需要所遮蔽，一种反叛西方中心主义价值观念、向中国大陆本土文化反转的思想倾向遂在他们中间逐渐加强起来，并逐渐浸润到更年轻一代的知识分子和普通民众中间去。与此同时，由于经济条件的好转、英语教育的进一步普及，中国大陆本土的学院知识分子，特别是极少数精英知识分子也更多地融入现实的政治经济体制之中去，并以中国大陆知识分子的代言人的身份参与到国际的学术交流中去，他们与西方精英知识分子、滞留西方的中国（大陆、台、港、澳）精英知识分子组成了一个称为"地球村"的人文学术世界，构成了一个称为"全球化语境"的人文文化"语境"，而在这个"地球村"上的"全球化语境"中，除了原有的以西方中心主义的价值观念作为普世性价值观念体系的知识分子群体之外，也有了更多以中国固有文化传统作为普世性价值观念体系的知识分子，他们在反对西方中心主义、反对资本主义，将中国文化推向世界的大纛下成为当代世界文化中的一翼，并在中国大陆本土掀起了新一轮的"儒学热""理学热"和"国学热"。如果说20世纪八九十年代的新儒家学派、保守主义文化思潮、"新左派"和"西马派"还取着援西证中的形式，并以各自为战的形式出现在中国大陆文化中，到了21世纪的"全球化语境"中，它们就有了一种联合作战的形式。"三统"理论（以孔子为代表的儒家伦理道德传统、以毛泽东为代表的马克思主义的革命传统、以邓小平为代表的经济上改革开放的思想传统）成功地将自古及今的中国文化概括为一个整体，修筑了一道抵御西方中心主义价值观念入侵的文化上的万里长城。不难看出，在以"全球化"为特征的21世纪第一个十年中国大陆文化的这两个文化阵营中，我们中国现代文学研究学科都是不可能具有自己独立的地位的。相对于这时的"西方主义"，我们的中国现代文学不能不是"中国的"，而相对于"东方主义"，我们中国现代文学又不能不是"西化的"，像一个放了脚的小脚女人，没有放脚的与没有裹过脚的女人都看不起她，可谓两头不落好。如果说1990年代中国当代学术的"斩首行动"是针对我们中国现代文学学科的，是以"鲁迅"为标的的，进入21世纪的中国当代学术的"斩首行动"就是针对整个中国新文化的了，就是以五四新文化运动为标的的了。在这时，不论是西方主义者，还是东方主义

中国现代文学研究的当代性

者,都是以消解乃至贬低五四新文化运动的意义和价值为特征的。在这里,我们仍然应该看到不同学科之间的矛盾和差异。只要对"三统论"略加分析,我们就会看到,它只是中国从古到今三种主要形态的国家意识形态的理论,而它要抵御的,也只不过是以美国为首的当代西方发达资本主义国家的国家意识形态罢了。就其学科的性质,都属于当代国际政治的范畴,是作为不同国家的政府文化发言人的身份出现的,与我们中国现代文学学科的文学研究和历史研究的性质都有点风马牛不相及。从学术的意义上,不论中国文化,还是西方文化,都是无法抽象为一种本质主义特征的极为复杂的无量数的种类繁多的文化现象构成的朦胧整体,并且各自都有了极为漫长的不停变化着并且继续变化着的历史,是我们需要不断认识并永远无法穷尽对它们的认识的对象。抽象,只不过是人类认识世界的一种方便的方式罢了,只不过是为了看清当时需要看清的一两个问题所做出的一种临时性的规定而已。如果我们以为自己真的知道了中国文化是什么,西方文化又是什么,那就有点不自量力了。

我之所以将话题扯到如此遥远的地方,无非是为了说明,樊骏先生所说的中国现代文学研究学科的当代性的问题,不论是过去,还是现在,或者将来,都是我们中国现代文学研究学科所面临的主要问题,是永远附着在我们学科的本体之上而构成我们学科本质的一个问题。

2011年9月8日于汕头大学文学院
原载《现代中文学刊》2012年第1期

我在人生歧路上徘徊的时候，
他伸出了一双温暖的手……
——沉痛悼念恩师薛绥之先生

夜，静下来了，只有远处隆隆的汽车声在我心头滚过。

我从来没有觉得北京的夜这么静过，从来没有感到北京的夜这么浓过。

沉静的夜浸泡着我的悲哀，使它像黏稠的浆液胶着我的心。我想大哭，在夜母柔情的怀抱里；我想大叫，在宇宙广漠的幽静中。但我无泪，无声，只有沉重的铅块压在我静止了的心上。

薛师真的离我们而去了吗？带着他温厚的笑容，迈着他匆促的脚步……

不！我要向整个宇宙宣布：不！这不可能！我不相信！我不相信！

昨天，我收到他的信。

他要我注意保养身体，做到八十岁还能为人民工作；

他说《鲁迅杂文辞典》已交出版社，5月份可望发排；

他说《鲁迅研究资料丛书》的出版事宜已经做了重新安排，要我在今年第三季度完成自己担负的任务；

他说他不久便搬到山东大学去住，以后的信件径寄山东大学文史哲研究所；

他说……

我在人生歧路上徘徊的时候，他伸出了一双温暖的手……

一个精神矍铄的老人，正在学术事业的道路上奔波。微风，吹拂着他头上的细密的银丝，鼓胀起他宽松肥大的衣襟。他的腰微微弓着，重心总是落在前边，脚步似乎是不由自主地越来越快，越来越急；他的两眼微细，目光和顺而明亮，躲在那副近视眼镜的后面……

不！薛师呵，你没有死！你不可能死！请你告诉我！在那茫茫的夜空，用你平时略带嗳嚅的语调，用你日常亲切的声音，告诉我！那是一场恶作剧！那是一个大谎言！那电报，那躺着几个僵死的数码和几个干瘪文字的电报！

夜，静静地，静静地软瘫在大地上，连它的喘息声也听不到。

时间，横在我的眼前；薛师，站在我已往人生的旅程上，向我微笑，向我拍手……

60年代初，当时我还在山东大学外文系读书。一个星期日的上午，我去山东师范学院找一个在中文系上学的中学同学。在他的宿舍里，坐着一个教师模样的人，佝偻着上身，在床沿上低头看书。书，就摊放在他叠放着的膝上。我进去，他点了点头，然后又俯下头去，无声，无动，直到我离开宿舍。

出门后，那个同学告诉我：他是"右派"，在与学生实行"三同"。

他叫"薛绥之"。

谁知就是这个叫"薛绥之"的"右派"教师，十年后成了我的恩师。当我在人生的歧路上徘徊的时候，他向我伸出了一双温暖的手。

70年代初，我被全国翻涌着的无名浪冲击到山东聊城四中的墙角里。原学的俄语需要霉烂在潮湿的脑海里，我不得已而转教语文。青春已经逝去，理想已经干瘪，燥热的心灵在泥泞的人生途路上打着滚，嘶嘶地冒着热气，迅速地冷却下去。那是怎样一种苦涩的人生之味呵！在那书本如粪土、知识像痰唾的时代里，在那没有理想、没有希望的生活中，精神只在眼前飘舞的扑克牌中迷乱地旋转着，夜以继日，日以继夜；理想和在酸臭的酒浆里，从胀满郁闷的胃里呕吐出来，一场场，一次次……

哈哈，人生！哈哈，理想！

就在这时，薛师出现在了我的面前。他没有负着上帝的使命，也没有接受菩萨的派遣，但却拯救了一个堕落的灵魂。——用他真诚的微笑，用他和暖的眼光。

当学校领导通知我山东师范学院聊城分院中文系的学生要来我校实习并要我上几堂公开课的时候，我是何等惶惑呀！讲那些"是可忍孰不可忍""踏上一只脚"一类的"批判文章"吗？我只感到它们嗡嗡得人们心里乱糟糟，无可讲，也无可析；讲那些"万寿无疆、万寿无疆""永远健康、永远健康"一类的"致敬信"吗？我只感到在那些滚烫的词句后面是一块块感情的冰砖，解不得，也析不得。我记起了中学时学过的鲁迅先生的《记念刘和珍君》，我觉得那里面有我所喜欢的真诚的热情和真诚的愤怒。

就讲它吧！

课本未收，就临时打印。

这，引来了薛绥之先生。

他原来准备带领学生去临清一个中学，看到我校报去的篇目，他决定改来聊城四中。

我的惶惑变成了惶恐：在一个鲁迅研究专家面前讲鲁迅，岂不是班门弄斧吗？更何况我是一个只念过"А、Б、В、Г、Д"，哪曾认真读过《三闲集》《而已集》的人呢！但自己做下的苦果，自己要吞下。我只好惴惴地去向薛先生求教。

"他该不会故意看我的笑话吧！"我想。

第二次见到薛师，是在聊城师院他的住室中，但我已经记不起他那时的音容笑貌，我只觉得在一个冰冷的年代遇到了一颗温暖的心。他把一份份参考材料交到我的手里，他一处一处给我解答了疑难问题。我万没想到，他竟是这么一个和蔼的长者。

可以说，在课堂上，我只是向学生复述了一遍薛师以前编写的讲义，但课后却受到了他的热情的鼓励，似乎这一切都是我自己想出来的，我自己讲出来的，与他没有丝毫关系。

在聊城四中一间平房里，薛师坐在自己的临时铺位上，用温柔的眼光望着我，嘴角上挂着他常有的微笑。

"你，课余可以搞鲁迅研究！"——他说。

"我?"我惊愕地说,"我在大学是学俄文的!"

"我过去也没学中文,我是学经济学的!"

"在中学——"

"在中学,一样可以做出成绩来。济南,有个包子衍,他也在中学当教师,他……"

我沉吟着。

当我谈到在那个年代知识分子所不可免的顾虑时,他的脸色也阴沉了下来,沉默了一刻,他好像是自言自语似的说:

"一切都会过去的……一切都会过去的!"

这一切是否都会过去,我那时并不知道,好像也无法知道,但我在这个曾被打成"右派"的老人身上,却感到一种倔强的力,一种不可摧折地向往光明、追求真理、忠于自己的事业,不甘沉埋在庸俗无为生活中的倔强的心力。是呵,那时的历史没有给任何人提供一张不遭毁灭的保险券,但空虚不也同样是对自我生命的戕害吗?没有理想、没有追求的生活不同样是令人难以忍耐的吗?

在薛师的鼓励下,三十多岁的我,重新像牙牙学语的儿童一样,在鲁迅研究中做起小学生。

从那以后,薛师的信一封一封地飞到我的面前,带着他的关怀,带着他的慈爱;由他寄送的书籍一本一本地落在我的书桌上,带着他的期望,带着他的鼓励。他吸收我参加了《鲁迅杂文中的人物》的编写工作,他亲自阅读和修改我写的文章,他帮我联系工作。现在,我沉思着、回味着这一切,想,薛师那时给了我什么呢?是的,有知识,有书籍,有生活上的帮助、工作上的指导,但这些,还是最最次要的。我觉得,他,给我的最宝贵的东西,是让我重新感到,我,还是一个"人",至少,还可以成为一个"人"。我那时的激动,那时的喜悦,归结到一点,就是,我开始有了自己也是一个"人"的意识。我得到了一个"人"才能得到的关怀和温暖,在薛师那里,在薛师身边。在那不把"人"当"人"的年代里,我是多么的幸运呵!

历史,终于把头掉转过来,重新向前行驶,1978年,我考取了西北大学中文系的研究生,就学于单演义先生;1982年,我又考取了北京师范大学中文系攻读博士学位研究生，就学于李何林先生。在这漫长的学习生活中，薛师从来没有忘却过对我这名"老学生"的关怀。他用热情的鼓励，送我跨上奔向祖国大西北的列车；用真诚的喜悦，欢迎我第一篇学术论文的发表；用无私的关怀，考虑着我毕业后的工作；用热切的期望，送我来到祖国的首都；用由衷的言辞，祝贺我博士学位论文答辩的通过……

薛师呵，你真的别我而去了吗？在我刚刚毕业的时候，在你孵化的雏鸡还没有学会走路的时候！

我不明白，我不理解，死生的路真的是这么无情吗？一条河，走过去，不是还可以走回来吗？薛师呵，你为什么不能够在死生的路上再走回来呢？薛师，你的在天之灵，听一听你的学生的泣血的呼唤吧！你不能走！你不能就这样走！在我还没有向你告别的时候，在我连你的遗容还没有看一眼的时候，在你还没有听到我的一声恸哭的时候！

薛师，薛师，你听到我的呼唤了吗？

薛师呵！……

1985年元月19日夜接薛师逝世消息的电报后作
原载《薛绥之先生纪念集》，1985年内部印刷

怀念单演义先生

时间虽然已是早春，但不期而然地连降了两场大雪，天气又变冷了。在这时，呼呼的风声正在夜里叫，屋里虽是暖的，但听到这叫声也不禁感到有阵阵寒意袭来。

妻儿都睡了，宇宙间只剩下了夜和我。

在我和夜寂然相对时，单先生的影子又来伴我的孤寂。

单先生是在去年4月份去世的，他的死和他的生一样在寂然无声中过去了。我想，单先生大概命中是如此吧！他总是按照自己的曲调弹奏着自己的人生，但他的曲调又总是被淹没在一种更强更大的曲调中，在近处反而听不清他的弹奏了。在接到他去世的电报的当天夜里，我曾写过悼念他的文章，但没有写完，第二天便赶往西安去参加他的追悼会，及至重新返回北京，北京却成了另一番景象。在这里，即使我扯开喉咙哭喊单先生的死，恐怕也不会有人听到了。——时间的耳朵已不再收听哭声。我也曾写完那篇悼念文章，但转念一想，即使写了出来，登了出来，让它冷冷地躺在杂志的书页里，又有什么意思呢？死者不知，生者不也为死者感到寂寞吗？

但在这一年之间，我却更经常地想到他，想到他的声容和笑貌，想到他的言谈和举止，想到他的治学和为人。

他从来不是那种显赫著名的伟大人物，他有的只是中国多数做学问的知识分子的那份简直等于卑贱的平凡。谁也不会一听到他的名字便赫然感到一阵震悚,并由这震悚产生一种敬畏,又由这敬畏产生一脸谦恭的笑容。我是他的学生,并且过去是碰到乡政府干部的伟大脸也会感到觳觫、读到"文化大革命"中报屁股上的大批判文章也会油然生出钦敬之心的一个农村出身的学生,对他似乎也未曾格外敬畏过。第一次见到他,他给我的印象就是使我想到:这就是大学教授吗?后来他给我的印象仍是使我想到:噢,这便是大学教授!除此之外,似乎也没有别的什么了。

但在这一年里,他在我心里的重量却越来越大起来,重起来。

人的价值到底应当怎样衡量呢?譬如说吧,在人们忙着批胡风、批"丁陈反党集团"、批冯雪峰、批陈涌的年代里,单先生却拣了个在别人看来只能称为是"学术零碎"的东西——考察鲁迅在西安的史实。这在别人是不取的,甚至会被人视为愚笨的,但他却孜孜矻矻地搜集、整理这些小钉小铆、小瓶小罐一类的材料,并于50年代出版了《鲁迅在西安》——一本薄薄的小册子。后来人们批邵荃麟,批巴人,批钱谷融,批李何林,他还是摆弄他的这些小零碎。"文革"后期刚刚摘了帽子,又由山东聊城师院印行了他的资料集《鲁迅在西安》。直至薛绥之先生主编的《鲁迅生平资料丛钞》由天津人民出版社出版,收入了他进一步丰富充实了的《鲁迅在西安》,他专注于这个题目前后已近三十年之久。大概谁也不会认为这是一项多么了不起的大工程,但当一阵风把那些冠冕堂皇的大批判文章吹了个烟消云散之后,在这片白茫茫的大地上却仍然留下了单先生的劳绩。这里的大和小、重和轻、伟大和平凡应当怎样比较呢?你永远不能说那些显赫的东西不够伟大和庄严,在当时谁又敢忽视它们,谁又不对它们怀着一种敬畏之情呢?但时过境迁,人们才发现它们除给后来的人们留下了若干澄清的麻烦之外,其实任什么也没有留下。人们要研究胡风,研究冯雪峰,还得从头开始,一点也不比原来省些力气。你永远也不能不说单先生的工作是平凡的,在当时谁也不会为此而感到震惊,但他却给后来人留下了一点坚不可摧的东西,他让后来的鲁迅研究者在鲁迅这段生活经历面前感到放心和踏实,而不必再自己从头做起。他让你能在一个新的起点往前走,能够比他走得更远些,更快些。

怀念单演义先生

单先生确确实实是有点"愚"的,但正如鲁迅所说,世界又常常由愚人造成。在他与学兄李鲁歌兴冲冲地考证杜荃即郭沫若的时候,我是为他们捏着一把汗的。在我看来,单先生那时已年逾七旬,实在还"愚"得可以,他竟连"为贤者讳"这一中国古老传统的重量也感不到。就说史料的挖掘吧,也总得看看"眼色"的。但这里好像也多亏了单先生的这点"愚",才了结了中国现代文学史上这段不大但也不算太小的疑案。我敢保证,他是绝无诋毁郭老之意的,但却也绝无为郭老避讳之虑。但也正因为如此,他才真正称得上"愚",因为就我看来,不太光彩的史料大抵是在一个人倒台时才被发掘出来,而一个人走红之时发掘出来的史料也都是光彩夺目的。

鲁迅小说史讲稿的出版也是单先生劳绩的一个典型事例。在人看来,这大概也是不足道的事情。但后来研究鲁迅《中国小说史略》的学者,恐怕都是避不开单先生保存并整理出版的这个讲义稿本吧!

单先生原是从著名学者高亨先生学先秦文学的,解放前曾有有关庄子的论文发表,在他的遗稿之中还有四巨册的《庄子集注》,他的由治中国古典文学转治中国现代文学和鲁迅研究,同王瑶先生一样,完全是从国家教育事业和学术事业出发的。几十年来,可以说主要由于他的努力,在中国的古都西安,在整个中国的西部地区,开辟出了一片鲁迅研究的绿洲。通过鲁迅作品的教学,他培养出了一批批鲁迅研究的教师和学者,像薛绥之先生在山东一样,几乎没有一个陕西省的鲁迅研究的青年学者没有受到他的直接鼓励和帮助的。在西安,他始终为保存鲁迅在西安时的居室旧迹而努力,他竭尽全力宣传鲁迅的精神,介绍和讲授鲁迅的作品;在西北大学,他组织和创办鲁迅展室,还和其他学者一起创办了《鲁迅研究年刊》和鲁迅研究室,在他协助下由陕西人民出版社出版的鲁迅研究丛书也是在鲁迅研究界有很大影响的。仅就我所知,单先生的很多成果在日本和苏联都曾发生过较大的反响。而他的《康有为在西安》等遗著还正在筹备出版之中……

一年以来,每当我想到单演义先生的一生,每当我追索他在我心中留下的遗痕旧迹,一种矛盾的印象便在我心中纠缠着,厮打着,我的心中似乎要挣扎出某种东西来,但又不能够。我好像看到,一个真的人、一个上帝的面影就在他平时的世俗的和粗朴的身影中晃动着，闪烁着，但又无法完全从平时的这个影像中摆脱出来，独立出来。我苦苦地辨识着，那个上帝的面影、那个真的人的影像到底是什么呢？我渐渐明白了，大概，那就是他的一颗童稚的心。

在我接触的所有人中，有些是单先生的朋友和学生，但也有些与单先生没有很深的交情，甚或有的对他并无特别的好感。但我发现，不论是谁，不论人们怎样谈论他的缺点，但却没有一个人是恨他的，甚至在对他的批评中也怀着一种不可见的爱心。这是因为，他，这个活了八十岁的老人，自始至终，对事业，对学术，对人，对他的学生和晚辈，其中也包括对我，怀着的只是一个童稚式的心。他是一个"老孩子"。他从来没有害人之心，从来不会钩心斗角，设阴谋，弄圈套，从来不恃强凌弱，倚势压人，从来不盘算着如何损人利己。似乎这样说仍然不够，应该说他对这些竟是惊人的无知。人们平时感到他"愚"，恐怕大部是由此而来的。譬如说吧，别人明明在欺骗他，他却把别人当成自己的恩人和朋友；别人明明在损害他，他却像小孩子般高兴。但我想，这大概也正是他的伟大的地方。他似乎并不属于这个有着尔虞我诈的世俗的世界，似乎他一直是活在另一个世界的上帝的身边。

我是在1978年考取西北大学中文系的研究生而就学于他的门下的。那时我的月俸是大洋五十元整，每月孝敬老母十八元，仅足她老人家的伙食费。我妻子月俸三十四元整，另有两个嗷嗷待哺的孩子。虽然我是在京进学的童生，妻子也颇敬重我这个似能中状元的丈夫，但我仍然只能收到从她那里每月寄来的三十至三十五元不等的生活费，其中还包括期终回乡的半价路费。与我情况几乎完全相同的还有余宗其君，他也是单先生门下的学生。待到每月的下半月，我们这两个对坐一桌的老童生，便常常四眼相觑了，并且脸上的每种表情都说着中国古代知识分子羞于出口而称之为"阿堵物"的那个"钱"字。

"你还有多少？"

"两角贰。你呢？"

"我，只剩壹角捌了。"

"怎么办呢？"

怀念单演义先生

"你说咋办哩！"

……

在这时，余君宗其面前大概还摊放着论证文学发展与经济发展的不平衡规律的学术论文，而我又是刚刚读过"君子固穷，小人穷斯滥矣"的道理的。但无奈饭票已吃完，"形而上"的东西是不能当作"形而下"的东西拿来吃的。

想来想去，似乎也只能去找单先生。

我是永远忘不了单先生那时的神态的。他似乎对我们犯下了什么不可饶恕的错误似的，似乎他无论如何也是对不起我们似的，他似乎恨不得马上拿出钱来塞在我们手中，以弥补他犯下的什么过错。当我们说每人只借十元时，他似乎无论如何也不能接受这么低的数字，他硬要我们每人拿走三十元，经过争辩，我们才达成了妥协——一人借走二十元。

自此以后，我和余君常常是这样，月初还上，月底再借，有时我们因勉强可以度日，没有到他那里借钱，他便匆匆赶到我们寝室里，把钱硬塞在我们手里。

说句不怕献丑的话，在那时，我是曾经攥着单师送来的钱偷偷流过泪的。自从作为一个爱好文学的少年以童稚的心仰看过1957年文艺界的斗争，而又亲眼看见过"文化大革命"以后，说句实话，我是从不再指望从别人那里再得到爱、得到同情的，我的唯一的愿望是没有一个人会无辜地把我当作敌人而莫名其妙地加害于我，只要这样，我是愿意忍受生活的一切磨难和人生的一切痛苦的。对单师，我并不特别重视他曾经借钱于我，我感到宝贵的是他的那种神态，那种毫无施恩者的自觉意识，反而唯恐对方不敢接受的惶惑或紧张的态度，那种自然到连"这是我应该做的"也想不到说的真纯态度。他只想到应当给予，而没有想到给予之后要从对方那里再得到什么。我认为，在我几乎不依靠别人的爱便无法继续学习的时候，我得到了这种爱——从单师身上。

后来，我渐渐有了些许稿费收入，经济略略宽裕。但直至离开西安，我还欠单先生二十元钱未还。我知道，我要从北京寄还这二十元钱，单师大概会很伤心的，于是也就拖欠至今。

到了北京，我的经济状况大有好转，我对别人说，我已经过上了小康生活，烟也由一角多一盒的抽到三角一盒、四角一盒的。但在单先生眼里，我却成了一个永远需要照顾的孩子，几乎信信问我困难与否，需钱与否。在哈尔滨的现代文学年会上，他因心脏病住院，我在医院照顾他，他又拿出五十元钱来给我。我告诉他我的收入情况，详细地证明我不再需要他的帮助，但似乎这一切都是不可理喻的，不论他的理性如何使他没法反驳我的证词，但他内心那点凝固的感情却使他永远担心我受着经济的煎熬。最后，我还是难以抗拒他的执拗，接受了下来。

我至今还欠着单师七十元钱。

但我欠的何止是这七十元钱呢？我欠的是他的爱。

他从来没有向我索取过他的爱的报酬，因而我也就这样永远地拖欠下来。

风声还在夜里叫，寒气已经乘着夜深人静的时候潜入空中。大概雪还没有止，漫天的飘舞的雪花已经充塞了宇宙！但想着单师，我的心渐渐暖起来，暖起来，因为我的心里还有他留给我的爱。

1990年2月22日夜2时于北京师范大学
原载《中国现代文学研究丛刊》1990年第3期

文界老魂一苍凉
——悼王瑶先生

王瑶先生死了,客死于上海。

我怎么也不能明白,他为什么死,以及他为什么这个时候死。

按照我的理解,他是不会死的,尤其是现在不会死。

在苏州,他还是那么爽朗,谈笑风生——虽然我认为他的爽朗里羼着假,身体也是健旺的,步履轻健——当然,他的健旺中也让人感到一种阴暗。

去虎丘的时候,我突然感到,让他一人独行似乎不太安全。这个念头似乎并无道理,山不高,他的脚步是坚实的,有点近乎杞人忧天。但它却像一些绒毛一样,粘在我的心上。我曾三次回到他的身边,说愿意和他一起上山。但他赶走了我。

我看到,乐黛云老师和几个苏州的青年人也都试图这么做,他们也没有成功。

他不愿影响比他年轻些的人们的游兴,宁愿自个儿徐步独行。

这似乎是个象征。

在学术上,他也是这样。他希望青年人自己去走,走自己的路。——尽管他因此而有些孤独。

我看到,他也扯过别人的衣襟,似乎出于无意。——在昂首天外的青年人下一步就会踩在泥上的时候。

在他的晚年，他反复说着这样一席话：五四新文学是一批青年人搞起来的。1919年，陈独秀多少岁，鲁迅多少岁，胡适多少岁，李大钊多少岁，周作人多少岁，叶圣陶多少岁，郭沫若多少岁，郁达夫多少岁，冰心最小，多少岁。新文学的第一个刊物是《新青年》，原名《青年杂志》。当时成立的一个团体叫"少年中国学会"，办的刊物叫《少年中国》。李大钊有篇文章叫《青春》，鲁迅的进化论思想说是"青年必胜于老年"，钱玄同更激进，说是"人过四十就得杀头"，鲁迅后来讽刺他说"作法不自毙，悠然过四十"。

1982年我刚到北京，在北京师范大学中文系主办的助教进修班第一次听他讲课，他首先讲的便是这番话；今年，在国家教委召开的"五四"学术讨论会上，他也讲了这番话；在中国现代文学学会北京会员举行的"五四"七十周年纪念会上，他又讲了这番话。后来，在社科院召开的"五四"学术讨论会上，他讲的还是这么一番话。

我并不觉得他唠叨。——或许有的人会这样认为。

这使我记起1961年在茌平汽车站等车，那时的车是很没准头的，经济困难，汽车无油，连等了两天。在这两天里，等车的人越来越多，但都说着同样几句话："车为什么还没来呢？""车快来了吧！"……这在别人听来，一定是很单调的，但在等车的人，却一点不觉得。

但同时也使我感到，王瑶先生有一颗善良宽厚但又略带孤独的心灵。

我第一次见他是1982年来北京后不久，王德厚同志带我去拜访他，他谈了很多话，精神也很好，但我总觉得，他内心另有一个独立的精神世界。这个世界你是进不去的，他也小心地不让你走进去。这正像鲁迅不让青年人走进自己内心深处那个世界一样。

我想，凡是经历过人生磨难而又希望青年人不受这些磨难的老人，大概都会有这种孤独感吧！——他不愿意让你以他的心情去感受世界，而他却也不会像你那样感受世界。

于是，他便把自己与别人小心地隔离开来。

我在中学读过他的《诗人李白》《中国新文学史初稿》（记得没有读完），但后来也读过一些青年学生批判（不如说是羞辱）他的文章。

在和他见面的时候，我很难摆脱这历史的印象。我一边望着他，一

文界老魂一苍凉

边想：他的内心是悲苦的，他爱青年，但青年有时却不爱他，他们羞辱他，但他无论如何又不能不原谅、理解他们对他的羞辱。他知道青年人不会像他考虑那么多，那么细，那么周全。

当创造社的青年人骂鲁迅是"封建余孽""二重的反革命"的时候，鲁迅还能笑一笑，轻微地讽刺他们几句。

但王瑶先生不能，他得做出真正同意的样子向他们认错。

但他还是不责怪青年人，诚心希望青年人去走自己可走与能走的道路。——并且尽力帮助他们走上自己的路。

我第一次和他通信是在西安，那时我想投考他的博士研究生。人们都还记得，那时是人们努力拔着自己的头发开始向天上飞的时候，我也是一样。但王瑶先生对我当时写的有关鲁迅小说与俄罗斯文学的几篇文章提出了批评意见——尽管是委婉的。我知道，他想告诉我，这样是上不去天的，在学术上，应该走最艰难的道路。我知道他是对的，虽然我常常不能做到这一点。

学术还是学术，鲁迅不同意殷夫把"国民诗人"改译为"民众诗人"。

收到王瑶先生逝世的消息已是夜里，躺在床上，总难入睡。我又想起今年6月中旬，王瑶先生住院治疗，我和王德厚同志去医院看望他。这一次，我可真的感到，他老了，虽然外表还是硬朗的。我们闲谈，不知在谈到什么的时候，他仍以平时爽朗的语调说，譬如麻雀，已经撞在网里，但它还是得扑棱几下，虽然扑棱并没有用处了。他一边说，一边还笑。但在不到两小时的谈话里，他竟重复了三四次同样的话。我感到很悲哀，因为我知道，这才是他已衰老的表现。老年人的思维特征是经常黏着在一点上，一个念头出现后，便再也轰不走了，像蝇子一样，转一小圈便又飞了回来。在他的笑声里，我似乎也能听得出一个老人的哭泣。

但我无论如何也没有想到，他死得竟这么快。按我的想法，在最近五年，他是绝不会死的。他会用尽自己所有的毅力，活过这五年去。

但他死了。

我睡不着，坐起来，拉着灯，顺手取过一本龚自珍的《己亥杂诗》，以排遣一下内心的忧闷。但到后来，竟学着古人集句的方式，用龚自珍的诗句凑了几首悼念王瑶先生的诗。虽难尽意，但到底能一慰自己的心。今录于次：

其一
十仞书仓郁且深，
英雄迟暮感黄金。
霜毫掷罢倚天寒，
中有风雷老将心。

（"感黄金"句，注家以为是实有所指，我则以为泛喻迟暮感的强烈，故用于此。此首写先生的为人为文。）

其二
笙歌绛帐启宗风，
金光明照浙西东。
但开风气不为师，
人才毕竟恃宗工。

（"笙歌绛帐"系龚自珍用马融事典，此指授徒讲学，写王先生的为师。）

其三
著书何似观心贤，
阅尽词场意惘然。
倦矣应怜缩手时，
独往人间竟独还。

（在古代，"缩手"指辞官归隐，但王先生的"缩手"则只能在死时。此写王先生之死。）

其四
长天飞过又遗音，
只容心里贮秾春。

文界老魂一苍凉

落红不是无情物,
小桥独立惨归心。

（闻王先生死时，他还有一儿子客居在外，闻父死而不能归，其悲可知。该诗写此。）

其五
篆墓何须百字长，
释迦老子怨津梁。
"坟草萋萋松涛劲，
文界老魂一苍凉。"

（我很喜欢"篆墓何须百字长"一句，谁知联下去，只找到第二句勉强可凑数，翻遍全书，竟再无音韵相合的诗句。龚诗沉郁雄健、傲奇诡伟，"ang"韵大概太响亮，他本少有押"ang"韵的诗，只好自己补了后两句。此诗写先生的身后。人或认为他身后有千百颂词，心情会很舒畅的，但我却觉得，即使死后，他的心情和生活仍将是苍凉的。）

1989年12月15日于北京师范大学
原载《鲁迅研究月刊》1990年第1期

我爱我师
——悼李何林先生

　　李何林先生已经卧床一年半之久，得的又是不治之症。一年半以来，失去我师的感觉便时时像铅块一样坠在我的心上，因而听到他逝世的消息时，在我心中引起的不是爆发性的悲痛，而是愈益沉重的感觉。

　　由于脑瘤的压迫，他的神志早已不清醒了。记得在他神志已失而尚未全失的时候，我和杨占升先生一起去医院看望他。杨先生坐在他的床头边，我站在他的床侧。陡然，他似乎认出了杨先生，似乎回忆起了点什么，似乎感到了离别世间的悲哀，他的眼里渗出了几滴清澈澄明的泪水，这大概是他一生中极少流过的泪水吧！放在我手中的他的手也紧紧地握了起来，握紧了我的手，也握紧了我的心，我的心在他的手的紧握中屏住了呼吸，变得异样的沉重。而后，他的眼光从杨先生的身上渐渐移注在我的脸上，但随即也就收了回去，慢慢合上了双眼，他紧握的手也渐渐松开了……

　　他是陷入了昏睡呢，还是陷入了沉思呢？

　　从那以后，每当去看望李何林先生，每当想起静穆、安然仰卧在病榻上的我师，我便感到他的手的紧握，我的心在他的手的紧握中变得异常的沉重和疼痛。

　　现在我的心更其沉重和疼痛。

　　我是从小便生活在乡村或乡村城镇的人，入京几年来，我只记得三

我爱我师

条公共汽车的线路,其中一条便是从师范大学到史家胡同的路。就在这条路上,我和学兄金宏达由杨占升先生和郭志刚先生带领,第一次去见李何林先生;就在这条路上,不知多少次,我和金宏达兄仍在杨先生和郭先生带领下,去向李何林先生汇报我们的学习情况和毕业论文的进展情况,聆听先生的指导;也就在这条路上,杨占升先生和我同艾晓明、陈福康、陈学超三位学妹学弟去见先生。现在,杨先生和我又同罗成谈、尹鸿、康林三位学弟继续走着这条路。但是,在我们还没有走完这条路的时候,先生却不在了。他再也不会从书房里走出来,向我们笑一笑,摸摸我们的手,问我们冷不冷,然后领我们穿过夹道,走到他的书房里去;他再也不会转过身来,指着书房门口的一个小门槛,让我们小心不要绊在门槛上;他再也不会把糖果放在我们的面前,把茶杯递在我们的手里,说"随便!随便!"他再也不会坐在他书桌边的圈椅上,说出他简洁、明了、清澈的话语……

我望望天空,今天的天是那么的晴朗、明彻,蓝的天被阳光敷上了一层薄翳般的白光。我师的清澈澄明的灵魂现在已经消融在这蓝天白云之中了。我被剩在了这个世界上,我已经无法向他诉说,向他哀求,向他陈述,陈述我时时希望但终于未曾陈述过的心曲……

我是一个乡下人,我是在彻底的孤独中长大的,我没有学会人与人之间的交际语言,我不会向任何一个超于陌生人关系之上的人说一声"谢谢",但我同样有一个人所能有的情感。每当我坐在李何林先生的面前,望着他清瘦、明净的脸,望着他射出两道利光的眼睛,我便同时感到了他那纯钢一样的灵魂。这是我早在做他的学生之前便已暗暗崇敬着的灵魂,是从他的文字中,从他的经历中,从有关他的传闻中早已聚合起来的一颗灵魂。我早就凝视过这颗灵魂的闪光,倾听过这颗灵魂在外力的敲击下发出的刚直而又澄澈的响声。这是一颗没有奴颜婢膝,没有小巧的聪明,没有阴暗的算计,没有狭隘和琐碎,没有威权者的横暴的光明正大、磊然透明的灵魂。每当这时,我多么想像别的人一样,走向前去,拉住他的手,对他说:"我爱你,我的老师!我为有你这样的老师而骄傲,而自豪,而感到光荣。"但是,我不能够。我木然地坐着,比平时更其木然;我呆呆地仰着脸,比在别人面前更其痴呆。我甚至连平日能说、可说的话也说不出来了。就这样，我在我师的面前坐上两个小时、三个小时、四个小时，然后离开他的家。

　　对于一个个体的人十分巨大的东西，对于社会，对于别的人，很可能是极细微、极琐末，细微琐末得不可见或不屑见或见而不顾的东西。由于种种不可明言的原因，我似乎觉得，近一两年来，在我和我师之间有了一种难以明言的隔膜。我感到我很可能伤害了我师的心，我感到我很可能使我师感到了失望。在一刹那间，我会伫立以思，当我师最后一次握紧我的手的时候，当他的眼光从杨占升先生的身上转注到我的脸上的时候，他的手为什么渐渐松了开来呢？这里面是不是有某种神秘的象征意味呢？是不是反映着我师内心对我的失望情绪呢？这或许只是我的猜测和想象，或许只是我内心的愧恨的幻象和象征。但不论怎样，我的心都是无法平静的。一个伤害老人的心的人是有罪的，更何况是无辜地伤害，更何况是无辜地伤害像我师这样磊磊光明、正直澄明的心的人。我默默地祈祷着时间，祈祷着时间能冲淡一切的传言、一切的投书告状、一切的窃窃私议，说明它的虚委和不实，说明我师的一生的奋斗、一生的艰辛、一生的宁折不弯的磊落人格，不会被他的后学所忘记。

　　但是，时间已经不存在在我和我师之间了。在我的感觉中，他几乎是永久地躺在了病床上，并在那里一步一步离开了这个世俗的世界，这个他为之战斗了一生的凡人的世界，走向了彼岸，走向了天国。我已经不能用我的世俗的情感去打扰他宁静的心曲，已经不能用个人的小烦恼去破坏他升华了的心灵的和谐。我只有把我的悔恨和痛苦深深埋在自己的心底，用疑惑冲淡它，用自欺蒙蔽它。我有时想，这或许是我自寻烦恼，或许只是自己的神经质。不是我师从来没有责备过我吗？不是他一直是那么慈祥和亲切吗？我不一样可以对人自豪地宣称我是李何林先生的学生并以此为自己披上一些他的光泽吗？但是，我不能够。我望着他逝去的背影，望着这个铁骨铮铮的老人的身影，不能不感到悔恨和内疚。我只觉得他曾经给了我很多很多，但我给他的却只是失望和痛苦，而这失望和痛苦又是我极不愿意带给他的。

　　现在我师已经离我而去了，我还有什么可以慰藉他的亡灵呢？我现在仍然没有自信能这样对他说——我绝不会辜负他对我的教导和期望。

我爱我师

我知道我是软弱的，狭小的，我没有我师在铁与火的斗争中炼就的那一身铮铮铁骨，我没有我师那无畏无惧的纯钢般的魂灵。我还只能在人生的道路上东倒西歪地蹒跚前行，我不知道我将被生活的浪潮漂流到哪里去，因而我也不知道会不会由我更严重地玷污我师的令名。但在现在，我却不能不问我自己，不能不逼问我自己：当我站在我师的灵前的时候，我将用什么慰藉我师的亡灵呢？我将用什么减轻我对我师的愧疚和悔恨呢？我想，我现在所能做的，所能做到的，还只能是，面对我师，我要公开地说出，我，他晚年的一个学生，对他的真诚的崇敬：我爱我师。

李何林先生，我知道我没有能力实现你的一切的遗愿，但我，将永远想着你，记着你的一生的业绩、一生的努力和奋斗，记着你为之奋斗的一切，让你那颗永远发光的心灵在茫茫的人生道路上为我照出一条依稀可辨的途路，我就沿着这条道路走下去，走到我能够走到的地方去。

蓝天还是这样的蓝，阳光还是这样的灿烂。我仰望天空，我似乎看到，鲁迅的灵魂就在那里浮游，在那里飘动，冯雪峰的灵魂也在那里消融，在那里扩散。我师李何林先生的魂灵也就要消散于其中了。当先生逝世的前两天，我和杨占升先生、王宪达同志去医院里看望他，他已不能睁开他疲劳的眼睛。望着他艰难而又微弱的呼吸，望着他从来没有过的瘦削、苍老的脸，我便感到他就要和我们永别了。但是，或许他的灵魂走得离我们还不是很远。我愿我师最后能听到我的由衷的呼喊：我爱你，我的导师！

愿你的灵魂能够安息！

原载《鲁迅研究动态》1989年第1期

欲哭无泪
——悼杨占升先生

一

看到的死亡太多了，正常的和不正常的，心也变得异样的冷。

当我父亲去世之时，我回到自己屋里，关上房门，倒在床上，捶床大哭了足足一个小时。因为在那之前，我从来没有想到，我的亲人，也会像别人一样死去。——那是在1976年。

在我博士研究生毕业之后不久，薛绥之先生去世了。前一天我还收到他的信，第二天就接到了讣告。薛绥之先生很温和，总是笑眯眯的，穿着一件长长的上衣。"这样一个温和的人也会死吗？"——我想。那一夜，我没有睡，写完了悼念他的一篇文章，流着眼泪。

1988年，我的博士生导师李何林先生与世长辞，在参加他追悼会回来的路上，坐在汽车上，不知为什么，忽然感到了人生的凄凉，眼泪止不住地流下来。从小，我就是一个好哭的孩子，但我只在妈妈、姐姐面前哭，而不在别人面前哭。在很多人的面前哭，那是我记忆中的第一次。

1989年，我的硕士生导师单演义先生又去世了。他长得很高大，嗓门也很大，但终其一生，都像一个没有长大的孩子，天真、单纯，谁都可以欺骗他，谁都可以欺负他。在"文化大革命"挨斗的时候，红卫兵

欲哭无泪

让他自己"自报家门"。他就按照红卫兵的要求，大声地喊："我——是——资——产——阶——级——反——动——学——术——权——威——单——演——义！"比谁的嗓门都大，比谁喊得都认真。他死之后，我从北京到了西安，一走进他那间狭窄的客厅，立时感到单演义先生已经不在这个屋里了，他已经可以不受任何人的欺骗，也不再会受任何人的欺负。但想到这儿，心里却一阵辛酸，流了泪。

当我参加了单演义先生的追悼会回到北京，北京已经很"乱"了，所以连追悼单演义先生的文章也是在他逝世一周年的时候写的。过了几个月，北京"不乱"了，但王瑶先生却去世了。他是在上海去世的。他去上海之前参加了在苏州召开的中国现代文学研究会的理事会会议，我在那里还见到他。我回到了北京，他去了上海，但就死在了上海。我不是北京大学的学生，王瑶先生既不是我大学的老师，也不是我的硕士生导师，更不是我的博士生导师，个人的交往更是少得很。但他死后，我的心却格外沉重。那一夜，我睡下了，但怎么也睡不着。后来坐起来，看龚自珍的诗，就用龚自珍的诗句联了几首悼念他的诗。联到悲哀处，就流几滴眼泪。我想，我哭的其实不仅仅是王瑶先生，而是哭的中国知识分子，哭的我自己。

前几年，我的九十岁的老母亲又不在了。我是她的独生子，她爱了我一生，但我在她老了的时候，却没有好好地照顾她一天。她是一个不识字的农村妇女，我无法按照现代的方式悼念她。我顺从了当地的风俗，为她办的是旧式的丧礼。我披麻戴孝，为她摔了"老盆子"。当我跪在她的棺木前用右手举起"老盆子"的时候，一个声音从我的腹腔处撕肝裂肺地挣扎出来，我像一只狼一样嚎哭着，狠狠地将"老盆子"摔下去，摔得粉碎，与此同时，我也摔碎了我的全部的人生的梦。

当人生无梦的时候，死亡也就不是一件多么奇怪的事情。死亡是苦难人生的真正休息，死亡是这个宇宙的唯一的真实。所有的人生都是相对的，只有死亡是绝对的。

二

那一天是星期一，我在汕头大学有课。上午下课回来，接到刘勇教授的电话，说杨占升先生病危。还说，他写了遗嘱，去世后不再开追悼会，只希望在死之前见一见他的学生们。

那个时候，我似乎什么也没有想，只觉得要来的就要来了。我打了三个电话，告诉文学院院长冯尚先生下午的课我不上了，让飞机订票处给我订一张下午3点的飞机票，还让出租汽车司机李先生送我去飞机场。

我胡乱抓了几件东西，塞在手提包里，然后就在房间里来回走，等着出租车。出租车来了，我就上了车。我对司机说："我的一个老师就要死了，我回北京。"他没有说什么，我也没有再说什么。

在飞机场，我接到杨占升先生的女儿杨毅的电话，说杨占升先生已经进了特护室，暂时不让探视，让我回京以后在家等着，先不要到医院去。我说："我知道了！"

那一天，飞机晚点五个小时。3点的飞机，8点才起飞。接近11点我才回到北京的家。

开始几天，我在家等着。我带了一本舍斯托夫的《在约伯的天平上》，头脑清醒的时候，就看几页。那是一本讲陀思妥耶夫斯基的书，讲苦难、讲死亡、讲灵魂救赎的书。

星期六下午，是可以探视的时间。我去医院探视杨占升先生。他已经讲不出话来，很痛苦的样子，但嘴唇哆嗦着。我认为他知道是我来了。我握着他的手，他也握着我的手，他的手握得很紧。我对他说："杨先生，你什么也不要说，什么也不用说。我什么都知道，我知道你要对我说什么。你只要静静地躺着。"

他平时就有帕金森症，这时更厉害了，四肢不断地抽搐。我拍着他的腿，抽搐得好像轻些。后来，他就睡着了。但也可能是因为发烧，昏迷了过去。

下午5点，探视时间到了。医护人员让我离开，我就离开了。

星期日，我回到了汕头。

欲哭无泪

第二天，又是一个星期一，又是我上完课回来。我接到了电话，邹红教授打来的，告诉我，杨占升先生已于早上去世。

那天是12月6日。

下午，我回到了北京。那天，飞机是按时起飞的。

星期三，按照杨占升先生的遗嘱，只由少数亲人和他的学生将他的遗体送到八宝山公墓，举行了一个简单的与遗体告别的仪式。

三

杨占升先生走了，是死亡让他走的。我无话可说。

我只说我过去没有说过的两件事和一件我过去也说过的一件事。

我是在报考了李何林先生的博士研究生之后开始与杨占升先生通信的。那时，我在《文学评论》《鲁迅研究》上发表了几篇文章，但我的学问功底实际是很薄弱的。虽然是外文系毕业，但外语多年不用，已经生疏得很；马克思主义理论我倒很有把握，但自己的思想常常有悖于潮流，不知会不会惹恼改卷子的老师。（那一年不考现代文学，只以硕士毕业论文和发表的文章为据。）我写信告诉杨占升先生我的担心，他就来信鼓励我。但他越鼓励我，我越感到他对我的估计过高，我越要说清我的实际情况，以免考试结果使他失望。我去一封信，他回一封信；我的信短，他的信长；我写得潦潦草草，他写得规规整整。考试过后，我还是担心，我不断地询问，他不断地答复。从考试到入学，足足有一整年的时间（因第一次招博士生，拖得时间很长），我没有整理过我的信件，不知他给我写了多少封信。直到后来我也开始招收研究生，才知道这是一件多么麻烦的事情。后来终于入学了，王培元师弟到车站接我，当晚杨占升先生到宿舍看我。我当时背靠门坐在桌子上，杨占升先生已经进了门我才知道。我站起来，刚一回头，我的心就猛地抖了一下，一两秒钟之后我才清醒过来。因为杨占升先生长得很像我的父亲，特别是他的笑容。直到现在，我想到杨占升先生，同时也会想到我的父亲；想到我的父亲，也会同时想到杨占升先生。那时，我的父亲已经去世，所以看到杨占升先生那一刹那，我有一种惊悚的感觉。——这件事，我没有告诉过杨占升先生，也没有告诉过任何人，因为在杨占升先生活着的时候，是很容易引起人的误解的。

　　博士研究生毕业了，那时，我已经是两个孩子的父亲，母亲年过七旬，就我一个儿子，我知道"北京米贵，居大不易"，于是就与我的大学母校山东大学联系，想回山东教书。（我硕士研究生毕业时的第一志愿是山东师范学院聊城分院，第二志愿是山东社会科学院，第三志愿是西北大学。）回到家，给杨占升先生写了一封信，但杨占升先生很快给我回了一封信。我知道，他亲自找了王梓坤校长，根据我家庭的实际困难，王梓坤校长答应给我两居室的房子，并将家属借调到北京师范大学。我只好答应留校。但留校之后，我去找房管科，房管科说没有两间一套的房子。我告诉了杨占升先生，杨占升先生每天晚上散步的时候，就到各座宿舍楼去观察，终于发现工6楼的一套房子从来没有亮过灯。爬到五楼一看，是座空房子，就又去找王梓坤校长。王梓坤校长将这套房子特批给我。我也终于留在了北京师范大学。——这件事，在北京的同仁之间，有些人是知道的。

　　1986年，学校里评定职称。当时杨占升先生58岁，离退休年龄还有两年。但是，从那年开始，学校有了"提退"的规定。评上教授，马上退休，可以不占系里的名额，并且还可以继续返聘。杨占升先生报了"提退"。我感到很奇怪，因为他不报"提退"也是可以评上教授的。我去找他，他说，他"提退"，给系里多留出一个教授名额，那不很好吗？他这样说，我也没有反驳的理由。但过了没有多长时间，杨占升先生又不要"提退"了。这次是系领导咬定了他原来的要求，说不能变了。我虽然对领导的这种不近人情的蛮横做法感到不满，但也无法为杨占升先生申辩，因为我也感到杨占升先生有些出尔反尔，给自己添了麻烦："早知如今，何必当初"呢？

　　一年之后，杨占升先生还有两个年级的研究生毕业，系里突然宣布，停止返聘。我感到很气愤，我是山东人，脾气有些不好，系领导找我谈话，我问为什么杨占升先生申请提退的时候，不告诉他返聘年限？他说是今年才规定的；我说今年规定的，应当从今年提退的开始执行，为什么用现在的规定要求以前提退的教师？他说这是学校的规定，系里

欲哭无泪

无权更改；我说既然学校规定不合理，系里为什么就不能提意见更改，再说杨占升先生还有在校研究生，为什么就不能让他带完自己的研究生再停止返聘？他说没有办法，你再说也没用。我摔碎了我的一个烟灰缸，但是失败的还是我。实际上，那时杨占升先生才59岁，还不到正常退休的年龄。

多年之后，我从学校方面知道，那年，学校是准备破格评聘我为正教授的。学校让中文系学术委员会讨论签署意见，中文系学术委员会没有通过；学校仍然坚持自己的意见，第二次要求中文系学术委员会讨论，但仍然没有通过。我当时并没有这样的奢望，所以我申请的是副教授，最后通过的也是我的副教授的申请。在这时，我才明白为什么杨占升先生开始要求提退，他是想把正教授的名额让出来，留给我，但后来不但没有通过我，反而让杨占升先生认为不够正教授资格的当时的一位系领导占用了，所以他又提出不再提退，参与正常的正教授名额的竞争。但在这时，别人也不会答应他的要求了。

当我知道事情的原委的时候，生米早做成了熟饭，再说也没用处了。所以，我明白，杨先生明白，当时部分中文系的领导明白，但谁也不说。我也没有对人提起过。

四

杨占升先生走了，这个世界仍然是完整的。

只是想起来，有点遗憾，我想，在向杨占升先生遗体告别的时候，我应当跪下来，给他磕个头，并对他说："杨占升先生，我对不起你！"

2005年1月10日于汕头大学文学院
原载《中国现代文学研究丛刊》2005年第2期